教育部人文社会科学重点研究基地重大项目成果

西班牙新闻传播史

何晓静 著

人民日报出版社

图书在版编目（CIP）数据

西班牙新闻传播史 / 何晓静著. -- 北京：人民日报出版社, 2019.7
ISBN 978-7-5115-6136-7

Ⅰ.①西…　Ⅱ.①何…　Ⅲ.①新闻事业史－西班牙　Ⅳ.① G219.551.9

中国版本图书馆 CIP 数据核字（2019）第 148010 号

书　　　名：	西班牙新闻传播史
	XIBANYA XINWEN CHUANBO SHI
著　　　者：	何晓静
出 版 人：	董　伟
责任编辑：	梁雪云
封面设计：	主语设计
出版发行：	人民日报 出版社
社　　　址：	北京金台西路 2 号
邮政编码：	100733
发行热线：	（010）65369509　65369527　65369846　65363528
邮购热线：	（010）65369530　65363527
编辑热线：	（010）65369526
网　　　址：	www.peopledailypress.com
经　　　销：	新华书店
印　　　刷：	河北大厂回族自治县彩虹印刷有限公司
开　　　本：	787mm×1092mm　1/16
字　　　数：	241 千字
印　　　张：	19
版次印次：	2019 年 11 月第 1 版　2019 年 11 月第 1 次印刷
书　　　号：	ISBN 978-7-5115-6136-7
定　　　价：	46.00 元

序言

本书将西班牙历史与新闻传播业发展紧紧勾连，力图从历史发展脉络出发，梳理西班牙新闻业的产生、发展的动力机制。我国的外国新闻史研究，关注重点是盎格鲁-萨克逊文化传统的英、美等国新闻业的发展规律，而对西班牙这个曾经在欧洲乃至世界历史上产生过重要影响的国家的新闻传播业，相关研究很少。西班牙独特的新闻传播体系与其在现代史上从惊艳亮相到归于平淡的发展轨迹，具有互为因果的关系。本书从口头传播到印刷传播、大众传播以及互联网传播的形态演进中，展现整个西班牙的社会文化发展史，试图清楚地解释为何在特定的历史阶段会诞生特定的媒体形态，而不同阶段的媒介又是以何种身份参与并推动西班牙历史向前发展的。

西班牙曾是西欧乃至整个欧亚大陆上举足轻重的强国，曾被不同的民族和宗教统治。15世纪末的一系列重大历史事件推动西班牙走向强盛，对世界地缘政治产生重要影响。1492年，西班牙光复运动胜利，实现了领土与王权的统一，同样在这一年，哥伦布开启了地理大发现之旅，西班牙由此介入波澜壮阔的世界现代化的发展历程。

由于近世欧洲各皇室独特的血缘姻亲关系，在卡洛斯一世时期（1516—1556），西班牙国王成为欧洲四分之一人口的王，堪称欧洲控制人口和土地最多的君主，西班牙的强大由此可见一斑。但是，在对欧洲历史产生重大影响的宗教改革时期，英、法和北欧的瑞典与丹麦等国，通过宗教改革迎来了人文主义的复兴和资本主义的萌芽与发展，而西班牙则坚定地选择了支持天主教，并在此后的几个世纪中与天主教结成了紧密的共生关系，这一选择致使启蒙运动从未在西班牙起到真正的开启民智的作用，国民较低的识字率阻碍了大众传播的发展。即便在雄居欧洲霸主之位，且拥有美洲强大的殖民帝国时期，西班牙也是西欧诸国中识字率较低的国家。现代科学的缺位，导致西班牙在与新兴的欧洲强国以及美洲的美利坚帝国的对抗中，逐渐衰落成二流国家，其大众传媒虽然在介入政治的过程中不断发展壮大，但却呈现出媒介数量众多而用户数量有限的状态。

西班牙的现代史是一场皇室与新兴阶级之间不断斗争的历史，政权更迭频繁，与此对应的是媒介的生存环境随着不同政权的执政风格而在放任与查禁之间摇摆。西班牙有报人论政的传统，现代报刊诞生之初，报人们便积极投身于政治运动，报刊充当党派发声的工具；后来市场化的报纸则致力于保持相对独立的身姿。按照哈林和曼奇尼的媒介体系分类法，西班牙的媒介制度属于地中海/多元、极化体系，媒体的政治倾向性鲜明，媒介市场一直不够完善。因而，新闻媒体往往需要找到强大的经济来源支撑，故而其自主性不强，受制于其背后的金主。19世纪末美西战争期间，西班牙媒体的无能和拙劣表现被西班牙民众饱为诟病。在弗朗哥独裁时期，媒体被独裁政府彻底控制，广电媒体、通讯社都被牢牢把控在弗朗哥手中，为其统治摇旗呐喊。在其统治后期，弗朗哥逐渐放松对媒体的管制，独立性逐渐加强。

随着胡安卡洛斯一世在弗朗哥死后继续推行民主化改革，西班牙的媒介体系开始朝着市场化方向发展。在1981年的政变中，西班牙媒体通过现场直播的方式向全国人民呈现了一场失败政变的全程，使西班牙民众深刻认识到民主制度的来之不易，也坚定了西班牙民主化道路的决心，为民主转型进行立下了汗马功劳。此后，西班牙媒体逐步融入世界传播秩序之中，开始向拉美西班牙语区域辐射其影响力，埃菲社也成长为世界著名的通讯社。进入数字化媒体时代，西班牙的媒介体系在新传播技术的冲击下做出了适时的调整，以适应变化了的媒介——政治框架。

纵观整个西班牙的新闻媒介的发展历史，可以发现新闻传播史与社会史、传播技术史和政治经济史紧密地纠缠在一起，其中四条线索的演进都对新闻媒体的更迭产生或隐或现的影响。为了厘清不同因素对媒介体系演进所产生的动力机制，本书的研究路径采用解释学派的框架，以不同的传播媒介形态演变为纲，传播史上的重要人物为目，纲举目张，互为交叉，力争比较全面地反应西班牙新闻业发展的整体面貌。

全书分为十章，第一章为导论，交代本书的写作逻辑并对西班牙的政治变迁进行整体性的白描，在此基础上简要回顾西班牙媒介演化的轨迹，以统摄后面的详细论述。导论之外的章节按照西班牙历史的自然分期，结合媒介形态的变迁进行划分。在每章中，先对当时的整体政治、经济做白描式的呈现，为后面论述媒介与政治、社会关系提供参照系。

第二章讨论西班牙早期传播史，以口头传播为起点，对手抄新闻，书面信息传播以及当时传播业所面临的宏观社会政治情形，进行了系统的回顾。

第三章讨论现代新闻业产生的历史、动力以及基本发展态势。这一阶段西班牙历史上的重大事件是三十年战争，在这个社会乱世时期诞生了现代西班牙新闻传播业。这说明，新闻业的发展有时候往往以社会秩序的大变革为背景，三十年战争的末尾，终于迎来了西班牙定期报刊的诞生，这个时间点比欧洲主要国家稍微落后，原因正如前所述，因为不同的社会宏观制度的选择会影响社会发展的未来路径。虽然西班牙媒介进入现代体系，但是发展并未呈现快速趋势。

第四章以整个18世纪为考察点。这一时期，封建王权的统治与社会上的文学沙龙之间产生各种类型的张力。报刊作为两者角力的场域，虽然遭到多次政府查禁，但整体上得到了一定的发展。

第五章的历史叙述以1868年西班牙光荣革命前夕为截止点，横跨独立战争和光荣革命两大重要政治变革时期。这一时期西班牙的报刊在夹缝中生存，但却获得了快速的进展，社会的变革凸显新闻界的使命感，这种使命感支撑着西班牙报人不断与政府争夺活动的空间。这一争斗绵延到第六章，该章主要描述19世纪末，光荣革命既刺激了西班牙报界介入政治活动的热情，也引发了皇权对这种热情的压制。这一时期政府对媒体的控制不断收紧，媒体不得不在信息自由和国家宏观政策之间找寻平衡，以获取发展空间。在某种意义上，西班牙的新闻界是戴着镣铐跳舞。

第七章讨论的是20世纪前30多年的西班牙报业，这段时期被称为文化的白银时代和报刊业的黄金时代，西班牙获得了史无前例的发展机会，现代广播业开始萌芽。

第八章关注的是20世纪的西班牙内战，以及弗朗哥独裁时期的新闻传播史。弗朗哥的独裁在某种程度上加强了社会行动的效率，而对新闻界来说，独裁意味着报界的自主和独立荡然无存，这种情况在第九章阐述的民主西班牙时期得到了扭转。

民主西班牙时期，西班牙的整个大众传播体系得以完善并快速发展，报刊、通讯社、电视的发展都进入快车道，力图赶上其他国家现代化媒体发展的步伐。显然，新闻业作为一个行业的发展离不开与其相适应的政治、经济、文化等制度的滋养，西班牙的媒体在黄金时期之后再次迎来快速发展的良机。

最后一章，梳理了互联网时代的西班牙媒介的发展，对其未来发展的趋势做出预测。西班牙媒体的数字化趋势十分明显，同时多媒体集团向集群式方向发展。经济全球化背景下，规模化采用传播新技术、新闻传播市场专业化，是西班牙媒体良性发展的制度保障。全书以网络时代作为暂时的结束。

西班牙新闻传播史的探讨仍需继续进行下去。鉴于学界对西班牙媒介体系演变史的关注不够，本书抛砖引玉，为学界以及对西班牙新闻传播史感兴趣的青年学子提供一个基础性文本，希冀在此基础上我国的西班牙新闻传播史研究能够得到重视，为中国的外国新闻传播史研究添砖加瓦。

本书在成书过程中得到了诸多师长和亲朋好友的大力支持，尤其是本丛书的主编,尊敬的陈力丹教授为书稿的整体设计和框架搭建,提供了极富洞察力的建议,在撰写过程中也给予作者极大的帮助。其他各位在此不一一赘诉,感激之情,铭感于心。

何晓静
2019 年 4 月 17 日

目录

CONTENTS

第一章　导论 …………………………………………………… 001

　　第一节　西班牙政治制度的变迁 ……………………………… 003

　　第二节　西班牙传播媒体演变的整体路径 …………………… 008

第二章　早期西班牙的传播史 ………………………………… 023

　　第一节　早期的口头传播 ……………………………………… 025

　　第二节　手抄新闻 ……………………………………………… 026

　　第三节　书面信息传播的萌芽 ………………………………… 029

　　第四节　宗教改革与反宗教改革 ……………………………… 033

　　第五节　"黑色传说" …………………………………………… 037

　　第六节　早期的出版管制 ……………………………………… 039

第三章　现代西班牙新闻传播业的诞生 ……………………… 043

　　第一节　三十年战争 …………………………………………… 046

第二节　新闻信与新闻通告 ……………………………………… 047
第三节　定期报刊的出现 ………………………………………… 050

第四章　18世纪西班牙的新闻传播 057

第一节　波旁王朝的统治 ………………………………………… 059
第二节　报刊的发展 ……………………………………………… 063
第三节　报刊订阅 ………………………………………………… 072
第四节　文学沙龙与聚谈会 ……………………………………… 073
第五节　新闻管制与新闻自由 …………………………………… 075

第五章　19世纪初至光荣革命前的西班牙新闻传播 081

第一节　独立战争期间的政治宣传 ……………………………… 085
第二节　独立战争之后的报业 …………………………………… 094
第三节　30年代后政治报刊的全面扩张 ………………………… 100

第六章　光荣革命至19世纪末的西班牙新闻传播 115

第一节　光荣革命后的西班牙 …………………………………… 119
第二节　报刊业的发展 …………………………………………… 127
第三节　新闻管控与新闻自由 …………………………………… 146

第七章　20世纪初至西班牙内战前的新闻传播 149

第一节　内战前的西班牙 ………………………………………… 153
第二节　文化"白银时代" ……………………………………… 160
第三节　报刊业的黄金时期 ……………………………………… 163
第四节　广播的萌芽 ……………………………………………… 175

第五节　新闻管制与新闻自由……………………………… 177

第八章　西班牙内战和弗朗哥时期的新闻传播 …………… 181

第一节　内战期间的新闻传播……………………………… 183
第二节　弗朗哥时期的新闻传播…………………………… 187

第九章　民主西班牙时期的新闻传播 ………………………… 211

第一节　民主西班牙的建立………………………………… 213
第二节　报刊业的发展……………………………………… 217
第三节　通讯社的发展……………………………………… 224
第四节　广播的发展………………………………………… 225
第五节　电视的发展………………………………………… 229

第十章　网络时代西班牙的新闻传播 ………………………… 233

第一节　报刊和出版业……………………………………… 235
第二节　新闻通讯社………………………………………… 243
第三节　广播和电视业……………………………………… 245
第四节　互联网……………………………………………… 251
第五节　多媒体集团的发展………………………………… 254

参考文献 ………………………………………………………… 261

附录一　媒体和传媒机构索引 ………………………………… 275

附录二　人名索引 ……………………………………………… 285

第一章 导论

CHAPTER 1

西班牙帝国是世界现代史上第一个全球性帝国,也曾是世界历史上规模最大的帝国之一,对世界政治格局、经济和文化产生过重大影响。16世纪后的西班牙和葡萄牙是欧洲进行环球探险、殖民扩张与开拓跨洋商路的先行者,西班牙和美洲大陆之间的跨大西洋商路以及东亚与墨西哥之间途经菲律宾的跨太平洋商路承载着彼时两洋之间繁忙的贸易交往,是早期跨文明交往的重要见证。纵观西班牙新闻传播的历史演变轨迹,可以发现传播史与社会史、政治经济史和技术史紧密地纠缠在一起,其中各种线索的演进都对传播形态的更迭产生或隐或显的影响。本书的研究采用阐释学派的框架,以不同的传播媒介的形态演变为纲,以传播史上的重要媒体、人物为目,互为交叉,力争能够比较全面地反映西班牙新闻传播业发展的整体面貌。

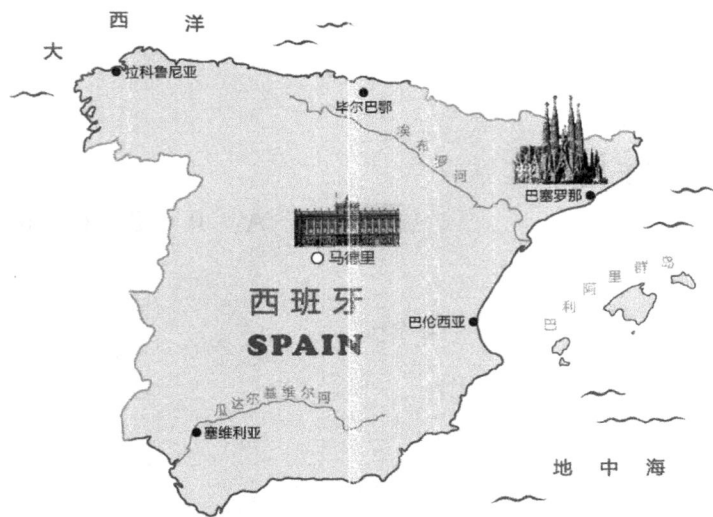

西班牙示意图(李歌吟绘制)

第一节　西班牙政治制度的变迁

现代人类克罗马农人（Cro-Magnon）于3.5万年前开始经比利牛斯山脉北部进入伊比利亚半岛，在其后的数千年里，这一半岛被不同的入侵者和殖民者光顾。公元前11世纪后，腓尼基人、希腊人和迦太基人先后成功登陆伊比利亚半岛，在地中海沿岸定居并建立商业据点，迄今在半岛各地仍不时有上述文明的遗迹被发掘出来，足见当时半岛文明之繁荣。在罗马共和国晚期，处于共和国统治之下的伊比利亚半岛从地理和行政上被分为远西班牙和近西班牙。罗马帝国时期，伊比利亚半岛则被划分为东北部的塔拉哥纳西班牙行省、南部的贝提卡西班牙行省和西南部的路西塔尼亚行省。

5世纪末，随着罗马帝国的衰亡，来自欧洲大陆的日耳曼人开始进入半岛并逐渐散居到半岛各地。415年，西哥特人占领了西班牙，在6世纪末放弃了异端的阿里乌斯派信条并改宗信仰罗马天主教。在西哥特人入侵前，天主教已经在西班牙扎根，对西班牙的政治、经济乃至文化发展产生深远影响，当今西班牙文化的整体特色，仍具有浓厚的天主教因素。中世纪初期，西罗马帝国的崩溃以及基督教的整体覆盖，并未使西班牙彼时的社会传统遭受颠覆性的破坏，西班牙现今的语言、宗教信仰以及法律基础都来自这个时期。

罗马人数个世纪的定居和统治，对西班牙文化产生了深刻而持久的影响，值得一提的是，迥异于罗马帝国不列颠行省、高卢行省、伦巴第地区和日耳曼地区，西班牙从未发生明显的古典文化的衰退。415年至711年，即西哥特王国统治期间的大部分时间里，西班牙人促成了日耳曼法和罗马法的交流，并且创造出了多部影响深远的法典，为12世纪后大陆法系在西班牙的发展和扎根奠定了基础。

711年，柏柏尔人和阿拉伯人的军队入侵伊比利亚半岛，并逐步征服了几乎整个半岛。随着穆斯林王国的陆续建立，穆斯林和基督教徒之间爆发了连绵不断的宗教战争，这一包含领土争夺、政治斗争和宗教征服的战争持续了近八个世纪。1147年，阿尔摩哈德王朝继承了穆拉比特王朝的马格里布地区和安达卢西亚地区。至13世纪中期，格拉纳达王国成为西班牙唯一保持独立的伊斯兰教政权，该政权一直延续到地理大发现的1492年。

1469年，由于卡斯蒂利亚和阿拉贡王国的王朝联姻，卡斯蒂利亚王国和阿拉贡王国联合成为西班牙王国，并于1492年收复格拉纳达。收复格拉纳达被视为天主教会对伊斯兰世界的重大胜利，伊莎贝尔（Isabel de Castilla）和费尔南多（Fernando de Aragón）夫妇被教宗敕封"天主教君王"（Reyes Católicos，1474—1504），加强了西班牙在天主教国家的地位，进一步巩固了西班牙的天主教传统。教权和世俗王权相对的和平相处是贯穿整个西班牙王权时期的重要特色之一。同样是在1492年，克里斯托弗·哥伦布（Cristóbal Colón）首次扬帆出海寻找新大陆，揭开了西班牙帝国兴盛的序幕。西班牙的闯入中断了新大陆原生文明发展的自然进程，导致美洲土著文明的衰落，人类文明史上最灿烂的珠宝之一——阿兹特克文化与印加文化——也因殖民入侵而衰落，北美洲南部和南美洲（除了巴西）的广阔土地被纳入西班牙帝国的版图。

1580年，西班牙和葡萄牙一度合并为伊比利亚联盟，这不仅使半岛得以统一，也将两个大帝国的全球资源整合到了西班牙帝国的王冠之下。西班牙海军训练有素、纵横大洋，在欧洲战场上占尽天时地利。16世纪称霸大西洋的西班牙海军在欧洲具有一流实力，1588年远征英国的舰队也因此被称为"无敌舰队"，即便在1588年的格拉沃利讷海战中损失惨重，在此后相当长的一段时间内，西班牙海军仍是欧洲海上劲旅。

但是，在接下来的一个世纪里，卡斯蒂利亚的经济和行政问题变得日渐明显：过高的通货膨胀、对黄金和白银日益增长的依赖，以及驱逐摩里斯科人（即改宗天主教的摩尔人）造成的人口减少，都酿下了严重后果，导致政府破产，引发多轮经济危机，帝国经济基石摇摇欲坠。1640年中欧战事正酣，除法国以外的其他国家都未占到丝毫便宜的时候，葡萄牙和加泰罗尼亚地区发生了叛乱。在持久的冲突之后，西班牙失去了对葡萄牙的控制，在卡洛斯二世（Carlos II，1665—1700）统治期间，疆域大幅度缩小的西班牙最终失去了其在欧洲的领导地位，沦为二流国家。

16世纪和17世纪的西班牙在文化上处于黄金时代。领土扩张和政治的统一、美洲的发现以及贸易的发展推动了社会进步，教育和文化水平快速提升，文学、绘画、建筑和音乐等文化领域呈现欣欣向荣的景象。与此同时，知识分子群体的扩大催生了文学学院、贵族沙龙和民间聚谈会等新思想萌芽的场所，促进了公共空间的发展。

由于王权更迭，18世纪的西班牙迎来波旁王朝的统治，在政治上和文化上都成为专制主义法国的追随者。来自法国王室的费利佩五世（Felipe V，1700—1746）是西班牙波旁王朝的第一位国王，他在1715年签署《新组织法令》，褫夺原西班牙帝国各王国的特权，将其统一在卡斯蒂利亚的法令之下，以此强化中央集权。卡洛斯三世（Carlos III，1759—1788）统治时期，西班牙实行开明专制，带来了18世纪中期的经济繁荣。尽管在法国与英国的七年战争中，支持法国的西班牙成为战败一方，但在其后的美国独立战争中，西班牙夺回了此前失去的佛罗里达领地，国际地位也得到一定程度的改善。

18世纪和19世纪之交的法国大革命和拿破仑战争在全欧洲引起混乱，法国最终占据了欧洲大陆包括西班牙在内的大部分区域，由此引发了一场成功但又是毁灭性的独立战争。1808年，半岛战争爆发。趁着王权空虚，自由主义者建立了具有革命性质的加的斯议会，颁布民主宪法。然而，加的斯议会并未完成改革旧体制的使命，半岛战争结束后，西班牙再次回到波旁王朝的统治下。

在1868年开始的十年战争中，古巴开始反抗西班牙的殖民统治，废奴主义得以在西班牙统治下的美洲殖民地上蓬勃发展,而美国的介入使得局势愈加恶化。美国缅因号战舰的爆炸引发1898年的美西战争,西班牙在战争中遭遇灾难性的失败,最终古巴获得了独立,西班牙失去了波多黎各、关岛和菲律宾等海外殖民地。多灾多难的1898年催生了著名的"98年一代",以米格尔·德·乌纳穆诺(Miguel de Unamuno)为代表的知识分子成为西班牙精神的代表,其影响一直持续到现今的西班牙社会。

进入20世纪,无政府主义运动和法西斯主义运动迅猛发展,社会矛盾激化。1909年,加泰罗尼亚地区的一场工人罢工演变成大规模叛乱,叛乱遭到了保守党政府的残酷镇压。第一次世界大战期间,西班牙的中立地位使其可以合法地向交战双方提供战争急需的物资,造就了短时期经济的繁荣。但是,流行性感冒爆发,战后经济减速,给西班牙社会带来沉重打击,使得战后国家负债累累。

1931年4月14日,西班牙第二共和国成立,曼努埃尔·阿萨尼亚·迪亚斯(Manuel Azaña Díaz)担任共和国第一任政府总统。虽然共和国政府起草了一系列的改革方案,但是前政权遗留下来的混乱的经济局势、巨额债务以及根基不稳的执政联盟导致政局陷入持续动荡不安。左翼与右翼针锋相对,左翼热衷于阶级斗争、土地革命,推行地区自治和打击教会以及保皇党势力;而以西班牙自治右翼联盟为代表的右翼政党则对所有议题都持反对意见。1936年,人民阵线中的左翼联盟获得选举胜利,组建联合政府。然而,各政治派别之间从未达成和平所必须的一致意见和相互信任,最终,整个国家滑入内战的深渊。

1936年7月17日,弗朗西斯科·弗朗哥·巴哈蒙德(Francisco Franco Bahamonde)率领摩洛哥的殖民地军队攻入西班牙本土,叛乱在各地扩散开来。佛朗哥意欲立即攫取权力,但是遭到了马德里、巴塞罗那、巴伦西亚和巴斯克自治区等地共和党人的有效抵抗,内战全面爆发。随着共和国的消亡,佛朗哥离其独裁者的梦想又近了一步。

西班牙在一战和二战中都保持中立,但在内战期间仍然遭受了战火之苦,内战夺去了 30 万至 100 万人的生命。① 佛朗哥将所有的右翼政党进行整合，改组后成立长枪党，并取缔左翼政党以及工会的活动。战争结束后，西班牙进入独裁统治时期，在经济和文化上基本与外部世界隔绝。佛朗哥统治后期开始实行一定程度上的经济和政治自由化，催生了"西班牙奇迹"，其中旅游业的繁荣居功至伟。1975 年 11 月 20 日，佛朗哥逝世，国家统治权被交予胡安·卡洛斯（Juan Carlos de Borbón），称胡安·卡洛斯一世（Juan Carlos I, 1975—2014），佛朗哥时期结束。

西班牙向民主或新波旁王朝的过渡过程通常被认为始于佛朗哥去世的 1975 年，这一时期迁延至 1982 年 10 月 28 日，随着西班牙工人社会党在选举中获胜而结束。当然，民主化的道路并非一帆风顺，旧政权的支持者们并未放弃努力，1981 年 2 月 23 日爆发军事政变。次日凌晨 1 点 15 分左右，身着军队最高统帅服装的卡洛斯国王在国家电视一台发表演讲，对政变进行了强烈谴责，呼吁西班牙人民支持政府，拥护民主改革。最终，政变以失败而告终，西班牙民主制度进一步巩固。

1982 年至 1996 年，西班牙工人社会党执掌政权，费利佩·冈萨雷斯·马克斯（Felipe González Márquez）任首相。1996 年，人民党在选举中获胜，何塞·玛丽亚·阿斯纳尔（José María Aznar）出任首相。1999 年 1 月 1 日，西班牙加入欧元区。2004 年 3 月 14 日大选前夕，正值早晨交通高峰时段的马德里发生一系列恐怖炸弹袭击事件，191 人死亡，数千人受伤，这一事件对西班牙大选造成重大影响。恐怖袭击之前的民意测验表明两大候选人之间的得票率十分接近，鹿死谁手很难预料。但在三天之后举行的选举中，西班牙工人社会党最终获胜，何塞·路易斯·罗德里格斯·萨帕特罗（José Luis Rodríguez Zapatero）取代阿斯纳尔出任首相。2011 年 12 月，人民党在选举中获胜，马里亚诺·拉霍伊·布雷（Mariano Rajoy Brey）出任政府首相。2015 年，

---

① "Spanish Civil War", *Encyclopaedia Britannica*. https://www.britannica.com/event/Spanish-Civil-War.

拉霍伊参选并成功连任，然而人民党并未在大选中获得绝对多数席位，因而无法就任首相一职。各党派就内阁人选争执不休，协议难以达成。2016年10月，经过长达十个月的无政府状态后，时任代理首相拉霍伊正式连任。2018年6月，西班牙议会通过工人社会党发起弹劾案，拉霍伊下台，时年46岁的佩德罗·桑切斯·佩雷斯-卡斯特洪（Pedro Sánchez Pérez-Castejón）出任西班牙政府新一任首相。

第二节 西班牙传播媒体演变的整体路径

按照传播学多伦多学派代表人物伊尼斯（Harold Adams Innis）的观点，媒体介质的不同特点与政治体系的特点呈对应关系。在伊尼斯看来，任何媒介都有偏倚，或是时间偏倚，或是空间偏倚。前者往往指质地较重、耐久性强的媒介，如石头与羊皮纸等，它们能长久保存，故而能克服时间的障碍，可以由前世传至后世；后者则是质地轻便、容易运送的媒介，如莎草纸、白报纸等，适于克服空间的障碍，可以实现大范围的空间转化。任何传播媒介都具有其中之一的特性或两者兼具：偏倚时间的媒介在某种意义上是个人的、宗教的、商业的特权媒介，强调传播者对媒介的垄断和在传播上的权威性、等级性和神圣性，但不利于对边疆地区的控制；偏倚空间的媒介是大众的、政治的、文化的普通媒介，强调传播的世俗化、现代化和公平化，因而有利于帝国扩张、强化政治统治、增强权力中心对边陲的统治，也有利于传播科学文化知识。伊尼斯指出，人类传播媒介演进史是由质地较重向质地较轻、由偏倚时间向偏倚空间发展的历史，而且与人类文明的进程相协调。用石器在岩壁刻画符号反映了人类远古时代的文明特征；树皮和莎草纸的广泛使用反映了古埃及和古希腊时代的文明特点；羊皮纸则是从罗马帝国到10世纪的通用媒介，作用于广阔疆域的控制；纸和笔则是15世纪中叶的主要媒介，媒体的大众化不断加强；纸与手工印刷是文艺复兴至法国大革命（18世纪）期间的重要媒介；进入 19、20 世纪后，新闻传播相继迎来大众报刊时代、电影时代、广播和电视时代以及网络时代。① 媒介空间偏倚性的不断延展代表着媒介权力不断民主化的过程，在互联网时代，人们彻底摆脱了媒介的空间属性，若干个 GB 的数据传输在刹那之间就可以完成从地理位置相隔非常遥远的传者到受者之间的转移，以往作为被动的受传者也由此而获得了传播更大的主体性。媒介技术的不断演进过程也是人类社会逐渐实现对空间和时间宰制的过程，它通过推动媒介生态系统的嬗变，来改造和重塑人类社会的文化模式和社会形态。媒介的发展史，在一定意义上是传播技术发展和文化变迁的二重奏。

一、印刷媒体的发展轨迹

西班牙历史上最早的视觉传播形态是旧石器时期的壁画。在文字尚未创建的时期，人们已经开始通过绘画来记录和传播在生产和生活中的重要经验。这种记录和分享社会实践经验的动机，成为人类传播的恒定动力。在摩尔人时期，这种冲动推动了吟游诗人不断创作新的诗歌，表达与分享他们的喜怒哀乐，伊比利亚半岛上早期的口头传播由此兴盛。

15 世纪下半叶，天主教双王时期的西班牙已经出现了早期的手抄报，还有王室、教会和贵族专属的信使和驿站，为特权阶层提供私人信函的传递服务。印刷术引进后，以手写信件和通告为基础进行印刷后发行仍旧是 16 世纪和 17 世纪西班牙新闻信和通告的重要传播形式。

与欧洲其他国家一样，早期对印刷物大量刊行的需求主要来自教会，宗教书籍是早期印刷产品中的重要组成部分。为了强化思想控制，教会需要通过大规模印制并传播宗教读物来加强宣教的效果。1472 年，德国人胡安·巴瑞克斯（Juan Párix）制作了西班牙的第一本印刷书籍《阿基拉富恩特主教会议》(*El Sinodal de Aguilafuente*)。随着西班牙帝国的形成以及印刷技术的不断

---

① ［加］哈罗德·伊尼斯：《传播的偏向》，北京：中国传媒大学出版社，2015 年。

普及，王权也意识到印刷术对提高封建统治的重要作用，开始借助印刷技术来推行法令，建立起完善的对内传播和对外传播体系。15 世纪后期，天主教双王在托莱多和巴利亚多利德设立印刷厂，并下令印刷出版《十字军教皇圣谕》(*Bulas de Cruzada*)。1502 年，双王颁布《托莱多诏书》，宣布对出版事务进行事先审查，由此开启了王权对出版业务进行直接干涉的先例，此后审查成为王权钳制舆论的有效法律手段。与出版印刷并行发展的是文化教育的逐步发展，以萨拉曼卡大学（始于 1218 年）为首的多所大学的创立和第一本西班牙语语法《卡斯蒂利亚语语法》(*Gramática de la lengua castellana*)的出版提高了教育水平，教育开始向教会和贵族以外的阶层普及，大众传播逐步开始形成，西班牙开始有了大众社会的雏形。

　　印刷术和传播媒介的结合推动了圣经的广泛传播，直接触发了宗教改革。天主教基础深厚的西班牙站到了反宗教改革的前沿。西班牙帝国的资源被大量消耗在捍卫所谓天主教的纯洁上，西班牙付出了帝国衰落的惨重代价。在文艺复兴以及启蒙运动的推动下，西欧诸国的现代文明加速发展，而此时的西班牙却自绝于现代科学思想发展的门墙之外。1618 年，欧洲国家之间在政治、宗教和领土领域的争斗演化为三十年战争，天主教集团输掉战争，欧洲天主教政教体系遭受重大冲击，极大地削弱了哈布斯堡王朝对欧洲国家的霸权，进一步推动了新兴国家的崛起。作为战败的一方，战争结束后，西班牙被迫签订《威斯特伐利亚和约》和《比利牛斯条约》，承认荷兰独立，并向法国割让领土，西班牙的版图进一步萎缩。

　　西班牙第一份定期报刊诞生的时间要晚于其他欧洲国家，1630 年开始出版的《马德里公报》(*Gaceta de Madrid*)标志着西班牙定期报刊的诞生。诞生之初，《马德里公报》具有半官方性质，内容编排完全效仿法国公报的架构，分为国内新闻和从外国新闻纸中提取的国际新闻两部分，主要宣扬胡安·何塞（Juan José de Austria）的丰功伟绩和政治才干，成为帮助其争取王位的工具。在其之后，西班牙也迎来了外省和外国西语报刊的繁荣。

　　西班牙现代新闻传播业的诞生与其邮政业的发展息息相关。16 世纪后，在邮政事务大臣弗朗西斯科·德·塔西斯（Francisco de Tassis）的主导下，西班牙建立了一个遍布欧洲各地的庞大邮政网络，直接推动了新闻传播业的发展。在首都和信息发达地区出版的报刊借助通达的邮政网络快速传递到订购者的手中，西班牙的报刊业逐渐走向繁荣。此外，随着印刷品的不断丰富，发行商阶层也逐渐成形，这些走街串巷的售卖者将"零散的对折纸"兜售给不同阶层的读者，对信息的流通传播起了重要的助推作用。

在天主教根深蒂固的西班牙，大多数时候教权和王权对出版业持敌视态度，不同君主统治时期，西班牙实施了不同程度的报刊审查，时而放开，时而收紧，报纸的发展也随之有起有伏，总体特点是报刊种类多但是发行量小。定期报刊出现后，新闻报刊种类繁多，经常是隔一段时间就有一个新的报纸创立，但是每一家报刊的订户却被大大地分散了，导致单个报刊的订户数量较低，这种业态限制了报刊行业的发展动力，许多报刊常常因为经济来源问题而被迫关闭。

18世纪，在启蒙思想和开明专制主义的影响下，出版印刷成为王室推动改革的重要工具，王室和媒体在不触及王权的前提下，互相给予对方足够的自由度。王室利用新闻报刊塑造开明君主的形象，推动社会改革的施行，由此诞生了以《马德里公报》、《西班牙信使》（*Mercurio de España*）和《马德里日报》（*Diario de Madrid*）为代表的早期官方和半官方报刊。18世纪，西班牙报刊种类累计超过200种，报刊形式、题材和内容都较此前更加多样化。同时，随着社会的发展，各地对于新闻的需求也迅速增加，西班牙的报刊征订业务迅速发展，开始实行读者订阅制度，报刊订购数量急剧增加，一些报刊开始拥有固定的读者群体和稳定的订阅费收入，成为其扩大发展的经济来源。在一些大城市，酒吧、咖啡厅、阅读室、书店和剧院等公共文化空间开始得到培育。

在这一时期，相对宽松的出版环境也催生了一些专门致力于社会批判的报刊。1763年在加的斯开始发行的《加的斯的女思考者》（*La Pensadora Gaditana*）被认为是西班牙第一份由女性创办的报刊，是女性主义新闻思想的开拓者。报刊业的巨大发展带动科技知识在西班牙各阶层的迅速普及，出现了最早的专业技术性刊物。

随着报刊市场的繁荣，如何在公众获取信息的权利与个人隐私的保障之间达成平衡的问题逐步凸显。诽谤罪这一新的犯罪类型应运而生，旨在对新闻信息的公开性和当事人的隐私权之间划定一个恰当的边界，以保证个人权利不受公权之侵害。1749 年，政府颁布法令，规定印刷出版物不能伤害他人名誉，这一法令被视为西班牙最早对诽谤罪进行界定的法律条文。

然而，王权对思想和言论自由的接受程度是有限度的，即便在思想较为自由的 18 世纪，王权也多次对报纸行业实施严格的查禁，禁止可能对西班牙政治体制带来危险的媒体在市场上发行。1789 年，法国爆发大革命，法国大革命对王权的颠覆性影响引起西班牙王室的恐慌，卡洛斯四世（Carlos IV, 1788—1808）宣布实行严格的新闻管控，防止革命思想向西班牙境内渗透，同时颁布法令，宣布严禁出版官方报纸之外的一切报纸。但随着时局的放缓，王室又重新放松出版管制，允许法国书籍进入西班牙，以延续 18 世纪的社会和经济改革，赢得民心，避免西班牙走上法国的道路。

进入 19 世纪后，政治报刊的全面发展反映了动荡的政治格局以及各种政治观念在西班牙的发展和演变。随着不同利益集团权力的更迭，不同政治倾向的报刊也随之此消彼长。这一时期，报刊承担的政治宣传功能超越其文学和教育功能，许多文学家投身政治报刊的出版或政治文章的撰写工作，政治报刊获得全面发展，媒介逐渐成为立法、行政和司法权力之后的"第四权力"。1812 年加的斯议会颁布的民主《宪法》明确提出保护出版自由，次年，加的斯议会设立出版法官的职位，以取代宗教裁判所，对违宪出版物进行调查，并规定报纸文章的作者拥有终身知识产权，继承的知识产权为 10 年。

政治报刊的繁荣和保护知识产权制度的确立，推动了报刊行业整体的发展和成熟，激发了报刊文章作者的写作动机和媒体从业者的创业动机，为迎接西班牙新闻报刊业的黄金时期的到来奠定了基础。第一，报刊的题材和类型逐渐多元化，报纸开始重拾诸如开启民智等政治宣传之外的其他社会功能，不再完全是政治派别用以进行意识形态宣传的工具，报刊逐渐向现代传播媒介过渡。与此同时，扩大广告投放量和报刊发行量取代意识形态诉求成为报刊业发展的第一要务，传统上依赖征订费作为主要经济来源的办报模式开始转型。第二，先进印刷技术的引入以及交通和通信设施的不断完善促进了西班牙报刊业的现代化进程。1854年，伊莎贝尔二世（Isabel II，1833—1868）发出了西班牙历史上第一封国际电报，次年，电报行业正式向公众开放，提供迅速快捷的通信服务。第三，报刊业的发展带来专业新闻从业者群体的兴起，新闻人分工更加明确和具体。随着报刊经营的商业化和工资水平的逐渐提高，脱离政治宣传或教化者身份的独立新闻记者群体开始形成并逐渐壮大。最后，报刊编辑水平和质量不断提高，特别是新闻类和文化类报刊的出现以及报刊广告的兴起，都在一定程度上提升了报刊质量，推动了读者群的稳步增长和报刊发行量的增长。

19世纪末至20世纪初，西班牙报刊业大众报刊应运而生。19世纪末深刻的国内政治和社会危机以及同时期发生的一系列重大国际事件，刺激了新闻消费需求，舆论市场迅速形成。西班牙各界借助报刊展开对国家大事的激烈辩论，而这种张力传导到政治党派和社会各阶层之后，引发了报刊社会功能的嬗变。报刊一方面是政府和政党的传声筒，许多重要的政治信息以及社会改革措施通过报刊得以传达，同时也是政府与批判者辩论的重要舞台。文人论政一向是西班牙的传统，在社会矛盾凸显的时刻，报人不断推动舆论的介入，通过办报或撰写文章，开启民众的公共意识，同时将笔锋对准西班牙社会中的各种不平等现状，讨论解决社会问题的方案，由此推动了20世纪前三十年大众报刊业的蓬勃发展，报刊业迎来了其发展的黄金时期。1898年，西班牙在美西战争中惨败，报刊对政府的无能和社会的腐败进行了深刻的批判，一时间，西班牙的报界呈现出类似美国扒粪运动一样的景观，从对政府的辛辣讽刺拓展到对社会各领域内的黑暗现象进行揭批，西班牙的媒介场域中各派报人你方唱罢我登场，报界的批判精神得到极大的培育。1914年，第一次世界大战爆发，战争对西班牙报界产生深刻影响，在中立国西班牙，报刊分化为支持同盟国和协约国的两个阵营，两个阵营之间展开轰轰烈烈的论辩。这一时期，西班牙的报刊市场出现大批新闻类日报，其中部分报刊以其旗帜鲜明的立场赢得了公众的青睐，加上经营者运作有方，极大地拓展了发行量，并陆续建立了西班牙最早的报业集团。这一发展与世界范围内的报业集团化发展同步，深刻地改变了西班牙报业市场的格局。

20世纪30年代，内战爆发，报刊业再度分裂。不少报刊因其所处区域的势力范围而不得不对原有的政治立场改弦易辙，如原支持弗朗哥所代表的国民军一方的《阿贝赛报》（*ABC*），成为共和国的宣传工具，而该报在塞维利亚的地方版则因处于国民军的统治下而支持弗朗哥的国民军。内战结束后，西班牙进入弗朗哥独裁统治时期。弗朗哥加大了对报刊业的铁腕统治，颁布《新闻与出版法》，设立报刊和宣传司，开办官方新闻学校，全方位加大对国内报刊业的管制，以确保其独裁统治得以延续。

随着弗朗哥在1975年逝世，西班牙开始向民主时期过渡。1978年的西班牙《宪法》颁布后，新闻与出版自由成为公民的基本权利，得到宪法的保障。新闻自由使得报业再度呈现多元化发展局面，官方媒体的新闻垄断被打破，作为大众媒体的报刊逐步获得新的发展空间，报人的良知重新被唤醒，媒体上开始出现对政府的批评声音，报刊职业化获得快速发展，职业记者和编辑队伍不断壮大。此外，商业报刊发展迅速，主流报刊纷纷创办文化和娱乐副刊，以适应公众越来越多样化的信息需求。

进入21世纪后，与广电行业相比，报刊出版业在数字化浪潮中受到更大的冲击，许多转型不利的报刊被迫关门。西班牙传媒研究协会对报刊市场的跟踪调查表明，日报的订户在2007年至2017年大幅度下降，体育类的报纸则逐步成为销量最大的出版物，互联网阅读模式使大众的阅读时间碎片化，内容扁平化，严肃新闻的读者市场开始收缩，内容轻松活泼的娱乐和体育类报刊渐成报界新宠。面对互联网传播的巨大冲击，大型报业集团纷纷借力数字化技术，将其产品的形态多样化，加大新闻产品的全媒体化程度，主动实现产业形态多样化。通过集团化运作，报刊业也得以进入视频和网络等领域，实现纸质报刊内容的整合性生产，打通内容生产的各个环节，大大地提升了产品利用率，从而提高了传播能力。此外，面对读者的信息需求日益细分化的现状，报刊推出多个地方版，并将市场从国内拓展到拉美，对受众群体进行深耕细作，开发出更加适应各种不同群体读者的产品，提升竞争力。免费报刊的出现是新时期报刊出版业的另一新态势，通过吸引更多的广告投放，一些报社发行免费报刊。尽管免费报纸在经历快速扩张后渐显疲态，但仍然是报纸行业里较有影响力的一种出版形态。

整体来看，西班牙报刊业在其发展的历史进程中呈现出高度的社会责任感。在报刊的社会担当意识与政府弹压的张力下，报刊市场与政府、查禁与反查禁、严肃化与商业化所构成的动态博弈，推动着西班牙报刊业逐渐向自由化和市场化方向发展。

二、通讯社的发展轨迹

19 世纪中期电讯业迅速发展，带来了西班牙现代新闻产业的发展，其中的重要事件是通讯社的建立。1865 年，尼罗·玛丽亚·法布拉建立"通讯记者中心"（Centro de Corresponsales），致力于向各大报刊提供新闻服务，这是西班牙历史上最早的通讯社。1919 年，法布拉通讯社（Agencia Fabra）创立，法国哈瓦斯通讯社成为股东之一。经过通讯记者中心和法布拉通讯社数十年耕耘的积累，1939 年在原法布拉社的基础上成立了埃菲通讯社（Agencia EFE），驻地设在布尔戈斯。弗朗哥时期，埃菲社成为官方新闻社，政府免除了埃菲社的债务，并为埃菲社提供资金支持。1940 年 6 月，埃菲社总部迁至马德里，其巴塞罗那分社于同年创立。此后，埃菲社在塞维利亚、加利西亚等地陆续建立通讯站。20 世纪 60 年代末，在原有的西语新闻服务基础上，埃菲社开通了英语和法语新闻服务。60 年代后，埃菲社通讯社进入拉美国家，布宜诺斯艾利斯分社成为埃菲社的第一个美洲分社，其美洲业务由此开启，埃菲社开始向国际化方向快速发展。

进入民主时期后,埃菲社逐渐由原弗朗哥政府的官方新闻社向西班牙第一新闻大社过渡。1977年后,埃菲社开始对旗下各频道采编的新闻进行统一署名,并在同一年设置了埃菲社新闻奖。20世纪90年代后,埃菲社的新闻服务进一步向新闻精准化方向发展。第一,在原有的西语、英语和法语新闻的基础上,增加了阿拉伯语和葡萄牙语的新闻服务。第二,为了将新闻生产过程与目标受众更加精准地对接,埃菲社进行了业务整合和扩张,提高新闻生产本地化的水平,选择到各大语言区的核心国家设点,由此充分发挥地区性大国文化对周边各国的文化辐射力。2006年,埃菲社阿拉伯语新闻编辑部迁往开罗,次年,埃菲社将美洲编辑部从迈阿密迁往哥伦比亚首都波哥大。第三,埃菲社将其新闻服务进行细分,构建专业化的新闻网络,陆续建立了相关主题分社。第四,积极参与新闻数字化改革。新世纪初,埃菲社网页正式运行,此后,在文本和图片数据库的基础上推出了视频新闻数据库和专业信息网站,并设立专门的多媒体部门。2011年后,埃菲社推出了面向苹果系统和安卓系统的手机和平板电脑的客服端,力图抓住人们对移动中实时信息的需求所带来的巨大商机。

目前,埃菲社已经成为世界上最大的西班牙语通讯社,并被视为世界第四大通讯社。埃菲社的记者网络遍布于全球120个国家的180多个城市,在马德里、波哥大(哥伦比亚)、开罗(埃及)和里约热内卢(巴西)四大编辑部,每年提供300万条多语种的新闻服务。由于埃菲社在西语新闻传播中的卓越贡献,1995年,埃菲社被授予阿斯图里亚斯亲王传播和人文奖。

建立于1953年的西班牙欧洲社(Europa Press)是私人性质的新闻社。独裁统治期间,埃菲社的垄断地位以及政府的新闻管制使得欧洲社的经营面临重重困难,与政府矛盾不断。1975年11月20日凌晨4点58分,弗朗哥去世一小时后,持续关注弗朗哥病情并一直驻守在医院外的欧洲社记者,率先向全世界发布弗朗哥去世的消息,成为欧洲社历史上最重要的成就之一。

三、电子媒体的发展轨迹

（一）广播电台

西班牙广播电视媒体的发展源于无线电技术的推动，而其诞生的时机恰好是波旁王朝复辟之时（1874—1931）。19 世纪末 20 世纪初，无线电技术拥有的巨大影响力使王室对其十分青睐，在政府的大力推动下，广播技术得到了快速发展。在传播技术尚未完全成熟之际，政府就宣布对无线电技术和资源实行垄断。1916 年，西班牙第一家无线电技术公司——伊比利亚电信公司——成立，该公司主要为军方的无线电通信提供技术支持。1923 年，政府颁布《广播法》，宣布加大广播基础设施建设，并进一步从法律上确定政府对无线电传播的垄断地位。同年，在合并伊比利亚电信公司和西班牙广播电话公司（Sociedad de Radiotelefonía Española）的基础上，伊比利亚广播电台（Radio Ibérica）成立，西班牙广播业正式诞生。

1924 年，政府召开无线电大会，对西班牙广播业的相关规章制度进行全面规划。在此基础上，政府颁布广播管理法令，确立许可证制度和广播监察制度。在相关立法对行业规范做出规定之后，政府开始对广播电台颁布许可证，通过控制许可证的总量来加强对产业的控制，但同时规定许可证可以自由转让，这给予这个行业一定自主性，推动了西班牙广播集团的出现，也促进了西班牙商业广播电台的诞生。与其他大部分国家广电产业发展的路径不同的是，从早期开始，西班牙的广播与电信和电话业的发展就交织在一起，融合式推进。

弗朗哥政权建立后，在内战中得到充分发展的无线电传播技术进一步巩固，电台频率不断增加，广播节目也日益丰富，收听广播成为西班牙民众重要的日常活动之一，巨大的受众市场的不断壮大使广播业进入黄金发展期。为了打破国际社会对独裁政权的封锁孤立，弗朗哥政府于 1945 年在马德里建立了第一个对外广播电台,用英语和西班牙语向国外发送广播内容,以争取国际社会的支持,并维持西班牙与拉美等前殖民地国家的联系。弗朗哥政权后期,新闻管制逐渐放松,特别是1966年颁布的新《新闻与出版法》推动了新闻广播业的发展,西班牙国家广播电台(Radio Nacional de España,RNE)的垄断地位逐步被打破,调频电台的迅速发展与普及推动了广播的进一步发展。20世纪70年代,西班牙国家广播电台在托莱多新建了专门的对外广播电台,面向世界各地推出西班牙语广播节目。

弗朗哥去世后,西班牙进入民主过渡阶段,新闻自由和经济发展带来了西班牙广播业的新发展,广播传播的专业化、商业化和集团化发展趋势得到进一步加强。1980年,西班牙颁布《广播与电视法》,允许各自治大区建立地方广播电台和电视台,加泰罗尼亚等地的地方电台和电视台迅速建立起来。在1981年2月的政变中,西班牙无线电广播公司(Sociedad Española de la Radiodifusión,SER)对政变进行了及时报道,因而政变之夜也被称为"无线电之夜"。广播媒体参与重大政治事件的报道,奠定了广播媒介议政功能的基础,这也是西班牙广播电台迈入新闻化时代的重要事件。1982年,天线三台广播台(Antena 3 Radio)建立,这是西班牙第一家私人广播电台,西班牙的广播谱系中开始有了不同属性的电台,带动了广播业的民主化和自由化进程。1989年,新的广播管理条令出台,允许各个城市建立电台。由此,由公共电台、私人电台、政府电台、自治区电台、城市电台等构成的多层次现代广播布局逐步建立和完善。

进入21世纪,专业化广播(尤其是音乐类广播)由于符合现代人的生活方式而受到听众特别的青睐,因而在与综合性广播的竞争中脱颖而出。数字时代的西班牙媒介市场也体现出分众化的发展趋势,借助数字技术的强大传输能力,广播一方面以高质量的传输和精确的内容稳住本土市场,另一方面也通过数字技术走出国门,锁定拉美市场的年轻一代听众。同时,广播网也开始涉足跨领域生产,开设视频网站或进入电视行业,提升自身内容生产能力,拓展广播业的内容广度。

（二）电视台

20世纪40年代后，欧美主要国家先后进入电视时代，而在西班牙，电视技术的发展以及基础设施的建设都要缓慢很多。1956年10月28日，西班牙电视台（Televisión Española，TVE）在马德里正式开播。作为弗朗哥政府官方媒体，西班牙电视台是政府发布重要消息的工具，无论是在新闻节目还是电视片中，意识形态宣传都无处不在，电视受到直接的新闻管制。60年代后，在推出经济发展计划的同时，政府制定了一系列法律条款和法规，推动电视业的发展。1965年，政府颁布法令，取消对于电视机购置的征税，此后电视机的普及率大大增加。

20世纪70、80年代，随着市场需求的不断变化，旧的电视传播理念和模式亟须改革。西班牙电视台对节目内容和节目形式进行了不同程度的变革，大力宣传民主观念，促进社会融合，从胡安·卡洛斯一世的登基演讲、重要政策法规的颁布、全民公投和民主选举的举行，到苏亚雷斯担任政府首相、1978年《宪法》的颁布以及1981年的军事政变等重大事件，西班牙电视台都积极参与其中，为顺利实现民主制度过渡发挥了作用。

1980年，政府颁布《广播与电视法》，正式将西班牙国家广播电台、西班牙广播网（Radiocadena Española，RCE）和西班牙电视台合并，合称西班牙公共广播电视组织，并在2007年更名为西班牙广播电视集团（Corporación de Radio y Televisión Española，RTVE）。随着民主宪法对地方自治权的认可，一批地方电视台陆续建立起来。1988年，政府颁布了《私人电视台法》，宣布开放电视市场，每年发放私人电视台许可证。次年，天线三台电视台（Antena 3 Televisión）、电视五台（Telecinco）和Canal+电视台（Canal+）获得政府许可后先后开播，打破了公共电视台的垄断局面，而这三家电视台也成为20世纪末至21世纪初西班牙电视领域的重要代表，标志着民主时期西班牙电视业的重要进步。

进入新时期，西班牙电视行业出现分化。国家电视台取消广告收费制，以国家补贴的方式运营，将内容公益化；商业电视更加突出内容为王的运营理念，结合国际传播的规律，通过真人秀、综艺节目、情景喜剧等节目吸引观众的眼球，同时也在频道细分方面采用专业化的发展思路，锁定特定的受众群体，加强目标观众对节目和电视台的黏性。时至今日，电视五台和天线三台的收视率已经超过西班牙电视台的电视一台，成为收视率排行第一和第二的电视频道。与电视五台和天线三台不同的是，Canal+电视台致力于打造付费卫星电视频道，成为西班牙第一个付费电视频道。尽管与免费电视网络相比，付费电视频道的收视率仍旧远远落后，但专业付费电视频道在某种程度上显现了电视业未来的发展方向。

与印刷媒体相比，广电媒体的信息来源广、单位时间信息量大、内容适合各种不同文化层次的受众，拥有比印刷媒体更强的空间偏向，其渗透率远远高于印刷媒体，因此自诞生之初就被政府牢牢控制在手中，作为其巩固政权的重要依凭。与大多数国家一样，鉴于电子媒体对受众的巨大影响，西班牙电子媒体的发展遵循着由管控逐步走向开放、由国内走向国际的路径。随着民主化和商业化浪潮的兴起，西班牙也追随其他西欧国家的步伐，慢慢放开了对电子类媒体的管制，私营的广播电台和电视台开始逐步涌现，广电媒介的谱系多样化，单一电子媒体对舆论的影响力无法维持垄断，这些因素都进一步推动了政府关于电子媒体规制的理念走向开放。

四、数字媒体的发展轨迹

进入21世纪，网络基础设施建设的完善和电脑的不断普及推进了人民生活和工作方式的变化，网民数量迅速增长，上网冲浪已成为人们获取信息的重要方式。互联网技术的不断发展以及庞大的网民基础，为西班牙大众传播业的数字化改革提供了动力。总体来看，西班牙数字媒体主要的发展路径是：将新技术与传统的大众传媒相结合，提升其内容生产的效率和传输的质量，由此为受众提供更加细化、更加专业的信息服务。通过报纸与互联网的结合，传统报业获得了新生；传统电子媒体同样受到来自互联网技术的冲击，为了挽救不断下滑的收听和收视率，传统广播和电视节目纷纷上网，利用数字技术对内容生产进行整合，加强节目生产的效率和集成性，为广播听众和电视观众提供了全新的收听和观看体验。

20世纪80年代后，新自由主义席卷全球，广播和电视行业逐步放松管制，政府通过发放许可证方式，推动了各级和各类广播和电视台的建立。从经营层面来看，政府放松了对行业并购的限制，因而出现了许多以打通业务链为诉求的大规模横向兼并，以及行业上下游的纵向兼并，西班牙媒介集团的规模和传播能力有了很大的提升。面对互联网传播给传播道德和内容健康所带来的挑战，政府的管制也加强了，为此，西班牙当局推出了一系列的相关法律法规，包括《国家广播与电视台法》《视听传媒总法》《电信法》《电视内容自律与保护儿童法规》等，对新闻从业者的职业道德和各类新闻的内容、广告、行业竞争等进行了详细的规定。这一松一紧之间，西班牙的媒体在经营层面有了更多的自主性，但在社会责任方面也需要承担更多的义务。

互联网时代，西班牙媒介谱系呈现出不同媒介之间进行竞合互动、优胜劣汰的景观，技术是主因，社会力量的介入则为其增加更多的变量。数字化的发展既对传统媒体构成了严峻的挑战，使得传统市场重新洗牌，同时也给实力雄厚、善于创新的传统媒体带来了加速发展的机会。当局对网络媒体市场的放松规制，将会进一步加剧行业内的垄断趋势，但国际大型媒介集团的进入也给西班牙媒体的发展带来进一步的竞争。随着技术的不断进步和媒介谱系的变化，西班牙传播市场的重新布局将不断上演。

第二章 早期西班牙的传播史
CHAPTER 2

人类的祖先最初进行信息沟通的历史可以追溯到远古的旧石器时期。伴随着气候与生活环境的变化，原始人大脑的内部结构逐渐发生变化。同时，群居生活的发展对交流和沟通的需求刺激了思维能力和表达能力的提高。现代考古学发现生活在12万年前的尼安德特人和现代人的大脑结构差别不大，他们已经具有简单的语言交流能力。

19世纪下半叶，在伊比利亚半岛北部的桑坦德附近的阿尔塔米拉（Altamira）发现了属于旧石器时代晚期的洞穴壁画。[1]这些作品不仅色彩丰富，而且岩石表面凹凸不平，富有立体效果，其内容主要以刻画原始人的日常生活为主，包括人物、动物、部落之间的战争、狩猎场景等，在写实的基础上体现出一定程度的抽象性，表明当时壁画创作者的思维水平已经达到了较高水平。在半岛的其他地区也发现了类似的壁画，这些壁画是原始人的生活记录，传递着伊比利亚半岛早期人类活动的信息，十分珍贵。

---

[1] ［英］雷蒙德·卡尔，潘诚（译）:《西班牙史》，上海：东方出版中心，2009年，第2页。

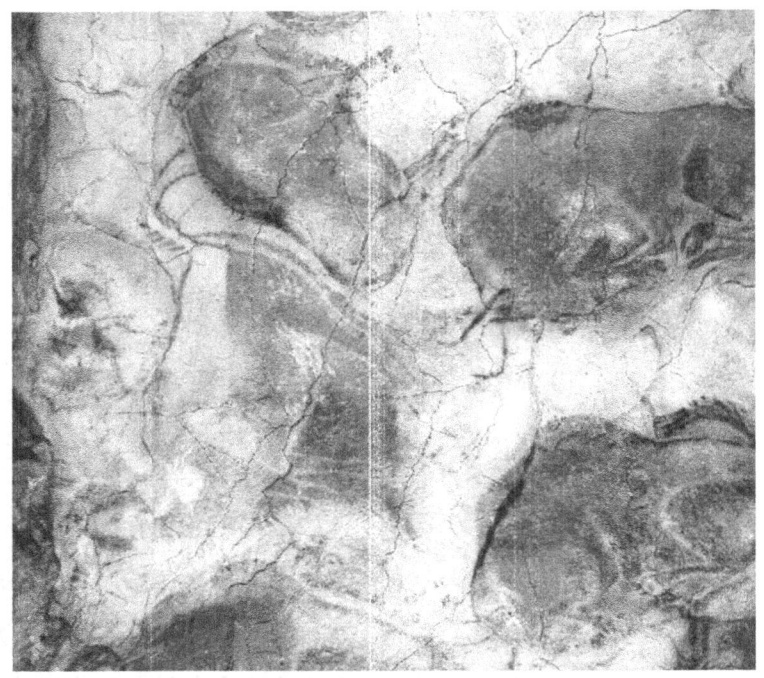

阿尔塔米拉壁画细节

此后,在漫长的历史长河中,生活在半岛北部的巴斯克人、西部和南部沿海的伊比利亚人、中部的凯尔特伊比利亚人、南部的塔尔特西亚人以及外来的腓尼基人、希腊人、迦太基人等,共同推动了伊比利亚半岛文明的兴起和发展,促进了文明进化的速度,不同文化之间的竞争和学习为伊比利亚半岛文明带来独特的发展空间,信息量的逐渐增大使得文字的诞生呼之欲出。公元1世纪后,出现了与巴斯克语、伊比利亚语以及凯尔特伊比利亚语等早期语言对应的原始文字,铭刻在金属制品、陶片、硬币和石碑等物品上,在伊比利亚半岛留下了最早的文字记录。

第一节　早期的口头传播

711 年，来自北非的摩尔人渡过直布罗陀海峡来到伊比利亚半岛，开启了长达八个世纪的安达卢斯（al-Ándalus）时期。摩尔人统治时期，犹太教、伊斯兰教和基督教在伊比利亚半岛共存，三教之间相对和平的竞争造就了半岛经济、文化和社会长时期的繁荣。在此期间，半岛北部未被摩尔人征服的基督教王国逐渐壮大，并与摩尔人开战。这场被基督教王国称作"光复运动"（Reconquista）的对抗持续了近 800 年，最终以天主教双王（Reyes Católicos，1474—1504）在 1492 年攻下安达卢斯的最后一个堡垒——格纳拉达——而划上句号。

摩尔人统治期间，伊比利亚半岛的文明得到进一步发展，各种艺术形式粉墨登场，色彩纷呈。王朝初期的传播模式主要是口耳相传，最早有历史记载的口头传播是中世纪的口头文学，其中以安达卢斯地区的抒情歌谣哈尔查、基督教王国的游唱诗歌和学士诗等最具代表性。最早的哈尔查大约出现于 11 世纪中期，主要由居住在摩尔人占领区的阿拉伯人和犹太人创作，创作语言以摩尔占领区的阿拉伯语方言或希伯来语为主，其中不乏以夹杂着阿拉伯语和希伯来语词汇的古西班牙语——莫萨拉贝语（mozárabe）——进行创作的哈尔查。游走于宫廷或者村落的游唱诗人（juglares），通过歌唱和表演等大众喜闻乐见的方式，将基督教王朝和摩尔人之间的战争史诗、英雄伟绩、民间趣事等加以吟唱，这便是流传在基督教王国的游唱诗歌。西班牙文学史上的开山之作——《熙德之歌》（*Cantar de Mío Cid*）——正是基于光复战争的英雄人物罗德里戈·迪亚斯·德·比瓦尔（Rodrigo Díaz de Vivar）的英雄伟绩而创作的英雄史诗。诗歌运用了现实主义手法，叙述的主要历史事件基本与历史相吻合，反映了中世纪西班牙的社会面貌。据考证，《熙德之歌》的原作者是两位游吟诗人，而如今保存的手稿为14世纪后的手抄本。[1] 这一时期的大多数抒情歌谣都未能流传下来，湮没入历史的长河之中，不得不说这是文明进化史上令人无可奈何的一大憾事。学士诗是与同时期的游唱诗相区别的一种文学体裁，格律十分工整，通常由通晓拉丁文的教士创作。贡萨洛·德·贝尔赛奥（Gonzalo de Berceo）被认为是西班牙历史上的第一位署名诗人[2]，他创作的《圣母显圣记》（Milagros de Nuestra Señora）等诗歌，对圣母或圣徒进行歌颂，故事围绕圣母显灵等宗教故事展开，展现了作者极大的宗教热情。

第二节　手抄新闻

手抄新闻是用手工抄（刻）写的文字新闻，它是自文字产生以后直至中世纪结束之前这一漫长的历史时期西欧官方新闻传播的较高级形式。历史记载最早的手抄新闻是公元前59年罗马的《每日纪闻》（Acta Diurna），新闻用手工抄写在白板上，公布于罗马及各省的公共场所，内容主要包括公民投票、官吏任命、政府命令、条约、战争、宗教新闻，等等，是当时人们生活中的头等大事以及掌权者希望被普通大众所熟知以便于进行统治的官方信息。476年，西罗马灭亡，《每日纪闻》随之终刊。如果以连续出版以及刊登内容的时效性作为标准来衡量，《每日纪闻》应该被看作世界上最早的报纸。[3] 几乎在同一时期，各地的王公、贵族和富商对于来自罗马的消息开始出现更多需求，于是有人将新闻抄录，随后送往各地，以领取酬金，这种发往全国各地的抄

---

[1] 沈石岩：《西班牙文学史》，北京：北京大学出版社，第3-9页。
[2] 董燕生：《西班牙文学》，北京：外语教学与研究出版社，第7页。
[3] 杨华青：《〈每日纪闻〉文化史述略》，载《新闻研究导刊》2015年第11期，第181-182页。

录新闻便是"新闻信"的起源。作为手抄新闻的一种形式，新闻信在欧洲流行了 1700 年。

16 世纪中叶的意大利威尼斯的《一文钱报》是手抄新闻发展顶峰时期的代表，这是一种定期的手抄新闻，有专人经营，贴在公共场所的墙上，内容多为交通状况、战争消息、船舶航期和市场行情等。当时在威尼斯流通的铜币叫作"格塞塔"（gazzetta），由于购买报纸需要支付一文钱，因而该报被称为《一文钱报》。后来，这种小报流传到罗马以及欧洲各国，被称为《威尼斯小报》（Venice Gazzetta），而"Gazzetta"一词也成为 17 世纪后欧洲各国早期报纸的名称。[①]

在东方的中国，自唐代开元年间（713—741）至明末，也出现了由"上都进奏官"负责编印的邸报，这是已知的中国最早的手抄报。唐末，随着藩镇势力的日益发展，各藩镇的办事代表——"节度使"——纷纷在京都设立自己的办事机构，称作"邸"，后来又改叫作"上都知进奏院"，简称"进奏院"，类似于今天的驻京办事处。进奏院负责人被称为"邸吏"或者是"进奏官"，其工作是为所代表的地方长官呈递章奏，下达文书，办理需要向政府中枢各部门请示汇报、联系交涉的各项事宜，同时也为地方了解、汇集和通报各项政治消息。由邸吏或进奏官们为地方长官了解、汇集和通报各项政治消息而传抄的报告，已不同于以往诏书性质的文件，报告仅为提供信息之用，是一种专门用来传递新闻的渠道。这些报告在当时没有固定的名称，有称"进奏院状报"的，也有称"状报"或"报状"的，还有称"留邸状报"的。唐代邸报现有两份尚存于世，由于曾藏于敦煌莫高窟，因而也被称为"敦煌邸报"或"敦煌进奏院状"。[②] 除此之外，唐代还有将皇帝的谕旨、文臣武将的奏章及政事动态"条布于外"的《开元杂报》。宋朝以后，随着当时中央政府和地方之间沟通的需求以及市民社会的逐步形成，出现了满足不同需求的《朝报》

[①] 李彬：《全球新闻传播史（1500—2000）》，北京：清华大学出版社，2009 年，第 18-19 页。
[②] 方晓红：《中国新闻史》，南京：南京师范大学出版社，2013 年，第 8-11 页。

《邸报》《小报》等各种报纸形态，出版方式也由手抄改为印刷发行，发行周期为五日刊、旬刊和半月刊。

在古登堡的活字印刷技术传入西班牙之前，伊比利亚半岛已经出现以手抄报、手抄诗集或私人书信为主要形式的手抄文献。天主教双王时期，旅居西班牙的意大利历史学家佩德罗·马蒂尔·德·安格雷利亚（Pedro Mártir de Anglería）担任宫廷史官一职，他同时也是当时著名的手抄新闻作者，创作了大量的手抄新闻。马蒂尔生于1457年2月，卒于1526年10月，他的作品《新世界》（*De Orbe Novo*）以书信的形式对哥伦布发现新大陆进行了详细的记载，是欧洲最早关于美洲的重要叙述。在书中，作者笔录的对象并不仅限于对美洲大陆的所见所闻进行简单的记录，而是在其所掌握材料的基础上根据个人的喜好以及收信人的身份、地位等信息进行编辑和加工，因而马蒂尔·德·安格雷利亚也被看作第一位撰写美洲大发现和征服美洲历史的"记者"。① 《新世界》从严格意义上讲还不算是真正的报纸，其创作风格和发行方式上都更加接近于《马可·波罗》式的历史著作，从时效性和纪实性上都还与今天的新闻纸相去甚远。此外，哥伦布（Cristóbal Colón）以及美洲征服者埃尔南·德·科尔特斯（Hernán de Cortés）的亲笔信件也为新大陆的发现和随后的殖民历史提供了全面而翔实的资料，这些信件因其公共属性而具备了现代报刊的部分特色。

手抄新闻流通的同时，民间依然以口头传播为主。两条线索平行发展，手抄的流传了下来，口头的则散落在早期的口头艺术家的头脑中，随着这些活跃的口头传播者的逝去而消亡。通过王室、教会和贵族专属的信使以及驿站设施进行流通的私人信函主要面向个人，具有私密性强和能规避审查等优点，在印刷技术引进后仍通过不同的形式服务于王室贵族以及新兴的商业贵族等特权阶层。

---

① Torre Revello, José. "Pedro Martír de Anglería y su obra *De orbe novo*." THESAURUS, 1957, 12:140. https://cvc.cervantes.es/lengua/thesaurus/pdf/12/TH_12_123_141_0.pdf.

第三节　书面信息传播的萌芽

15世纪的伊比利亚半岛处于历史转折点，意大利战争、欧洲王位继承战、国家统一以及地理大发现等事件，深刻地影响了西班牙的政治格局与社会结构。英法百年战争结束后，欧洲各国在政治上进入相对稳定时期，民族与领土统一之后的西班牙成为西欧第一强国，国家的统一有利于社会民生的发展，统治者的开明政策也进一步促进了国家的强大，西班牙的文明进化进入快速发展时期。

1469年，卡斯蒂利亚的伊莎贝尔（Isabel de Castilla）和阿拉贡的费尔南多（Fernando de Aragón）联姻，北部基督教王国最终获得统一，而此后格拉纳达的收复更是实现了伊比利亚半岛政治统一。收复格拉纳达被看作天主教会对伊斯兰世界的重大胜利，伊莎贝尔和费尔南多夫妇也因此被教宗敕封为"天主教君王"。1520年，伊莎贝尔和费尔南

1957年西班牙银行发行的1000元比塞塔纸币上的天主教双王的头像

多的外孙卡洛斯一世（Carlos I, 1516—1556）当选为神圣罗马帝国的皇帝①，称查理五世（1520—1558）。在其治下，西班牙的领土进一步扩张，横跨欧洲、非洲和美洲三大洲，成为名副其实的海上"日不落帝国"。

---

① 神圣罗马皇帝是历史学家称呼中世纪时获教宗赐予"罗马皇帝"头衔的法兰克和罗马的国王以及1356年后统治神圣罗马帝国的选举皇帝。1356年，卢森堡王朝的皇帝查理四世为了谋求诸侯对其子继承王位的认同，在纽伦堡制定《金玺诏书》，正式确认大封建诸侯选举皇帝的合法性。诏书确立了帝国的七个选帝侯。但七个选帝侯选举出来的国王只能称"德意志国王"，只有经过进军罗马并由教皇加冕后的"德意志国王"，才能使用"神圣罗马帝国皇帝"头衔。

政治的统一带来了社会的稳定、经济的发展与贸易的繁兴，推动了城市群落的发展和道路交通网络的逐步完善，同时也带动了出版业的发展。15世纪，巴利亚多利德的梅迪纳·德尔·坎波市（Medina del Campo）的集市逐渐发展成为著名的全国性大集市，集市于每年5月和10月左右开市，汇集了来自西班牙各地以及欧洲其他国家各行各业的商贾，商业繁兴，一时无两，该集市也成为出版商、印刷商、造纸商交流的重要场所。1491年，天主教双王颁布法令，授予梅迪纳·德尔·坎波集市王国总集市的地位，并享有免税特权。在这一法令的推动下，梅迪纳·德尔·坎波集市上开始出现使用期票进行交易的方式，[①] 资本主义开始在西班牙萌芽。

与政治上统一、经贸发展相伴而行的还有文化的繁荣。中世纪末期，西班牙人文主义思想的兴起和迅速发展带来了知识阶层的崛起和教育的勃兴，大众教育水平逐步提高。1218年，西班牙第一所大学萨拉曼卡大学（Universidad de Salamanca）建立。1255年，同时担任卡斯蒂利亚王国国王、莱昂王国国王、加利西亚王国国王的阿方索十世（Alfonso X，1252—1284）和罗马教皇亚历山大四世联合授予萨拉曼卡大学印章。建校以来，萨拉曼卡大学受到包括罗马教廷在内的欧洲上层势力的大力支持，建立了以神学、法学、文学、语言学为主体的综合性大学教育体制，成为欧洲最重要的学术中心之一，同时这里也诞生了文艺复兴时期名噪一时的萨拉曼卡学派。[②]

从语言上来看，10世纪的伊比利亚半岛上，形成了以拉丁语为基础的罗曼语（romances）的雏形，其中，卡斯蒂利亚王国的语言卡斯蒂利亚语（castellano）因卡斯蒂利亚在政治上的统治地位而被确定为官方语言。15世纪后，西班牙征服者将卡斯蒂利亚语带到美洲殖民地，卡斯蒂利亚语也成为西班牙语的同义词。西班牙著名的语法学家、历史学家和人文主义者安东尼奥·德·内夫里哈（Antonio de Nebrija）将印刷术引进萨拉曼卡，他的《卡

---

① Anabitarte Urrutia, Olga. "Las Ferias de Medina del Campo." *Narria: Estudios de artes y costumbres populares*, 1981, 21:16–18.
② 俞天红:《西班牙〈大学改革法〉评介》，载《比较教育研究》1987年第3期，第3-6页。

斯蒂利亚语语法》(*Gramática de la lengua castellana*)于 1492 年出版。这是第一本西班牙语语法书，同时也是欧洲第一本印刷出版的通俗语语法书。内夫里哈在书中明确提出"一字一音"的正字法改革，推动了卡斯蒂利亚语语言文字的规范和统一，促进了书面传播的发展。与此形成对照的是，第一本英语语法小册子《语法手册》直到 1586 年才由威廉·布罗卡尔（William Bullokar）完成并出版，而直到 1734 年威廉·劳顿（William Loughton）才出版了第一部英文语法著作《实用英语语法》。①

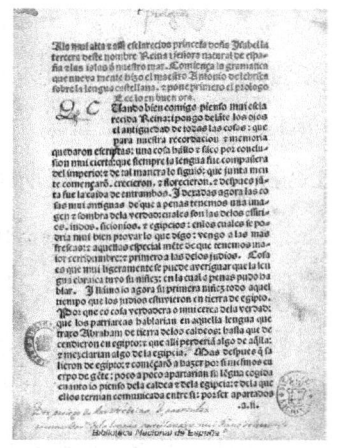

内布里哈《卡斯蒂利亚语语法》一书的"前言"①

15 世纪中叶以后，随着古登堡的印刷机在欧洲各国普及，西班牙也由口头传播渐入以书面传播为主的时期。和欧洲其他国家一样，早期对印刷物大量发行的需求首先来自教会，宗教书籍是早期印刷产品中的重要组成部分。为了强化思想控制，教会需要通过大量印制宗教读物来加强宣教的效果。研究表明，德国人胡安·巴瑞克斯（Juan Párix）在塞戈维亚（Segovia）建立印刷厂，并于 1472 年印刷了第一本西班牙的印刷书籍：《阿基拉富恩特主教会议》(*El Sinodal de Aguilafuente*)。② 该书没有封面，其内容为在塞戈维亚北部的阿基拉富恩特村举行的主教会议通过的章程。

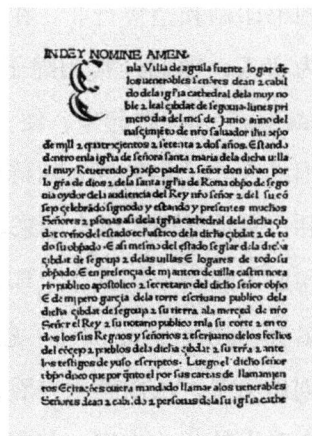

西班牙第一本印刷出版的书籍：《阿基拉富恩特主教会议》(1472 年)

---

① 图片来源：西班牙国家图书馆网站。
② Álvaro, Carlos. "El tipógrafo imprimió 'El Sinodal de Aguilafuente'." *El Norte de Castilla*, 2016-11-20. https://www.elnortedecastilla.es/segovia/201611/20/juan-parix-invento-gutenberg-20161120135154.html.

与此同时，王权也借助印刷技术对法律进行大规模刊印以推行其法令。15世纪晚期，天主教双王在托莱多和巴利亚多利德设立了印刷厂，并出版了《十字军教皇圣谕》（*Bulas de Cruzada*）。随着越来越多的法律法令或其他公文通过印刷的方式公开发行，西班牙王室开始给印刷法律和公文的印刷商授予王室印刷商的头衔。早期的王室印刷商有弗朗西斯科·洛佩斯（Francisco López）、阿隆索·戈麦斯（Alonso Gómez）等。①

　　15世纪70年代后，印刷技术在伊比利亚半岛各地陆续传播开来，在巴塞罗那、塞维利亚、布尔戈斯、萨拉曼卡等经济较发达和文化活动集中的城市，印刷和出版活动发展迅速。截至15世纪末，西班牙的印刷厂已经多达50多家，②在西欧各国居于前列。1561年，费利佩二世（Felipe II, 1556—1598）迁都马德里，很多书商随之前往马德里，马德里的印刷业迅速发展起来。

　　随着印刷业的发展和信息消费需求的增加，越来越多的商人开始投身于图书印刷和销售行业。在人口聚集的街市出现集中销售的印刷物，售卖者常为盲人，他们经常用绳子和夹子将各种形式的印刷物——"散页"（pliegos sueltos）——挂起来，便于前来购买的顾客的挑选。③售卖者常常以中世纪咏唱的方式，将散页上的诗歌作品表现出来，以吸引顾客购买，很好地将书面和口头传播模式结合起来。"散页"是最早面向大众销售的印刷物，通常是在印刷书籍剩下的纸张上印制，页面较少，并从中对折，无须装订，这便是其名称"pliegos sueltos"（意为"零散的对折纸"）的由来。散页以诗歌和散文创作为主，从内容上来看，既有英雄史诗、爱情诗歌和杜撰的故事，也有社会时事的相关内容，并常常配以图像，加上新颖独特的标题以吸引读者的兴

---

① Gómez Gómez, Margarita. "Las imprentas oficiales. El caso del impresor del Consejo de Indias." *Historia. Instituciones. Documentos*, 1995, 22:247-260.

② 同上。

③ López de Zuazo Algar, Antonio. "Pliegos sueltos, periódicos y fascículos." *Estudios sobre el Mensaje Periodístico*, 2003, 9:231.

趣。① 这种文学创作的传播方式后来经由葡萄牙传到巴西，成为当地著名的"绳上文学"，而将印刷物进行集中定点或流动销售的方式，似乎也可以看作现代报刊亭的雏形。

第四节　宗教改革与反宗教改革

宗教改革从根本上讲是一次思想的大变革，但同时也引发了社会、政治、军事的大冲突，具有社会史、政治史和思想史的意涵，是欧洲近代史上值得大书特书的重要历史事件。它的发生与当时的许多背景因素有关系，教义上的歧见是引发宗教改革的关键因素，黑死病的蔓延、天主教会大分裂等事件侵蚀了人们对天主教会和教宗的信仰，而文艺复兴思想的传播、印刷术的推广、东罗马帝国的灭亡则成为推动新教创立的重要力量。整体上看，宗教改革由以下六大因素综合作用而得以发生：

第一，是原文《圣经》的发行。1453年，奥斯曼帝国攻占君士坦丁堡，东罗马帝国灭亡，逃亡到西欧的学者们将大量的古典作品带到定居的国家，其中包括希腊文原文的《圣经》。马丁·路德通过研究希腊文《圣经》，认识到《圣经》里面讲的是"因信称义"，而不是拉丁文翻译的"因信成义"，这对路德的宗教思想产生了很大的触动，直接触发了路德对天主教的怀疑，也为此后的宗教改革埋下思想的种子。

第二，印刷术的出现对宗教改革起到了推进作用。古登堡发明金属活字版印刷，带来信息革命，信息的大量复制得以实现，从而推动了宗教改革的迅猛发展。宗教改革以前，《圣经》只能由神职人员阅读，一般信徒只能完全听信各地神父对经典与教义的解释，借由对经典文本的控制和解读权的独占，

---

① Cruz Seoane, María & M. D. Sáiz. *Cuatro siglos del Periodismo en España. De los avisos a los periódicos digitales*. Madrid: Alianza Editorial, 2007:18.

教会垄断了人们的思想源头。1456年古登堡在美因茨第一次印刷了拉丁文的《圣经》，其广泛传播使得更多的人可以阅读《圣经》，进行独立思考，并对教会解释产生怀疑。此外，马丁·路德等宗教改革者的文章通过印刷传递到各地，宗教改革的思想快速传播，引发了对天主教会的系统性怀疑，为宗教改革积蓄了组织性的力量。印刷术使政治、社会、宗教和科学的思想更快、更广地流通。1500年左右，约600万册书籍在欧洲14个国家发行，其中在作为宗教改革发源地的德意志和意大利两国，印刷出版的书籍占全部出版物的三分之二。[①]

第三，人文主义的兴起与发展，为宗教改革奠定了思想基础。人文主义提倡教育，重视思考、研究，直接挑战了宗教信仰的世界观和方法论，带来了对教会传统和教会权柄的质疑，怀疑精神的培育对文艺复兴运动也产生了很大的影响。1524年至1525年，鹿特丹的人文思想家兼神学家伊拉斯谟就人是否有自由意志的议题与马丁·路德展开了激烈的论战，从此划分了基督教人文主义者与宗教改革者的界限。

第四，教会的腐败，尤其是免罪券的泛滥和教会的分裂是改革的直接导火索。中世纪，人们的心灵依靠是宗教，对于外在的教会礼规非常重视。随着工商业的发展，教会积累了庞大的教产，物质的极大富裕使神职人员的道德约束松懈，滋生了教会中的大量丑闻，许多高级神职人员的职位都是用金钱换得的。在没有制衡的情况下，教会为了疏解财政方面的负担，经营酒店、赌场，公然贩卖赎罪券，声称能以之赎回炼狱之刑，免罪券的泛滥成了教会腐败的罪恶之源。在严格的科层权力体制下，大量的财富积累到教会高层手中，普通教众对天主教会高层的不满情绪日益强烈。腐败引发了宗教改革运动者对教会权威的质疑，由此带来的许多社会矛盾遇上宗教改革的导火索就演变成社会运动和武装冲突。此外，1378年至1417年，由于法国、德国和意大利争夺对教廷的控制权，造成天主教会同时有两个教皇对峙甚至三个教皇

---

① Goff, Frederick. "The Postilla of Guillermus Parisiensis." *Gutenberg-Jahrbuch*, 1959:73–78.

鼎立的分裂局面，教会的分裂使基督教危机进一步加剧。

第五，宗教与政治的密切联系为宗教改革提供了动力。中世纪的宗教与政治相互交织，利益纠缠。一方面，教宗和教会积极参与政治，教宗为神圣罗马帝国的皇帝加冕，派代表参加议会，亲自推动十字军东征；另一方面，政治领袖也介入宗教的事物，他们建修道院，出兵支持十字军东征。这种密切联系的后果是信仰问题往往迅速演化成为政治，并进而成为军事问题，从而对信仰的基础产生重大挑战。在宗教改革的过程中，各级世俗政权纷纷表明立场，并且使用政治和军事的力量支持自己的立场：作为神圣罗马帝国的皇帝，查理五世支持罗马，发诏书通缉马丁·路德；萨克森选帝侯腓特烈三世则坚决支持马丁·路德，将他保护起来；慈运理在日内瓦成立政教合一的新教政府，亲自上阵打仗捍卫自己的信仰；英国亨利八世则宣布脱离罗马教会而成立英国国教会，但是其教义并未进行改革。

第六，工商业复兴促进了宗教改革的发展。中世纪的欧洲，社会阶层主要由上等阶级和下等阶级构成，前者包括王室、教士、贵族以及骑士，后者包括农奴和平民。工商业的复兴造就了一个新的阶级——中产阶级，多由平民商人组成，他们建立行会和银行等完善的商业组织。但是，贫富差距以及阶级对立等民生问题也随之而来，人民除了要向政府纳税，参与教会的各项圣事也要付费。社会矛盾与信仰矛盾混合在一起，最终引发社会运动和战争。

虽然在马丁·路德之前已经出现过一些较大规模的改革运动，但一般认为宗教改革正式开始于1517年马丁·路德发表《九十五条论纲》，完结于1648年签订《威斯特伐利亚和约》(*Tratado de Westfalia*)。改革者反对当时天主教会的教条、仪式和教会组织结构，在他们的努力下，成立了新的国家性的改革派教会。第一个新教教会是15世纪由扬·胡斯创立的弟兄合一会（亦称波西米亚弟兄会）。规模最大的新教教派则是路德派（主要分布于德国、波罗的海国家和斯堪的纳维亚地区）和加尔文教派（主要分布于德国、法国、瑞士、荷兰与苏格兰）。

面对新教迅速蔓延所带来的威胁，天主教会在特伦特会议后发起了被后世称为"反宗教改革"（Contrarreforma）的运动，作为对宗教改革的回应及自省。在宗教改革和反宗教改革的对峙中，北欧国家纷纷转信新教，南欧国家则仍旧信仰天主教。罗马教廷联合法国、西班牙及奥地利王室对新教徒进行压制，中欧成为双方激烈冲突的场所，教派冲突甚至升级为全面的宗教战争。在这场运动中，西班牙自始至终站在反宗教改革的前沿，是反宗教改革的重要堡垒。西班牙人依格纳西奥·德·罗耀拉（Ignacio de Loyola）在巴黎建立的耶稣会成为反宗教改革的先锋。

1492年收复格拉纳达之后，西班牙王室宣布驱逐境内的伊斯兰教徒和犹太人，此后，伊莎贝尔和费尔南多夫妇被教宗敕封"天主教君王"，西班牙在天主教国家中的地位得到进一步巩固。进入16世纪后，西班牙进一步加强了对异教徒的镇压。1565年，继承卡洛斯一世王位的费利佩二世颁布法令，宣布天主教为荷兰唯一合法的宗教，激化了荷兰新教徒的反对，推动了荷兰独立运动的发展。在卡洛斯一世留给费利佩二世的遗嘱中，曾特别提到一定不能疏忽对异教徒的追捕和惩处，并要求费利佩二世支持宗教裁判所的活动。[①]费利佩二世曾经说："我宁愿丢掉我的所有邦国，并且如果我有一百次生命就会一百次献身，而不会容忍天主教会和上帝的事业受到丝毫的损害。"[②]由此，西班牙陷入了一系列的领土和宗教战争中，大量资源和财富被消耗在捍卫所谓天主教的纯洁上，西班牙帝国由此而陷入衰落，也将自身隔绝于现代科学思想发展的门外。

---

① Pascual Martínez, Pedro. "La pragmática y la industria editorial española en el reinado de Felipe II." In J. Martínez Millán: *Felipe II (1527—1598): Europa y la monarquía católica*. Madrid: Parteluz, 1998, Vol.4:406.

② 张舒扬、深岚：《政教合一，西班牙开启上帝的事业》，载《世界博览》2017年第24期，第69-74页。

第五节 "黑色传说"

与欧洲国家之间在领土、军事和宗教上的争夺相伴而生的是信息传播领域的斗争。16 世纪之后,在哈布斯堡王朝统治下,西班牙开始进行大规模的领土扩张,新大陆的发现以及随后的殖民活动所聚拢的大量财富巩固了西班牙的欧洲霸主地位,但征伐过度也为西班牙树敌无数。此外,作为光复运动中联合北方各王国的重要纽带,基督教教义成为天主教双王实现国家统一和征服美洲的重要工具。1478 年,西班牙建立宗教裁判所,成为此后若干世纪西班牙实施宗教迫害和制裁的重要机构。①15 世纪末,统一后的西班牙对非天主教徒进行了镇压,并在反宗教改革运动中充当重要角色。强权之下必有反抗,在此背景下诞生了有关西班牙的"黑色传说"(Leyenda Negra)。②西班牙历史学界的研究表明,自 16 世纪开始,在荷兰、英国、法国、意大利和德国等国流传着宣扬西班牙负面形象的各种"传说",其特点是大肆渲染西班牙的军事扩张和宗教迫害,同时在文化和科学领域否定西班牙。诸如镇压荷兰起义军,迫害犹太教徒、穆斯林和新教徒以及征服美洲等成为"黑色传说"的常见主题,西班牙人被描述为"好战""黩武""野蛮""残暴""愚昧""无知"的民族,而卡洛斯一世、费利佩二世等哈布斯堡王朝的君主也成为集中抨击的对象。

荷兰奥兰治亲王(princípe de Orange,1544—1584 年在位)所著的《奥兰治亲王的辩护词》(*Apología del príncipe d'Orange*)是荷兰独立运动的代

---

① 早在 13 世纪,在西班牙阿拉贡等地已经建立了宗教裁判所,但是在 1478 年之前,该机构尚未发挥重要作用。

② 1914 年,西班牙历史学家胡利安·洪德里亚斯(Julián Junderías)年出版了《黑色传说和西班牙与美洲启蒙运动的历史真相》(*La leyenda negra y la verdad histórica en la Ilustración Española y Americana*)一书,书中作者首次提出"黑色传说"的概念以统称宣扬西班牙负面形象的作品。

表作品之一，是反对西班牙统治的利器，同时也被认为是这场针对西班牙的"黑暗传说"的重要起点。16世纪下半叶后，西班牙人巴托洛梅·德拉斯·卡萨斯（Bartolomé de las Casas）撰写的《西印度毁灭述略》（*Brevísima relación de la destrucción de las Indias*）和何塞·德·阿科斯塔（José de Acosta）撰写的《西印度自然和伦理史》（*Historia natural y moral de las Indias*）先后出版。两部作品对西班牙殖民者和天主教传教士在美洲掠夺财富、奴役和屠杀印第安人、摧毁美洲文明的残暴行为进行了详细的描述，是西班牙在美洲"黑色传说"的重要推手。《西印度毁灭述略》和《西印度自然和伦理史》先后都经过多次印刷，并在欧洲各国乃至世界范围内广泛传播，由此成为英法美等国攻击西班牙的重要武器。前者于1552年在塞维利亚首次印刷出版，当时对印刷物进行管制的《王室法令》（*Ordenanzas del Consejo Real*）尚未颁布，因而出版之初并未遭到查禁。该书出版后迅速被翻译成多种文字，而著名的插图作者和出版商特奥多雷·德·布里（Theodor de Bry）为该书创作的插图也为该书的发行聚集了大量人气。鉴于《西印度毁灭述略》的巨大影响力，1660年，西班牙宗教裁判所宣布禁止该书流通。

尽管史学界对上述作品的真实性和客观性仍存有争议①，但不可否认的是，在哈布斯堡王朝统治后期，印刷技术已经成为领土和宗教斗争的重要工具。作为西方第一个大国，西班牙遭遇了国家形象的严重危机，成为众矢之的。

《新印度毁灭述略》一书中的插图

---

① Pagden, Anthony. *The fall of natural man: the American Indian and the origins of comparative ethnology*. Cambridge/Nueva York: Cambridge University Press, 1982.

第六节 早期的出版管制

在实现领土和政治统一的同时，15 世纪的西班牙王权也极力推动宗教和文化上的统一，掌握印刷出版物的控制权，并将其视为实现政治统一的重要手段。印刷术引进之初，天主教双王曾在 1477 年和 1480 年先后两次颁布法令，免除印刷商人的赋税，以此推动印刷技术的发展。

15 世纪末，欧洲处于宗教改革和反宗教改革斗争的前夕，印刷技术被教权和王权认为是传播各种"异端"思想的工具。为了弹压"异端"对教会权威带来的威胁，巩固教会的主导权，天主教会加强了对出版的监管。1485 年，神圣罗马帝国的美因茨大区主教贝特霍尔德·冯·亨内贝格（Berthold von Honneberg）提出建立许可证制度，控制异端书籍的出版。16 世纪 30 年代后，罗马天主教加强了对"异端"书籍的审查，所有的图书馆和书店都必须接受宗教裁判所的审查，并在 40 年代后期陆续制定了若干禁书目录。[①]

对书籍出版的审查是 15 世纪后西班牙实现宗教控制力的重要手段之一，宗教裁判所和王室委员会是早期出版管制的核心机构。在罗马教皇的支持下，西班牙对非正统天主教的出版物进行严格的审查，西班牙的第一个违禁书籍目录出现在 16 世纪 40 年代末或 50 年代初。[②] 1502 年 7 月 8 日，天主教双王在托莱多颁布了西班牙历史上第一部出版事务的法令，被称作《托莱多诏书》（*Pragmática de Toledo*），该法令直到 1554 年才被正式废除，但是其中的相关规定和诸多条款都在此后若干世纪影响着西班牙出版法的立法实践。《托莱多

---

① [西] 欧·穆哈尔－莱昂，苏诚一（译）：《西班牙的左派和天主教问题》，载《国外社会科学文摘》1982 年第 12 期，第 51-53 页。

② Pascual Martínez, Pedro. "La pragmática y la industria editorial española en el reinado de Felipe II." In J. Martínez Millán: *Felipe II (1527—1598): Europa y la monarquía católica*. Madrid: Parteluz, 1993, Vol.4:406.

诏书》旨在对出版事务进行管理，明确提出由当局和教会颁发印刷许可证，"任何图书商、印刷商或其经销商，在未事先得到出版许可和特别指令的情况下，不能以任何名义，通过直接或间接途径印刷拉丁语或罗曼语所著的任何题材、任何篇幅的书籍。"[1] 此外，《托莱多诏书》规定各地区出版审查的负责人主要由大主教、主教和法院院长等人担任，并明令对进口的出版物实施审查，规定对未经许可出版和流通的书籍进行处罚，鼓励民众对违禁书籍和未获许可证的书籍进行揭发，揭发者有权将违禁出版物烧毁。

在西班牙著名作家米格尔·德·塞万提斯·萨阿韦德拉（Miguel de Cervantes Saavedra）的名著《堂吉诃德》中，主人公堂吉诃德读骑士小说入迷，疯疯癫癫，以致家人和朋友邀请神甫对他的书籍进行公开"审判"，并将其中"害人"的骑士小说付之一炬。作者借神甫之口痛陈对骑士小说的憎恶，表达了塞万提斯本人关于书籍如何影响人们精神世界的思考，同时也揭露了中世纪教会对于言论自由的钳制。

《堂吉诃德》中的插图

16世纪下半叶，随着新教向西、南欧地区的蔓延以及大量新教书籍的引入，打击和控制新教势力逐渐成为西班牙进行出版管制的主要使命之一。与此同时，随着与教权竞争中王权的不断强势，出版审查的重心也逐渐由教会向世俗政府过渡。1554年，卡洛斯一世在位期间，颁布《王室法令》，规定由卡斯蒂利亚委员会和此后建立的主管美洲事物的西印度事务委员会等主要政府机构颁发印刷许可证。此外，《王室法令》规定书籍印刷出版后必须提交样书以供查验，以确保出版商未在印刷时擅自改变书籍内容。

---

[1] Ortega Costales, José. "Delitos cometidos por medio de la publicidad." *Anuario de derecho penal y ciencias penales*, 1975, Tomo 28, Fasc/Mes 1:6.

费利佩二世执政期间，西班牙的出版管制进一步加强。1558年，颁布《惩处诏书》（*Pragmática Sanción*），一方面规定任何人不能引进、销售和持有被宗教裁判所禁止的书籍；另一方面，规定任何以拉丁语（或罗曼语）出版的书籍都必须接受出版前审查，并对出版事务进行分类审查管理：引进国外印刷的非宗教题材的书籍，需事先得到卡斯蒂利亚委员会的许可，而引进宗教书籍则需得到教会的许可。更重要的是，《惩处诏书》授予宗教裁判所对国内和进口出版物进行事后审查的权力，并加大对违反出版印刷法律行为的惩处力度，惩罚措施包括没收财产、驱逐出境、罚款以及处以死刑等。此外，《惩处诏书》还对出版印刷物的内容做了详细规定，要求所有书籍应标明标题、作者、出版地、印刷商、出版时间、出版许可、印刷勘误表、价格等重要信息。这些规定强化了对出版物的管理，也在某种程度上体现了西班牙王室早期的知识产权保护意识。①

《惩处诏书》颁布九年后，政府颁布了针对南部摩里斯科人的《惩处诏书》，明确禁止摩里斯科人使用阿拉伯语进行交流，规定所有用阿拉伯语印刷的书籍必须经过事先审查，并要求摩里斯科人在服装、庆典仪式、生活起居等方面完全效仿天主教徒，由此强化天主教对摩里斯科人文化的全面压制。高压政策遭到南部摩里斯科人的抗议，在格拉纳达省的阿尔普哈拉爆发了大规模的摩里斯科人起义，并迅速蔓延到其他地区，摩里斯科人对天主教神职人员进行了血腥的报复。这场起义的结果是，许多摩里斯科人或被处死，或遭到驱逐，或沦为奴隶。阿尔普哈拉叛乱成为西班牙历史上第一次由于书籍出版而触发的民族战争，反映了当时不同民族文化之间冲突的严重性。

费利佩二世

---

① Pascual Martínez, Pedro: "Las pragmáticas y la industria editorial española en el reinado de Felipe II." In V. Pinto Crespo & J. Martínez Millán: *Felipe II (1527—1598) Europa y la monarquía católica*. Madrid: Parteluz, 1998:409.

第三章 现代西班牙新闻传播业的诞生
CHAPTER 3

进入17世纪后,复杂的国内外政治局势、新航线的开辟、贸易的发展都大大提高了对于信息消费的需求,西班牙各界亟须了解各方面的信息以更好地做出应对之策。在艺术和文学上,16世纪至17世纪的西班牙迎来"黄金世纪"的到来,促进了文化和教育水平的提高。与此同时,邮政的发展也将新闻的生产、流通以及消费等环节进行了有效的串联,这些因素综合起来为西班牙现代传播业的诞生奠定了基础。在此背景下,手抄新闻在印刷技术的带动下焕发出新的生命力,新闻逐渐成为商品,出现了以王室、贵族和部分有支付能力的商人或知识分子为主要服务对象的新闻产品,而且产品种类繁多,其名称也五花八门,包括"报告"(relación 或 relación de sucesos)、"通告"(avisos)、"书信"(cartas)、"新事情(新闻)"(nuevas)等类型。大量新闻产品的出现推动了新闻市场的繁荣,其中很多消息来源于西班牙的敌对国家,多元化的信息流通给出版物管制带来严峻的挑战。1627年6月13日,费利佩四世(Felipe IV, 1621—1665)颁行法律,明确规定未经审查和批准,禁止印刷任何形式的新闻产品,包括"通告、信件、辩护词、赞美词、公报、新闻、布道文、演说、政府公文或其他任何印刷品。"①

早期新闻信和通告经过前一阶段的积累开始变得更加成熟，专业化的制作团队开始形成，这些出版物已经具备现代报纸的雏形，出版周期逐渐开始规律化，且题材更加多样化，由单一事件的报道演变为多种消息的汇编，而且出版方开始根据消息的不同类型进行专业化排版，天气预报和斗牛表演等面向普通读者的大众新闻也开始得到关注，对热点较高话题的持续关注成为出版界的常规。新闻报道的视角也更加客观和多样，历史学家路易斯·卡夫雷拉·德·科尔多瓦（Luis Cabrera de Córdoba）在其撰写的新闻告知——《西班牙官廷事务通告》（*Relaciones de las Cosas Sucedidas en la Corte de España*）——中批评国王和王室②，报道视角的转变由此可以窥见一斑。

1631 年，《政治和军事事件新公报》（*Gazeta Nueva de los Sucesos Políticos y Militares*）开始印刷发行，该报在历史上经历了一系列名称的变革，一般以《马德里公报》（*Gaceta de Madrid*）被人所知。报刊由专业的制作团队采编新闻，报纸按照当时欧洲各国主流大报的风格，根据消息内容进行固定排版，发行周期固定且具有稳定的经济来源，其创立标志着西班牙定期报刊的出现和西班牙现代传播业的诞生。《马德里公报》存在的三个多世纪贯穿了西班牙定期报刊形成和发展的全过程，而其官方报刊的属性也体现了早期定期报刊的基本形态。《马德里公报》的创办体现了欧洲其他国家的媒介文化对西班牙的影响，以该报为代表的一系列定期出版的报刊带动了西班牙报业从新闻信等早

---

① Sánchez Vasco, Marta Isabel. "Noticias principales y verdaderas y la Gazeta de Ámsterdam: Visión comparada de dos gacetas de Flandes y Holanda durante el siglo XVII." *Libros de la Corte*, 2017, 15:57.

② Gálvez Martín, Rubén. "Conociendo lo que les interesa: percepciones de los espacios ultramarinos en la Corte de Madrid a través de la figura del Cronista de Corte, Luis Cabrera de Córdoba（1599—1614）." IV Encuentro Internacional de Jóvenes Investigadores en Historia Moderna, Universidad de Valladolid, 2015. https://ejihm2015.weebly.com/uploads/3/8/9/1/38911797/ejihim2015_g%C3%81lvez_mart%C3%8Dn_rub%C3%A9n.pdf.

期报刊向现代报刊的过渡。同时，定期出版的报刊也催生了专业的出版队伍，促使专业的发行网络逐步成型。因而，这一时期可以被视为西班牙报业由传统向现代报业转型的阶段，后期报业发展的许多政治和经济基础都可以在这一时期找到影子。

第一节 三十年战争

进入17世纪后,欧洲新教国家和天主教国家的矛盾日益激化。新教刺激下的新兴资本主义强国迅速发展[①],1608年,神圣罗马帝国内部的新教国家成立"新教联盟"(Unión Protestante)。次年,天主教国家成立"天主教联盟"(Liga Católica)。新教与天主教国家群体之间关系紧张,冲突呈千钧一发之势,而作为天主教国家的法国也因为对哈布斯堡王朝的敌视态度而选择站到新教国家一方。

1618年,欧洲国家之间在政治和领土领域的争斗演化为三十年战争(1618—1648),这是现代历史上较早的国家集团间战争,欧洲诸国均被卷入其中,交战双方缠斗了三十年,最终战争以天主教国家的失败而结束,双方在威斯特伐利亚签订一系列条约,统称《威斯特伐利亚和约》。《威斯特伐利亚和约》被认为是现代国际关系史和现代欧洲外交史的开端,它凸显了一项重要的国际关系原则,即各国无论大小,无论是战胜国还是战败国,都能以主权国家的身

---

① 德国社会学家马克斯·韦伯在其著作《新教伦理与资本主义精神》中提出,由于新教强调现世的物质享乐,因而存在极度的虔诚和毫不逊色的经商手腕的惊人结合,这种结合使人们可以推测出"在以苦修来世、禁欲主义、宗教虔诚为一方,以身体力行资本主义的获取为另一方的所谓冲突中,最终将表明,双方实际上具有极其密切的关系。"因此,问题只能是"艰苦劳动精神、积极进取精神(或不管将其称为什么精神)的觉醒往往被归功于新教,不必像流行的看法那样将其理解为对生活乐趣的享受……如果旧日的新教精神和现代的资本主义文化之间有什么内在联系的话,我们无论如何也不应在所谓多少带点唯物主义色彩或至少反禁欲色彩的声色享乐中寻找,而应在其纯粹的宗教品性中去寻找。"——引自[德]马克斯·韦伯,于晓和、陈维刚(译):《新教伦理与资本主义精神》,北京:三联书店,1987年,第24和第30页。

份派出代表参加国际会议并解决国际争端，这打破了神圣罗马帝国凌驾于各诸侯国（无论是天主教还是新教国家）之上的先例。三十年战争极大地削弱了哈布斯堡王朝对欧洲国家的统治，新教国家在宗教和领土争斗中均取得胜利，新兴国家进一步崛起，而欧洲天主教政教体系则受到了极大冲击。

西班牙在三十年战争的陆战和海战中双线溃败。战争结束后，西班牙被迫签订《威斯特伐利亚和约》和《比利牛斯条约》（*Paz de los Pirineos*），根据前者，西班牙承认荷兰独立，而《比利牛斯条约》则规定西班牙向法国割让两国边界的罗西永（Rosellón）和塞尔达尼亚（Cerdaña）等地。从国内来看，君主专制统治、王室争端、宠臣掌权以及常年的战争使国家背上繁重的债务，频发的自然灾害、饥荒和流行病等诸多因素也加剧了社会矛盾，引起各阶层强烈的不满。内忧外患之下，国内的分裂主义情绪潜滋暗长，在英法等国的支持下，安达卢西亚、葡萄牙和加泰罗尼亚等多地发生反抗，起义者揭竿而起，反对哈布斯堡王朝的集权统治。1668年，西班牙和葡萄牙签订《里斯本条约》（*Tratado de Lisboa*），承认葡萄牙独立，西班牙的版图进一步缩小，蜷缩于伊比利亚半岛的一隅。由此，中世纪后大国兴衰史翻过第一页，伊比利亚文明开始让位于盎格鲁-撒克逊文明，大英帝国开始崛起，西班牙则蜕变成欧洲和世界文明中的二等国家，此后再未复现昔日荣光。

第二节 新闻信与新闻通告

西班牙在15世纪中叶已经进入印刷传播时期，但是，在相当长一段时间里，仍然是印刷新闻与手书新闻并行。由于对各类信息的需求日益加大，出版者经常在手写新闻稿的基础上进行编辑，成稿投入印刷后就成为新闻史上被称为新闻信或者新闻通告的产品形态，其内容主要是针对某一具体事件的告知，涵盖时事、战事、王室贵族新闻、宗教庆典、自然灾害、贸易信息等各个方面。一大批被称为"通告作者"（avisador）的人应运而生，著名的通告作者包括赫罗尼莫·德·巴里奥努埃沃（Jerónimo de Barrionuevo）、何塞·佩利塞尔·德·特瓦尔（José Pellicer de Tovar）和安德烈斯·德·阿尔曼萨·伊·门多萨（Andrés de Almansa y Mendoza）等人。这些通告作者受到欧洲其他国家早期出版物的影响，掌握着重要的信息来源渠道。

塞维利亚人安德烈斯·德·阿尔曼萨是 17 世纪上半叶西班牙著名的新闻信作者，他被认为是第一个专门从事新闻信和通告编写工作的西班牙人，由他撰写的多篇具有早期公报性质的信函和通告对当时重要的政治事件、王室新闻、民间节日等进行了详细的记载，这些信息因为选材精当，文字简练优美，满足了人们对于相关信息的阅读需求，因而得到了广泛的传播。由阿尔曼萨署名的第一封新闻信出现在费利佩三世（Felipe III，1598—1621）去世仅仅两个星期之后。在信上，阿尔曼萨写道："由于阁下命我告知陛下的死讯，作为您的侍者，我很高兴能够及时写信将我在这里（马德里）亲眼所见和亲耳所闻的很多事情告知阁下……"① 从事件发生到新闻信的成稿过了两周，这在当时的传播条件下已经是非常快速的传播实践了。

1886 年，安德烈斯·德·阿尔曼萨将其撰写的新闻信结集出版，题为《安德烈斯·德·阿尔曼萨的信件》（Cartas de Andrés de Almansa y Mendoza）

以"报告"或"通告"等为标题的早期新闻产品出现在定期报刊诞生之前，兼具私人信件、历史记载、新闻报告和文学创作等多种功能，并且具有一定的连续性。西班牙的新闻通告在 17 世纪达到顶峰，据统计，16 世纪至 17 世纪，西班牙的新闻信和通告众多，其份数达到上万份，而借助发达的印刷术，出版商将手写稿印刷后

---

① Ettinghausen, Henry. "Pellicer y la prensa de su tiempo." *Janus: estudios sobre el Siglo de Oro*, 2012, 1:63.

投入发行，这些"印刷版"的新闻信和通告的发行量高达几百万份。① 在印刷技术的推动下，手写新闻焕发出新的生机，成为当时盛极一时的传播形态，可以说没有印刷术，现代新闻业的发展将无法想象。

以阿尔曼萨为代表的新闻信和通告作者，常常在其文字中流露出对费利佩四世及其恩主的阿谀奉承，因此遭到同时期知识界的嘲讽，其中以西班牙黄金世纪（16世纪初至17世纪）的著名作家弗朗西斯科·德·克维多·伊·比列加斯（Francisco de Quevedo y Villegas）的批评最具代表性。② 克维多抨击通告写作往往流于传播流言蜚语和小道消息，不足为信。出于对当时甘当"信息掮客"的新闻工作者的不屑，克维多本人选择通过其私人信笺以及《15日的伟大史册》（*Grandes anales de quince días*）等作品对当时重大的国内和国际事件进行关注。③ 克维多的文字如同一股清流，在当时喧嚣扰攘的新闻市场中体现了知识分子对国家大事的关怀。同样，黄金世纪另一位著名作家巴尔塔沙·葛拉西安（Baltar Gracián）曾经在他的小说《批评家》（*El Criticón*）中如此谈论早期的新闻报纸："'通告'上的东西都是瞎编的，'公报'尤甚。"④ 历史学家托马斯·塔马约·德·巴尔加斯（Tomás Tamayo de Vargas）同样抨击新闻通告可信度低，认为它们纯粹是为了赚钱，通告的来源常常是"一封没有任何权威的信件"。⑤ 但是，如果从新闻史的角度来评析这一时期的"新闻掮客"所从事的新闻实践，可以说这些努力为后来西班牙报业的发展和壮大锻炼了专业的队伍，而新闻人的从业规则和从业伦理也在这一时期逐渐萌芽和发展。

---

① Ettinghausen, Henry. "Pellicer y la prensa de su tiempo." *Janus: estudios sobre el Siglo de Oro*, 2012, 1:63，第56页。

② Díaz Noci, Javier. "El oficio de periodista en el siglo XVII: gaceteros, impresores y comerciantes." *PERIODÍSTICA*, 2001, 10:15-35.

③ García Pinacho, María del Pilar. "De Quevedo a Peucer. *Grandes anales de quince días* y de *Relationibus Novellis*." *Acta poética*, 2011, 2:145-175.

④ https://es.wikisource.org/wiki/El_Critic%C3%B3n._Tercera_parte:_Crisi_11.

⑤ Díaz Noci, Javier. "El oficio de periodista en el siglo XVII: gaceteros, impresores y comerciantes." *PERIODÍSTICA*, 2001, 10: 27.

第三节　定期报刊的出现

15世纪下半叶，天主教双王设置了格拉纳达驿站和邮政事务总管一职。16世纪后，来自伦巴第的塔西斯家族的弗朗西斯科·德·塔西斯被西班牙王室任命为邮政事务大臣。塔西斯家族建立了一个分布在欧洲各地的庞大邮政网络，促进了西班牙邮政和驿站网络的发展，托莱多、塞维利亚和马德里等地成为连接国内外各地的交通枢纽，来自全国各地以及意大利、法国和英国的各类消息不断汇集到这些中心城市，这些城市也成为信息交汇和传播的集散地，为西班牙新闻业的繁荣和昌盛提供了充沛的物质条件。

在首都马德里开始出现专门打听和传递各种消息的场所，称作"mentideros"。这一名称来源于西班牙语中的动词"mentir"（撒谎），因而"mentidero"的字面含义是"散布谎言的地方"。当时，马德里皇宫外的空地是著名的消息传递场所，很多有关王室贵族的消息均以此为据点，消息灵通人士把信息带到此处，这些关乎西班牙王国大情小事的信息经过发达的消息网络传播到全国各地，供各类信息消费者使用。马德里太阳门附近的圣费利佩修道院前的台阶，是人们打听战事以及各种八卦新闻的最佳场所之一。此外，在地中海沿海的港口城市，贸易的发达促进了消息的快速流通，这些地方也成为各种消息的汇集地和中转地，当时著名的"沿海报纸"（Papeles de Levante）就诞生在这些地方。掌握消息来源的教士、外交人员、商人等人士将自己手中的信息用于交易牟利，购买者以王室贵族和城市中产阶级为主。①

17世纪初，欧洲国家最早出现的定期报刊包括荷兰安特卫普的《新闻

---

① 图片为17世纪的一副绘画作品，展现了圣费利佩修道院门前热闹的景象。图片来源见http://www.secretosdemadrid.es/la-primera-red-social-de-madrid/。

报》(*Nieuwe Tijdinghen*, 1609 年)、德国的《通告报》(*Aviso*, 1609 年)、英国的《每周新闻》[全名为《来自意大利、德意志、匈牙利、波希米亚、莱茵河西岸地区、法兰西与低地国家的每周新闻》(*Weekly News From Italy, Germanine, Hungaria, Bohemaia the Palatinate, France and Low Countries*), 1621 年]以及法国的《公报》(*La Gazette*, 1631 年),等等。①

马德里圣费利佩修道院前的台阶,是 16 世纪后人们传递和交易消息的重要场所之一。①

西班牙现代报刊诞生的关键词是"公报"。在西班牙语中,最早的"gazeta"(公报)一词的文字记载出现在 1612 年著名诗人和戏剧家路易斯·德·贡戈拉(Luis de Góngora)所创作的十四行诗《致艾西哈的灵台》(*Al túmulo de Écija*)。② 与贡戈拉同时期的西班牙作家塞万提斯也在其长篇叙事诗《帕尔纳索斯山之旅》(*Viaje al Parnaso*)中,使用了《威尼斯公报》(*Gazeta de Venecia*)这一表述。③

17 世纪 20 年代后,西班牙开始出现早期定期报刊,其中的重要代表是 1625 年塞维利亚发行的《意大利、弗兰德斯、罗马、葡萄牙和其他地区的通告》(*Avisos de Italia, Flandes, Roma, Portugal y otras partes*)。④ 1631 年,西班牙人豪梅·罗梅乌(Jaume Romeu)效仿法国泰奥弗拉斯特·勒诺多(Théophraste

---

① 展江:《战争与早期新闻传播的渊源》,载《国际新闻界》2000 年第 5 期,第 73–78 页。

② Toledano Molina, Juana. "Tres sonetos de Góngora en su contexto (a propósito de las exequias cordobesas en honor de la reina Margarita, 1612)." In A. J. Close & S. M. Fernández Vales: *Edad de oro cantabrigense: actas del VII Congreso de la Asociación Internacional de Hispanistas del Siglo de Oro*. Vigo/Madrid/Frankfurt am Main: AISO, 2006:597–602.

③ https://es.wikisource.org/wiki/Viaje_del_Parnaso.

④ Fuentes, Juan Francisco & J. Fernández Sebastián. *Historia del periodismo español*. Madrid: Editorial Síntesis, 1998:17.

Renaudot）的法国《公报》，出版了第一份加泰罗尼亚语的定期报刊——《公报》（Gazeta）。该报是加泰罗尼亚地区反对奥利瓦雷斯伯爵（conde de Olivares）强权政治的工具，报纸经常刊登一些具有批判性的文章，对伯爵进行辛辣的讽刺，具有强烈的政治性和亲法倾向。30年后，在费利佩四世的私生子胡安·何塞（Juan José de Austria）①的推动下，弗朗西斯科·法布罗·布雷穆旦（Francisco Fabro Bremundán）出版了第一份用西班牙语印刷的公报《政治和军事事件新公报》(《马德里公报》)出版，该报通常被认为是西班牙第一份正式的定期报刊，同时也是西班牙官方报刊的先驱。

发行之初的《马德里公报》每月发行一期，其内容编排完全沿用法国公报的风格，分为从国外新闻报道中提取的国际新闻和报社自己采编的国内新闻两部分，其目的主要是宣扬胡安·何塞在意大利、葡萄牙和加泰罗尼亚等地的丰功伟绩和政治才干，成为帮助其争取王位的工具。从服务对象上讲，这是一份具有很强的服务于私人目的"公报"，这和严格意义上服务于大众对信息产品需求的"公报"是两个概念。1663年，葡萄牙战争失败后，胡安·何塞被流放，《公报》被迫暂停出版。在流亡萨拉戈萨（Zaragoza）期间，胡安·何塞授意布雷穆旦创立了半官方性质的报纸《北方事件日常新闻报》（Nuevas Ordinarias de los Sucesos del Norte），报纸内容以国际新闻为主，主要目的是反对法国政府及法国报刊对西班牙的攻讦。

面对国外新闻的不断涌入以及国内新闻产品不断丰富所带来的挑战，卡洛斯二世（Carlos II，1665—1700）于1677年正式授予布雷穆旦发行官方公报的权力，以此建立官方新闻发布的渠道。1697年，报刊以《马德里日常公报》（Gazeta Ordinaria de Madrid）的名称重启发行。同年，政府公报的特许出版权被授予出版商胡安·戈耶米切（Juan Goyenneche），报刊正式易名为《马德里公报》（Gazeta de Madrid 或者 Gaceta de Madrid），

---

① 胡安·何塞是费利佩四世的私生子，由于从小显露出过人的智慧和在军事上的才能，得到了费利佩四世的公开承认，受到了良好的教育，并在平定那不勒斯等地的叛乱中建功立业。

并将出版周期改为每周一期。此后,《马德里公报》又经历了一系列名称的变革,最终在西班牙内战期间(1936年)正式易名为《国家官方公报》(*Boletín Oficial del Estado*,简称《*BOE*》)。2008年底,《BOE》停止纸质报刊的发行,全部改为电子报刊,并对用户免费开放。《马德里公报》的发行绵延近三个半世纪,是西班牙寿命最长的报纸之一,因其公报身份,该报具有稳定的收入来源,而且汇集了西班牙国内众多才华横溢的报人,但即便如此,面临数字技术对出版行业带来的冲击也只能黯然取消纸版,而转为电子出版物,这不得不说是西班牙报刊出版面临技术冲击之后衰落的一个缩影。

值得一提的是,"gazeta",一词被引入西班牙语之初,借用了意大利语中的拼写形式"-ze-"。1734年,西班牙皇家语言学院(Real Academia Española de la Lengua)出版的词典中,仅收录"gazeta"一词,而更符合现代西班牙语拼写规则的"gaceta"则出现较晚。在很长一段时间里,两种拼写形式交替使用,这种局面一直持续到20世纪,最终"gaceta"被确认为标准拼法。这一单词的变迁史,揭示了西班牙报业与欧洲报业之间的渊源。在2001年西班牙皇家语言学院出版的语言词典中,"gaceta"正式替换了原来的"gazeta"。

早期定期报刊的发展以及《马德里公报》的发行推动了地方公报的诞生,在马拉加、塞维利亚、瓦伦西亚和塞巴斯蒂安等地,纷纷创办了具有公报性质的新闻纸。1667年,印刷商胡安·戈麦斯·德·布拉斯(Juan Gómez de Blas)在塞维利亚发行《新公报》(*Gazeta Nueva*)。1657年,他获得该市"大出版商"(Impresor mayor)的称号。创办《新公报》之前,戈麦斯出版了大量圣诞颂歌、新闻散页和新闻通告等印刷品,积累了丰富的经验,因而《新公报》一出版就受到业界的好评。塞维利亚的《新公报》并非马德里同名报刊的重印版,戈麦斯对刊发在马德里报刊上的新闻进行了改编和加工,并融入很多当地新闻。在《马德里公报》暂停发行期间,塞维利亚的《新公报》仍旧坚持刊行,在这个意义上来说,《新公报》确为"新的公报",是货真价实的原创本土报刊。①

除了在国内印刷的早期报刊，17 世纪下半叶，在荷兰和比利时等地也陆续出现了用西班牙语发行的报刊。17 世纪后的荷兰实行宗教宽容政策，拥有相对宽松的文化和宗教环境，因而吸引了大量来自欧洲其他国家的移民，推动了荷兰经济和文化的发展，出现了使用不同语言印刷的现代报刊。很多西班牙居民进入荷兰境内，他们对信息的需求以及表达欲望催生了以西语出版的报刊，这也可以看作是早期"侨民报纸"的雏形，其中，戴维·德·卡斯特罗·塔尔塔斯（David de Castro Tartás）于 1675 至 1692 年间创办的《阿姆斯特丹公报》（Gazeta de Ámsterdam）②便是其中的佼佼者。卡斯特罗具有丰富的图书印刷和报刊发行经验，在印刷报刊之前，他参与了荷兰犹太文学书籍的印刷，《阿姆斯特丹公报》是他在新闻报刊领域的新成就。无论是从版面设计还是内容来看，该报都体现了较高的水准，是 17 世纪下半叶西班牙语报刊的重要代表。

17 世纪 80 年代后，佩德罗·德·克莱因（Pedro de Cleyen）③在布鲁塞尔创办西班牙语报纸——《主要和真

1675 年出版的《阿姆斯特丹公报》第一期的头版

---

① Espejo Cala, Carmen. "El impresor sevillano Juan Gómez de Blas y los Orígenes de la prensa periodística. La *Gazeta nueva de Sevilla*（1661—1667）." *Zer: Revista de estudios de comunicación*, 2008, 25:247.

② 同这一时期的其他定期报刊一样，《阿姆斯特丹公报》的标题也经过了一个不断变化到最终固定的过程，其中某些期的标题为《阿姆斯特丹西班牙语公报》（*Gazeta Española de Ámsterdam*），见 Díaz Noci, Javier. "Gacetas españolas de los Países Bajos en el siglo XVII." *Ambitos: Revista internacional de comunicación*, 2004, 7-8:218-220.

③ 部分报刊署名为彼雷·德·克莱因（Pierre de Cleyen），见 Díaz Noci, Javier. "Gacetas españolas de los Países Bajos en el siglo XVII." *Ambitos: Revista internacional de comunicación*, 2004, 7-8:228.

正的新闻报》（*Noticias Principales y Verdaderas*）。该报主要刊登来自西班牙政府的政治和军事消息，并被默许进入西班牙，因而有学者认为该报得到了西班牙政府的支持。1687年后，《主要和真正的新闻报》被圣塞巴斯蒂安的印刷商瓦尔特兄弟［佩德罗·德·瓦尔特（Pedro de Huarte）和贝尔纳多·德·瓦尔特（Bernardo de Huarte）］在当地重印与发行。由于克莱因的报刊为半月刊，为了填补时间上的空缺，瓦尔特兄弟在欧洲其他报刊的基础上，编辑印刷了另一份报刊，即《北方特别新闻报》（*Noticias Extraordinarias del Norte*）。①

整体上看，17世纪的西班牙面临复杂的国内外局势，政府和社会对于具有高度时效性的信息需求大增，而政府对于报界的管控也没有那么严格，在这些要素的刺激下，西班牙出现了各种类型的报纸产品，以《马德里公报》为代表的一系列定期出版的报刊带动了西班牙报业从新闻信等早期报刊向现代报刊的过渡。同时，定期出版的报刊也催生了专业的出版队伍，促使专业的发行网络的逐步成型，因而，这一时期可以被视为西班牙报业由传统向现代报业转型的历史阶段，后期促进报业发展的许多政治和经济因素都可以在这一时期找到影子。

---

① Díaz Noci, Javier. "Los inicios de la prensa vasca: primeros pasos y formas protoperiodísticas." *Revista internacional de los estudios vascos*, 1994, 2:254–255; Díaz Noci, Javier. "Gacetas españolas de los Países Bajos en el siglo XVII." *Ambitos: Revista internacional de comunicación*, 2004, 7–8:232.

第四章 18 世纪西班牙的新闻传播
CHAPTER 4

与战乱频发的 17 世纪和新旧体制激烈对抗下的 19 世纪相比，18 世纪的西班牙社会相对稳定。除了世纪之初的王位继承战争以及 1766 年的叛乱之外，波旁王朝统治下的西班牙在 18 世纪几乎没有遭遇重大的危机。波旁王朝的历任君主推行一系列改革措施以缓和王室与社会的矛盾，国内政治稳定，经济繁荣，基础设施建设快速发展，在文化和科学技术领域也取得了重大进步，因而 18 世纪经常被认为是西班牙的启蒙世纪（Siglo de las Lues）。[①] 在启蒙精神的带动下，皇家语言学院、国家之友经济协会（Sociedades Económicas de Amigos del País）、圣卡洛斯银行（Banco Nacional de San Carlos）等一系列由政府和社会上层主导的文化、科学和金融机构相继建立。在启蒙思想和开明专制主义的影响下，出版印刷成为王室推动各项改革措施的重要工具。为了促进社会改革并塑造开明君主的形象，王室利用新闻报刊宣传各项王政，官方和半官方报刊因而获得王室的大力支持，因而走上了快速发展的道路，其中具有代表性的是跨越哈布斯堡王朝和波旁王朝的《马德里

---

① Escolano Benito, Agustín. "Elogio y revisión de Carlos III." *Historia de la educación: Revista interuniversitaria*, 1988, 7:9–10.

公报》以及18世纪创办的《西班牙信使》（*Mercurio de España*）和《马德里日报》（*Diario de Madrid*）。

经济的繁荣也促进了资产阶级的形成与快速发展，这一不断壮大的新兴阶级日渐成为推动社会改革的重要力量。当资产阶级人数达到相当数量，其地位在整个国家的经济结构中逐步上升之时，他们开始在政治上变得更加主动，希望改变旧的权力格局，从而得到更多的政治机会，而出版业便成为其实现政治诉求的重要路径之一。18世纪30年代后，一大批受理性主义和启蒙思想影响的记者和作家以教化民众、开启民智为己任，纷纷以报刊为阵地，对普罗大众进行教育和开化，对西班牙社会的落后面貌口诛笔伐，由此催生了早期的文化类、专业技术类和社会批判类报刊，西班牙报刊的专业化初见端倪。

然而，由于受独特的政治经济结构的影响，天主教在西班牙势力庞大，而且与王室形成了共生共荣的稳定结构，因而源自法国的启蒙运动并没有起到真正的开启民智的作用，高文盲率也成为新闻报刊进一步普及的障碍。虽然报刊业在18世纪获得一定程度的发展，但报刊仍只是王室成员、贵族、教士、知识分子和平民上层的文化奢侈品，报刊的大众市场并未真正形成，读者市场的欠发达成为阻碍西班牙报业发展的桎梏。与"阳春白雪"的新闻报刊相比，民间出版的年鉴、历书和预言书等印刷物依然深受欢迎，在18世纪的西班牙依旧拥有大量读者。这类印刷物通常每年出版一次，内容包括年历、月历、星座运势、预言以及宗教仪式规范等，印刷形式不一。[1] 由于与启蒙思想所推崇的科学与理性精神相悖，这类出版物往往是启蒙派思想家批判的对象之一。

---

[1] López de Zuazo Algar, Antonio. "Pliegos sueltos, periódicos y fascículos." *Estudios sobre el Mensaje Periodístico*, 2003, 9:233.

第一节　波旁王朝的统治

1700年，国王卡洛斯二世（1665—1700）去世。历经十几年的王位继承战争（1701—1713），哈布斯堡王朝结束了在西班牙的统治，西班牙改朝换代，进入波旁王朝的统治时期。波旁王朝统治初期是西班牙从旧体制走向政治制度改革的过渡阶段，面对英法等国的迅速崛起，在不触及旧体制根基的前提下，波旁王朝前几任君主实施了一系列旨在提高国家实力的改革。费利佩五世（Felipe V，1700—1746）在位期间颁布《新组织法令》（*Decretos de Nueva Planta*），剥夺除纳瓦拉和巴斯克地区之外领地的自治特权，先后解散瓦伦西亚、阿拉贡和加泰罗尼亚等地的地方委员会，将其统一到卡斯蒂利亚的行政和立法体制之下，并规定在各级行政和司法机关使用卡斯蒂利亚语，全面强化中央权威，逐步建立起以王室为中心的中央集权制，大大提高了行政管理效率，从形式上解决了几个世纪以来困扰西班牙的内部隐患。[①]

费利佩五世效仿法国，实施国务大臣（或部长）制，各国务大臣成为卡斯蒂利亚委员会和西印度委员会之外的第三大政治力量。坎波马内斯伯爵（conde de Campomanes）和弗罗里达布兰卡伯爵（conde de Floridablanca）等改革派大臣在18世纪西班牙社会改革的风云际会中扮演了重要的角色。除此之外，王室一改前朝对教会的宽容态度，逐步限制教会权力，世俗政权重掌对国家和社会事务的统治权。1753年，费尔南多六世（Fernando VI，1746—

---

① ［英］雷蒙德·卡尔，潘诚（译）:《西班牙史》，上海：东方出版中心，2014年，第167-169页。

西班牙著名画家弗朗西斯科·何塞·德·戈雅（Francisco José de Goya）笔下的卡洛斯三世

1759）在位期间没收耶稣会的财产，卡洛斯三世（Carlos III，1759—1788）在位期间宣布驱逐耶稣会教士。政教之间的分分合合在西班牙反复进行，政权的独立意识整体上逐步上扬，与此相伴的是西班牙开始逐步走向现代化的过程。

受欧洲启蒙思想的影响，在波旁王朝几位君主的积极推动下，18世纪的西班牙进行了自上而下的社会改革。改革主要沿着以下的路径展开：第一，进行自由经济改革，主要措施包括实施土地自由化，推动农业基础设施建设；进行税收改革，取消国内关税，取缔王室对美洲的贸易垄断，允许所有西班牙商人与美洲进行贸易往来，促进工商业和金融业的发展；设立皇家工厂和皇家造船厂，带来加泰罗尼亚、加的斯、瓦伦西亚和巴斯克等地工业的发展。①1752年，皇家汇款银行（Giro Real）成立，为所有对外贸易货币结算提供服务。1782年建立了受王室保护的私人银行圣卡洛斯银行，成为19世纪圣费尔南多银行（Banco de San Fernando）的前身。

第二，积极推动科技和文化的发展。引入现代科学理论，推动城市基础设施和道路建设，并施行教育改革，对市民进行文化和礼仪教育。早在17世纪80年代，在欧洲科学革命的历史语境下，一部分被称为"革新派"（novatores）的知识分子提出将先进的科学知识引入西班牙，以此改变国家的落后状态。启蒙思想进一步影响了西班牙的贵族和知识分子阶层，社会改革诉求愈加强烈。1764年，19名巴斯克地区的贵族建立了著名的巴斯克国家之友协会（Sociedad Bascongada de Amigos del País）。在国家之友经济协会的倡导者坎波马内斯的鼓励下，1775年后，西班牙各地陆续建立了类似的爱国性质的知识分子团体，

---

① García de Cortázar, Fernando. *Historia de España. De Atapuerca al euro*. Barcelona: Planeta, 2002:140–142.

统称为国家之友经济协会。这些协会通过举办茶话会、科学讲坛、技术培训、发行报刊、开办学校、发放奖学金等多种形式，传播科学知识，以此推动西班牙在科技、文化、工商业、教育和社会等领域的发展。①

18世纪上半叶的西班牙见证了一系列重要的全国性文化机构的建立：1711年，皇家图书馆（Biblioteca Real）建立，后改名为国家图书馆（Biblioteca Nacional）；1713年，西班牙皇家语言学院成立，并相继推出西语词典——《权威词典》（*Diccionario de autoridades*）、正字法规范——《西班牙语正字法》（*Ortografía española*）和语法专著——《西班牙语语法》（*Gramática de la lengua castellana*），该学院成为西班牙语国家和地区制定语言规范的权威机构；1734年，马德里皇家医学院成立（Real Academia Médica Matritense），为西班牙国家皇家医学院（Real Academia Nacional de Medicina）的前身；1735年，西班牙皇家历史学院（Real Academia de la Historia）成立；1752年，西班牙圣费尔南多皇家美术学院成立（Real Academia de Bellas Artes de San Fernando）。

西班牙皇家语言学院的徽章

然而，长期处于天主教和世俗政权专制统治之下的西班牙社会痼疾重重，保守势力异常顽固，西班牙社会尚未积蓄起足以发起社会革命并推翻旧体制的社会力量。与此同时，波旁王朝在经济、贸易和文化领域内的开明政策，延长了王权执政的合法性。②18世纪的西班牙启蒙运动并未得到充分发展，社会和政治革命未能获得足够的空间和发展动力，受启蒙思想影响的少数社会精英选择依附在王室权威下发起自上而下的改革，试图以相对和平的方式推动西班牙社会的进步，因而其改革并未触及天主教教义、君主制和社

---

① Arias de Savvedra Alías, Inmaculada. "Las Sociedades Económicas de Amigos del País: proyecto y realidad en la España de la Ilustración." *Obradoiro de historia moderna*, 2012, 21:219–245.

② García de Cortázar, Fernando. *Historia de España. De Atapuerca al euro*. Barcelona: Planeta, 2002:140–142.

会传统价值观。虽然知识分子和新兴的资产阶级开始崭露头角，但改革的主要力量仍旧是王室、贵族与教士阶层。坎波马内斯曾明确指出，该协会主要面向"贵族、教士和富人"①，新兴的改革力量并未获得推动社会改革的足够资源。塞维利亚等地建立的国家之友经济协会规定，一半的协会会员必须是在当地有世袭产业和收入的贵族，而另一半会员则必须是担任公共职务或有名望的知识分子。在此背景下，西班牙在文化、科技和经济领域的改革影响力有限，难以和英、法、德等国的启蒙运动相提并论。卡洛斯三世亡故后，波旁王朝的统治面临内外危机，开明专制主义治理下的和平与"繁荣"的景象难以为继。20世纪西班牙著名的知识分子、报刊文章作家和报刊创办人何塞·奥尔特加·伊·加塞特（José Ortega y Gasset）曾质疑西班牙是否真的存在真正意义上的启蒙运动。② 当然，这并不意味着18世纪的西班牙没有革命的尝试。1766年，西班牙爆发了反对改革派大臣埃斯基拉切侯爵（marqués de Esquilache）的暴动，这是启蒙派与保守势力的第一次正面武装对决，而全国性的社会革命则要等到19世纪后才逐渐形成。

卡洛斯四世（Carlos IV，1788—1808）登基之后，西班牙社会危机此起彼伏，连年饥荒，瘟疫流行，人口急剧减少。与此同时，英国、荷兰和法国资产阶级革命思想传入西班牙，给当时仍处于封建集权统治下的西班牙社会带来巨大冲击，受资产阶级革命思想影响的先进知识分子开始鼓吹引进新的政治思想，国内开始出现不同的政治倾向，法国启蒙思想的拥护者内部出现分裂，曾经是改革的坚定拥护者的弗罗里达布兰卡伯爵走到改革的对立面，从而引发了西班牙思想界的重新洗牌，随着各种政治思想的激烈交锋，西班牙迈入动荡的19世纪。

---

① Arias de Savvedra Alías, Inmaculada. "Las Sociedades Económicas de Amigos del País: proyecto y realidad en la España de la Ilustración." *Obradoiro de historia moderna*, 2012, 21:226-227.

② Escolano Benito, Agustín. "Elogio y revisión de Carlos III." *Historia de la educación: Revista interuniversitaria*, 1988, 7:9-10.

第二节　报刊的发展

18世纪在西班牙发行的报刊数量累计超过200种，报刊形式、内容、题材都更加多样化，报刊逐渐采用读者订阅制度，开始拥有固定的读者群体与稳定的订阅费用来源。[①]这一时期，报纸的主要收入来源依赖于订阅费，而以《马德里日报》为代表的报刊开始刊登免费广告。印刷出版物的销售途径也更加多元化，新闻报刊开始进入咖啡馆等公共场所，由盲人商贩进行流动叫卖，或者在印刷厂和书店进行直接销售。从报刊发行的地区分布看，首都马德里仍旧是报刊业的中心，这里聚集了最具代表性和发行量最高的各类报刊。18世纪下半叶，地方报刊在宽松的外部环境下获得进一步发展，报刊的内容和形式开始多样化，地方报刊发展较好的地区有塞维利亚、巴塞罗那、格拉纳达和萨拉曼卡等地。与此同时，新闻记者的职业化进一步发展，一大批启蒙派知识分子致力于报刊运营或从事报刊文章的编写工作，西班牙语中的"periodista"（记者）一词作为"从事新闻报刊撰写工作的人"的称呼逐渐被接受，并开始得到广泛使用。

但是，正如前文所述，18世纪西班牙的启蒙运动影响有限，大多数人并未得到"光明"的照耀。虽然报刊的内容和形式不断多样化，新闻记者的职业化获得一定程度发展，但是与此形成鲜明对照的是数量有限的读者群，真正意义上的大众社会并未得到充分发育，公共领域的形成更是遥遥无期。在世俗政权和教会权威的压制下，教育仍旧是教会的禁脔，是其专属权力，教会禁止非拉丁语《圣经》的传播，反对女性受教育，文盲率仍旧居高不下，

[①] Fuentes, Juan Francisco & J. Fernández Sebastián. *Historia del periodismo español*. Madrid: Editorial Síntesis, 1998:25.

这些都阻碍了新闻报刊在普通民众间的普及。① 据统计，18 世纪西班牙文盲率高达 80%；虽然马德里的报刊业发达程度居全国之首，读者数量占全国报刊阅读者的三分之一，然而在当时 20 万人口的马德里，报刊读者仅有 5000 至 6000 人，全城 40% 的居民不会签名。②

一、新闻类报刊

《马德里公报》的发行人戈耶米切在王位继承战争中支持安茹公爵（即后来的费利佩五世），后者登基后，戈耶米切获得《马德里公报》的印刷特权。1761 年，卡洛斯三世颁布法令，正式宣布《马德里公报》为官方报纸，报刊的报道内容逐渐由各种题材的新闻转变为以政府颁布的法令、决议等官方文件为主，出版周期也由每周一期改为每周两期。1764 至 1780 年间，在弗朗西斯科·德·梅纳（Francisco de Mena）的领导下，《马德里公报》平均每期发行量为 7000 至 12000 份，是 18 世纪西班牙发行量最大的报纸，也是西属美洲读者量最大的纸媒，成为当时在整个欧洲范围内声名卓著的报纸。③

1738 年，萨尔瓦多·何塞·玛涅尔（Salvador José Mañer）创办《西班牙信使》，创办之初该报原名为《历史与政治信使》（*Mercurio Histórico y Político*）。1756 年后，《西班牙信使》直接受国务委员会（Secretaría de Estado）领导，由此正式成为官方报纸。《西班牙信使》采取小报版面，每期 100 页左右。自 1759 年起，该报发行周期由每月一次改为每月发行三次。创办之初，报纸将在海牙出版的《历史与政治信使》（*Mercure Historique et Politique*）翻译成西班牙文后出版，此后，报纸脱离翻译的模式，在外国期

---

① Marchante Fuente, Lara. "De la voz al texto: un viaje por la tertulia a través de *El Censor*." *Etudes romanes de Brno*, 2015, 2:211.
② Fuentes, Juan Francisco & J. Fernández Sebastián. *Historia del periodismo español*. Madrid: Editorial Síntesis, 1998:25.
③ Cruz Seoane, María & M. D. Sáiz. *Cuatro siglos de periodismo en España. De los avisos a los periódicos digitales*. Madrid: Alianza Editorial, 2007:34.

刊新闻汇编之外逐渐增加各地新闻通讯员采集和撰写的原创新闻，这种国外新闻与本地原创新闻结合的方式，满足了不同读者的需求，受到读者的欢迎，成为这一时期继《马德里公报》之后发行量最大的报纸。

另一份重要的具有官方和半官方性质的报纸是弗朗西斯科·马里亚诺·尼波（Francisco Mariano Nipho）于1758年创办的《马德里日报》。该报原名为《新闻、奇闻、学界、商界和政界新闻日报》（*Diario Noticioso, Curioso, Erudito, Comercial y Político*），自第三期起改名为《新闻日报》（*Diario Noticioso*），并最终于1788年更名为《马德里日报》。该报是西班牙现代媒介史上第一份日报，同时也是西班牙报刊史上发行寿命最长的报纸，出版时间跨度长达160年，直到1918年才正式停刊。

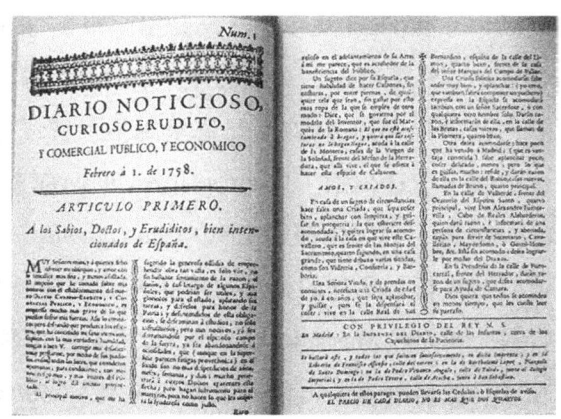

1758年出版的《马德里日报》的第一期

从报刊内容和板块设置来看，除了刊登各种国际和国内新闻并普及科学知识之外，该报推出免费广告，刊登房产、家具售卖、寻物启事、演出、家政服务等各种与市民日常生活息息相关的信息，并设置"读编往来"等板块。作为第一份日报，《马德里日报》的创办体现了尼波对报刊新闻时效性的重视，而该报努力在报道中追求语言的简洁性和准确性，再次反映了尼波对读者和市场的关注以及超越时代的先进新闻理念，因而他常常被认为是西班牙第一位真正意义上的职业新闻人。尼波本人曾先后创办20多份报刊，他于1760年创办的《大杂烩》（*Cajón de Sastre*）开创了西班牙报刊订阅制度和免费广告的先河。除《马德里日报》和《大杂烩》外，尼波还创办了《哲学报》（*Diario Filosófico*）、《外国日报》（*Diario Extranjero*）、《伦敦邮差》（*Estafeta de Londres*）、《欧洲总邮报》（*El Correo General de la Europa*）、《西班牙总邮报》

（*El Correo General de España*）等各种类型的报刊。尼波是 18 世纪西班牙新闻人的代表，他深受传统思想和天主教文化的影响，通过办报努力捍卫传统并对民众进行教化，其立场为《马德里日报》赢得了维护传统价值观的读者，这也是该报在 18 世纪新闻管制最严苛的时期得以幸存下来的重要原因。①

非官方的新闻类报刊的代表是《马德里邮报》（*Correo de Madrid*）。该报于 1786 年开始出版，原名《马德里盲人邮报》（*Correo de los Ciegos de Madrid*），1788 年更名为《马德里邮报》。报纸题材广泛，包括新闻报道、科普文章、经济理论、文学批评、文献介绍等，在 18 世纪的新闻类报刊中以激烈的社会批判而著称。《马德里邮报》曾以连载的形式刊登了浪漫派著名作家何塞·卡达尔索（José Cadalso）的两部重要作品：《摩洛哥信札》（*Cartas marruecas*）和《忧郁的夜晚》（*Las noches lúgubres*），对西班牙社会的种种沉疴陋习进行了猛烈的抨击。1788 年，启蒙派军人曼努埃尔·玛丽亚·德·阿吉雷（Manuel María de Aguirre）以"天真的军人"（El ingenuo militar）为笔名，在《马德里邮报》上以《论宽容主义》（*Sobre el tolerantismo*）为总标题，发表了一系列社会批评文章，言辞犀利，对西班牙的社会制度、宗教迫害以及民间迷信传统等进行了激烈的批判，文章刊登后引发了很大的社会反响。

在首都报刊的带动下，这一时期的地方报刊业也获得快速发展。巴利亚多利德、巴塞罗那、瓦伦西亚和塞维利亚等地纷纷出现本地日报。1792 年开始发行的《巴塞罗那日报》（*Diario de Barcelona*）连续出版至 1984 年才正式停刊，成为西班牙报刊史上除《马德里公报》之外寿命最长的报纸。在北部，巴斯克地区开始出现巴斯克文的《报告》（*Relación*），印刷商将法文报刊翻译成巴斯克文，然后在当地发行。此外，马德里印刷出版的《大杂烩》和《公民生活的思辨幽灵》（*Duende Especulativo sobre la Vida Civil*）等报刊于 18 世

---

① Sampelayo, Carlos. "Apunte para una historia del periodismo español de oposición." https://gredos.usal.es/jspui/bitstream/10366/25440/3/THVIII~N86~P34-49.pdf.

纪末开始在纳瓦拉等地经过重新编辑后向当地读者发售。①

二、文化类报刊

18世纪的西班牙报人将推动社会的革新和进步视为己任，受启蒙思想影响的知识分子纷纷利用报刊表达对国家落后现状的担忧，批判西班牙社会的种种不良习气，宣传推广国外先进的科学技术成就和新的经济理念，以期用知识的力量照亮西班牙社会。这一时期涌现了一大批著名的启蒙派记者和出版人，包括何塞·格拉威霍·伊·法哈尔多（José Clavijo y Fajardo）、胡安·马丁内斯·萨拉弗兰卡（Juan Martínez Salafranca）、弗朗西斯科·哈维尔·德拉·韦尔塔（Francisco Xavier de la Huerta）、莱奥波尔多·赫罗尼莫·普亦格（Leopoldo Jerónimo Puig）、路易斯·加西亚·德尔·卡纽埃洛（Luis García del Cañuelo）、路易斯·马尔塞利诺·佩雷拉（Luis Marcelino Pereira）、何塞·马尔切纳（José Marchena）、何塞·卡达尔索、胡安·梅伦德斯·巴尔德斯（Juan Meléndez Valdés）、加斯帕尔·梅尔乔·德·霍韦利亚诺斯（Gaspar Melchor de Jovellanos）、曼努埃尔·何塞·金塔纳（Manuel José Quintana），等等，群星璀璨，成就了西班牙新闻史上的一段佳话。

17世纪后，在法德等国先后出现了面向知识分子的学术期刊，其中的代表是法国的《学者报》和《特雷武纪事》以及德国的《学术期刊》等，主要刊登文学批评、历史研究和科学题材的文章。1737年，在费利佩五世的支持下，来自新成立的西班牙皇家历史学院的胡安·马丁内斯·萨拉弗兰卡、弗朗西斯科·哈维尔·德拉·韦尔塔和莱奥波尔多·赫罗尼莫·普亦格三人联合创立了《西班牙文人报》（Diario de los Literatos de España）。该报是西班牙第一份具有启蒙精神的文学出版物，同时也是第一份文学杂志。报纸效仿法国的

---

① Díaz Noci, Javier. "Historia del periodismos vasco（1600—2010）." *Mediatika: Cuadernos de comunicación*, 2012, 13:42.

《学者报》，致力于对西班牙出版的书籍进行介绍和述评，书籍题材涵盖文学、宗教、数学、哲学等多个领域。除此以外，该报也对西班牙知识界和文化界的重大事件进行报道。[①] 与18世纪的多数报刊一样，受经济和社会因素影响，该报发行时间短暂，只出版了7期，每期发行数量为1000份至1500份。《西班牙文人报》开创了西班牙文学批评的传统，但也引发了知识界的诸多公案，在相关人士的干涉下，报刊几度中断发行，最终于1742年停刊。[②]

同属文化类的报刊还包括前文提及的尼波创办的《大杂烩》和《外国日报》。除此之外，《文学信使》(*Mercurio Literario*)、《欧洲最好日报之精神》(*El Espíritu de los Mejores Diarios que Se Publican en Europa*)、《博学周报》(*Semanario Erudito*)、《文学备忘录》(*El Memorial Literario*)、《缪斯日报》(*El Diario de las Musas*) 等，也是这一时期文化类报刊的代表。在报道日常消息和重大新闻事件的同时，文化类报刊对经典作家、经典作品以及国内外最新出版的书籍进行介绍，颂扬西班牙黄金世纪文学，体现了18世纪新闻报刊与文学的密切联系。

三、社会批判类报刊

除了新闻类和文化类报刊，18世纪的西班牙还出现了一些社会批判类的刊物，其重要代表是《思考者》(*El Pensador*)、《审查员》(*El Censor*)、《批判的幽灵》(*Duende Crítico*) 等。《思考者》的创办人是著名的启蒙运动家何塞·格拉威霍·伊·法哈尔多，该刊创立于1762年，创办之初，出版方直接将英国杂志《旁观者》上刊登的文章翻译成西班牙文后出版发行。随着办刊水平的提升，该刊逐渐走上独立出版和发行的道路。《思考者》对西班牙社会

[①] Castañón Díaz, Jesús. "*Poética del* Diario de los literatos de España." *Publicaciones de la Institución Tello Téllez de Meneses*, 1972:212.

[②] Cáseda Teresa, Jesús Fernando. "Polémicas, defensas y contradefensas de Juan José de Salazar y Ontiversos por la Corte." *Dieciocho: Hispanic enlightenmente*, 2011, 2:356.

中出现的问题进行了深刻的批判，然而其批判停留在对不良社会风气、道德观念、迷信行为、教育等社会问题上，并未触及根本的政治和宗教价值观。

1781年，格拉纳达的路易斯·加西亚·德尔·卡纽埃洛和加利西亚的路易斯·马尔塞利诺·佩雷拉创办了《审查员》。另有研究表明，霍韦亚诺斯、梅伦德斯·瓦尔德斯等与参加蒙蒂霍女伯爵家庭茶话会的知识分子一起创立了该报。① 不同于这一时期的大多数报刊，《审查员》对西班牙社会的政治制度、行政机构、法律制度、宗教观念等根本性的问题进行犀利的批判，成为18世纪西班牙社会批判类报刊的代表，被誉为"18世纪最有声望的报纸"。《审查员》报曾得到卡洛斯三世和弗罗里达布兰卡伯爵

1781年发行的第一期《审查员》的封面

的支持，然而，该报的社会批判超越了其所处的时代所能容忍的边界，因而当其锋芒触及王室权威和等级制度等西班牙的根本政治体制问题时，该报遭到政府的新闻管制，几度被迫停刊。1787年，《审查员》最终停止印刷，其中最重要的原因是它卷入了18世纪下半叶西班牙知识界的一场重要辩论，辩论的源头是法国《方法百科全书》(*Encyclopédie Méthodique*)上一篇题为《西班牙》(*Espagne*)的文章，该文作者强烈地质疑西班牙对欧洲的贡献，由此引发了西班牙知识界的激烈争论。受弗罗里达布兰卡伯爵的委托，胡安·巴布洛·佛奈（Juan Pablo Forner）发表题为《献给西班牙及其文学成就的赞歌》(*Oración apologética por España y su mérito literario*)的文章，对西班牙极尽阿谀之能事。随后，为了回应"唱赞歌者"的马屁行为，《审查员》上刊登了

---

① Cruz Seoane, María & M. D. Sáiz. *Cuatro siglos del Periodismo en España. De los avisos a los periódicos digitales*. Madrid: Alianza Editorial, 2007:44.

标题为《献给非洲及其文学成就的赞歌》(*Oración apologética por el África y su mérito literario*)的文章,对盲目的爱国主义进行了戏仿和挖苦。然而,这种针锋相对的行为冒犯了以弗罗里达布兰卡伯爵为代表的当权者,最终《审查员》被关闭,并引发全国范围内新闻管制的收紧,西班牙新闻报刊的启蒙运动就此结束。

1735年开始发行的《批判的幽灵》是波旁王朝统治时期地下报刊的代表,其主要目的是抨击波旁王朝的统治以及西班牙落后的政治体制,反映了报界试图通过体制外的路径来培育公众舆论的努力。由于未能获得出版许可,《批判的幽灵》只能以手抄报的形式流通。该报开启了西班牙政治批判报刊的先河,成为众多报刊竞相效仿的对象,新闻报刊的"幽灵"(duende)多次出现在18世纪下半叶甚至是19世纪众多同类型报刊的封面上。

同属社会批判阵营的报刊还包括《公民生活的思辨幽灵》《没有名号的作家》(*El Escritor sin Título*)、《审查员的通讯员》(*El Corresponsal del Censor*)、《马德里的幽灵》(*El Duende de Madrid*)、《观察者》(*El Observador*)等。这些报刊都延续了《旁观者》和《审查员》的风格,采取新闻散文的写作方式,以戏谑的口吻进行社会批判,并对公民进行启蒙教育。

1763年,在加的斯出现了面向女性的报刊——《加的斯的女思考者》(*La Pensadora Gaditana*),作者自称贝阿特里斯·西恩富戈斯(Beatriz Cienfuegos)。该报以《思考者报》为精神启蒙,被认为是西班牙第一份由女性撰写文章的报刊,也是女性主义新闻思想的开拓者。[①]14年后,出现了另一份女性报刊——《萨拉曼卡的女思想家》(*La Pensatriz Salamantina*),创办者自称埃斯格拉司迪卡·乌尔塔多(Escolástica Hurtado)。也有研究认为,贝阿特里斯·西恩富戈斯和埃斯科拉司迪卡·乌尔塔多均是男性的化名,其目

---

① "La primera periodista española fue pensadora y gaditana." *Biblioteca Nacional de España*, 2017-02-08. http://www.bne.es/es/AreaPrensa/Noticias2017/0208-La-primera-periodista-espaniola-fue-Pensadora-y-gaditana.html.

的在于对女性群体进行科学知识的传播。① 抛开创办者是男是女的争论，这两份报纸都从女性的视角出发，探讨家庭、婚姻、教育、礼仪和审美等问题，同时揭露西班牙社会生活中的种种陋习，文笔犀利、大胆，开创了西班牙女性报刊的先河，体现了启蒙派思想家对女性社会地位和女性教育问题的关注。

四、专业技术报刊

18世纪的西班牙也涌现了一批旨在进行专门领域知识普及的专业性报刊。1737年，成立不久的马德里皇家医学院创办了介绍国内外先进医学成就的《马德里气压—医学年鉴》（*Efemérides Barométrico-Médicas Matritenses*），这是西班牙第一份医学报纸，也是第一份专业科学报纸。随后，各地陆续出现医学报刊，如巴塞罗那的《巴塞罗那医学—临床半年刊》（*Semestre Médico-Clínico de Barcelona*）、《医学定期图书馆》（*Biblioteca Periódica Médica*），等等。

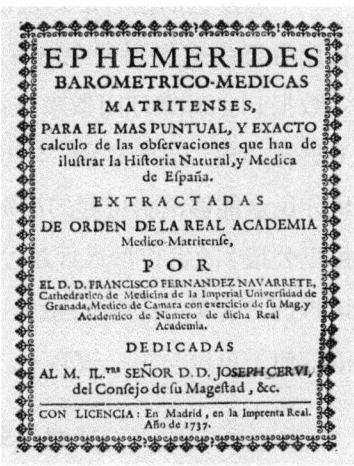

《马德里气压—医学年鉴》封面

在18世纪社会革新的时代背景下，经济类的专业报刊获得快速发展。第一份经济类刊物《穆尔西亚经济—政治讲话》（*Discursos Murciales Económico-Políticos*）于1752年开始发行，该刊积极宣扬自由主义经济政策，推动波旁王朝的经济改革。在18世纪出版的经济类报刊还有《经济周报》（*El Semanario Económico*）、《经济、教育和贸易周报》（*Semanario Económico, Instructivo y Comercial*）、《西班牙及其西印度群岛市场邮报》（*Correo Mercantil de España*

---

① Cruz Seoane, María & M. D. Sáiz. *Cuatro siglos del Periodismo en España. De los avisos a los periódicos digitales*. Madrid: Alianza Editorial, 2007:51.

y Sus Indias)、《政治和经济信札》(Cartas sobre Materias Político-Económicas)等。从以上报刊的名字可以看出,这一时期大多数报刊仍将经济问题与政治、教育等问题糅合在一起进行讨论,因而其专业化程度并不高。

第三节　报刊订阅

不够发达的读者市场是西班牙大众媒体发展的一大桎梏,在18世纪,报刊读者群尚未得到完全培育。除官方报刊外,其他报刊的发行量难以提升,多数报刊主要靠订阅费来支撑,因而许多报刊难以经营下去,只能在报刊史上昙花一现。下表显示,不足2000份的订阅量表明这一时期报刊只是少数西班牙民众能够消费得起的昂贵精神产品。截至18世纪80年代,官方报刊《马德里公报》的发行量远远超过其他报刊,然而,与当时其他国家著名报刊相比,该报的订户数量和发行量仍旧较低。从订阅读者的数量看,只有《历史与政治信使》可以与之一较高下。

18世纪主要报刊订购和发行情况统计[1]

报刊名称	统计年代	订购用户数量（单位:户）	发行量（单位:份）
《马德里公报》	1780	1606	12000
《历史与政治信使》	1781	1996	5030
《欧洲最好日报之精神》	1788	870	1500
《文学备忘录》	1785	715	
《马德里日报》	1786	969	
《审查员》	1781		500
《思考者》	1762		500
《马德里邮报》	1787	309	

---

[1] 图表数据来源:Fuentes, Juan Francisco & J. Fernández Sebastián. *Historia del periodismo español*. Madrid: Editorial Síntesis, 1998:43.

从报刊订户的地区分布来看，这一时期的读者群集中在政治中心和经济比较发达的地区，诸如马德里、瓦伦西亚、巴斯克、穆尔西亚等地。以巴斯克地区为例，这里曾诞生西班牙启蒙精神的代表性机构——国家之友经济协会，在这个机构以及当地精英分子的推动下，巴斯克地区的报刊订购数量迅速增加，当地订户也订阅来自首都马德里以及法国等地的各类报纸杂志。其中，巴斯克地区订阅《马德里公报》的数量居全国第五位，排在阿拉贡、加泰罗尼亚、马略尔卡和瓦伦西亚之后。而在人口仅为 1 万人的比斯开省的首府毕尔巴鄂，《西班牙及其西印度群岛市场邮报》的订户为 44 份，而此时巴塞罗那的订户量也仅为 53 份。①

第四节　文学沙龙与聚谈会

18 世纪，受到启蒙思想影响的社会精英以及国家之友经济协会等文化机构常常定期举办座谈、沙龙、讲座等一系列教育和科学宣传活动。与此同时，知识分子聚会和讨论文学问题的"文学学院"（academia literaria）兴起，源于法国的贵族沙龙逐渐进入西班牙上层社会，贵族及其宾客在茶余饭后讨论文学和社会热点问题成为一种时髦。②

私人聚会性质的文学学院、沙龙以及科学座谈会在 17 世纪渐渐进入普通民众的生活，产生了面向各个阶层的公共"座谈会"或"聚谈会"（tertulia），并在 18 世纪获得快速发展。民间聚谈会通常在咖啡馆、书店、阅读室、剧院等公共空间举办，内容丰富多样，包括聊天、辩论、报刊阅读、游戏、科学讲座等多

---

① Díaz Noci, Javier. "Historia del periodismos vasco（1600—2010）." *Mediatika: Cuadernos de comunicación*, 2012, 13:39.

② Cantos Casenave, Marieta. "De *Delectare et Prodesse* y otros propósitos periodísticos: los casos de *La Pensadora Gaditana*（1763）, la *Academia de Ociosos*（1763）y el *Correo de Madrid* de los Ciegos（1786）." *Cuadernos de Ilustración y Romanticismo: Revista del Grupo de Estudios del siglo XVIII*, 1999, 7:58. 55-74.

种形式。①聚谈会深受普通民众的欢迎,一方面,与书面传播相比,聚谈会形式自由,不仅延续了口头传播的传统,而且将科学文化传播与娱乐活动结合起来;另一方面,聚谈会门槛较低,对于参与者的文化水平并无过高要求,也没有受到来自政府和教会的管制。各类聚谈会逐步发展为西班牙重要的社交与文化场所,也成为西班牙书籍和报刊传播的重要路径。新闻报刊上的内容,常由各类意见领袖在公共聚会上朗读,参与者公开讨论,很大程度上增加了报刊的传播范围,扩大了影响力,而聚会上热议的话题,也常常成为报刊新闻的热点。②

这一时期的聚谈会类似于德国思想家哈贝马斯所描述的"公共领域",报刊和咖啡馆、沙龙等聚会场所构成了抗衡宫廷文化的文学公共领域,文学公共领域又衍生出政治公共领域,从而成为公众批判封建专制的工具。哈贝马斯将报刊称为"公共领域最典型的机制",他指出17世纪末新闻检查制度的废除标志着公共领域发展到了一个新的阶段,"使得理性批判精神有可能进入报刊,并使报刊变成一种工具,从而把政治决策提交给新的公众论坛。"③1964年,哈贝马斯在《公共领域的结构转型》中如此定义"公共领域":

所谓公共领域,我们首先意指我们的社会生活中的一个领域,某种接近于公众舆论的东西能够在其中形成。向所有公民开放这一点得到了保障。在每一次私人聚会、形成公共团体的谈话中都有一部分公共领域生成。然后,他们既不像商人和专业人士那样处理私人事务,也不像某个合法的社会阶层的成员那样服从国家官僚机构的法律限制。当公民们以不受限制的方式进行协商时,他们作为一个公共团体行事——也就是说,对于涉及公众利益的事务有聚会、结社的自由和发表意见的自由。在一个大型公共团体中,这种交

---

① Gelz, Andreas. "Prensa y tertulia: Interferencias mediales en la España del siglo XVIII." *Olivar*, 2009, 13:166–167.

② 同上:165.

③ [德]哈贝马斯,曹卫东等(译):《公共领域的结构转型》。北京:学林出版社,1999年,第68–69页。

流需要特殊的手段来传递信息并影响信息接收者。今天,报纸、杂志、广播和电视就是公共领域的媒介。当公共讨论涉及与国务活动相关的对象时,我们称之为政治的公共领域,以相对于文学的公共领域。①

在哈贝马斯看来,具有政治功能的公共领域源自英国,他最为推崇的报刊是 18 世纪初三位英国作家办的融新闻、随感、学术和娱乐等内容为一炉的杂志,即笛福的《评论》(Review)、斯蒂尔和艾迪生的《闲谈者》(Tatler)和《旁观者》(Spectator),尤其是后二者。哈贝马斯认为,公共空间最突出的特征,是在阅读日报周刊或月刊评论的私人群体中,形成一个松散但开放,而且具有弹性的交往网络,而剧院、博物馆、音乐厅以及咖啡馆、茶室、沙龙等场所,则提供了公共空间。用这一描述可以较好地解释 18 世纪初期西班牙公共空间产生的机制。在相对较为开明的 18 世纪,沙龙成为规避王权渗透的场所,受到其他西欧国家资产阶级革命和资本主义政治思想影响的知识分子借用这些空间完成了对民众的思想启迪。在西班牙,庞大的天主教势力、教权和王权相互勾结,限制了公共空间的自发拓展,宗教裁判所等思想钳制机制一直没有受到革命思想的冲击而解体,出版审查制度时而松懈时而收紧,从未离场。从整体来看,在 18 世纪的西班牙,公共空间并未真正得到成熟的培育和发展。

第五节　新闻管制与新闻自由

18 世纪,国内外政治环境对于新闻管制产生了较大的影响,新闻自由和新闻管制的角力形成一种特殊的社会张力。报刊和书籍是波旁王朝推行改革

---

① [德]哈贝马斯,曹卫东等(译):《公共领域的结构转型》。北京:学林出版社,1999 年,第 68-69 页。

的宣传工具，同时也是社会精英阶层传播科学、教育培训和文化普及的手段，新闻出版业在社会生活中占据着重要地位。从报刊审查来看，政府和宗教法庭仍旧对报刊和书籍实施管制，但是与前一时期相比，政府干涉力度较为缓和，因而整体来看，新闻出版业在18世纪拥有相对宽松的外部环境。

1701—1713年爆发王位继承战争，为了保证王室能够顺畅地了解战争信息，缓解民众因缺乏对战况的了解而产生恐慌，西班牙政府延续了较为宽松的印刷许可证政策，各地出现了若干报道政治和军事消息的报刊。然而，这一局面在1713年费利佩五世正式登上西班牙王位后戛然而止。为了巩固波旁王朝的统治，费利佩五世采取了一系列加强中央集权的措施，其中包括加强对王室统治不利的战争讯息的控制，并取消了《马德里公报》之外的所有其他报刊的出版许可，以实现对宣传工具的完全控制。

18世纪30年代后，随着社会改革的深入以及启蒙运动的发展，报刊成为启蒙运动思想传播的主要途径之一，对报刊传播的钳制开始受到社会力量的对抗而逐步松动，新闻出版也得到了以弗罗里达布兰卡伯爵和坎波马内斯等人为代表的启蒙派官员的庇护，由此迎来18世纪报刊业蓬勃发展的第一个高潮。《西班牙文人报》《西班牙信使》《马德里气压—医学年鉴》以及《批判的幽灵》等为不同社会阶层代言的报刊均创刊于30年代末期，西班牙的观念市场呈现出繁荣局面。

随着报刊市场的繁荣，如何平衡公众的信息获得权与个人隐私保障之间的矛盾逐步成为规制者和新闻人不得不面对的一个重大社会议题。1644年，英国资产阶级革命时期的著名自由派作家约翰·弥尔顿在《论出版自由》中提出了出版自由的"自主原则"："让她和虚伪交手吧。谁又看见过真理在放胆地交手时吃过败仗呢？"① 真理和谬误之争应当交由公众去评判，作为政府不应当对此加以干涉。此后，两位英国作家约翰·特伦查德（John Trenchard）和托马斯·戈登（Thomas Gordon）于1720年以古罗马政治家"加图"（Cato

---

① [英]约翰·弥尔顿，吴之椿（译）：《论出版自由》，北京：商务印书馆，第46页。

the Younger）为笔名写下了一系列文章，为"自由的信息流通"辩护，断言政府自由与出版自由共存亡，要求建立"法治政府"（government of laws），而非"人治政府"（government of men）。他们指出，言论自由是"每个人的权利，只要不用它来危害和支配别人就行。"①

在西班牙，1749年，费尔南多六世（1746—1759）政府颁布法令，规定印刷出版物不能伤害他人名誉，这是西班牙政府首次就新闻自由的边界做出明文规定，为出版自由加上了法律的限制。此外，费尔南多六世任命胡安·古丽埃尔（Juan Curiel）担任印刷法庭的负责人，古丽埃尔将自由主义经济改革的理念运用到新闻管制政策上，对新闻审查机构进行调整，并制定了"个性化"的新闻审查制度，根据书籍税收对审查员进行经济奖励，这一制度客观上刺激了审查员强化新闻审查力度的动机，导致审查员在实践中更加偏好保守的审查政策，有时候甚至会出现越界现象，给新闻自由带来了巨大的负面影响。

在很长一段时间内，出版自由与个人名誉的边界如何界定一直是知识界辩论的焦点。1820年，马德里报刊因为批评马德里警察系统而遭到起诉，这一事件成为触发社会讨论的焦点，讨论的范围甚至超出了西班牙的国界，引发了欧洲思想界的关注。英国功利主义哲学家边沁针对这一事件，接连写出四封致西班牙人民的公开信，为新闻自由和公共讨论辩护，这四封信在1821年结集为《论新闻自由与公共讨论》出版。边沁认为，涉及官员的新闻，无论多么粗俗，只要不是荒谬的和没有根据的诽谤，则政府不得以任何理由对其进行惩罚。新闻自由是对少数人的统治进行监督的方式，它可以形成一种权力控制机制，这对于好政府的形成是必不可少的，是民主精神的重要体现。即便新闻自由会导致某些祸害，但它对于"善"具有重要的价值。边沁认为新闻自由能够给社会带来最大的福祉，如果新闻自由无法得以保障，民众就

---

① Trenchard, John & T. Gordon. "No. 84, July 7, 1722." In R. Hamowy（ed.）: *Cato's Letters; or Essays on Liberty, Civil and Religious*, Vol. III. Indianapolis: Liberty Fund, 1995:83.

会诉诸言论自由,而这种自由给统治集团带来更大的威胁,给社会整体福利造成危害。①

18世纪60年代后,卡洛斯三世推行开明专制主义,新闻报刊业迎来了继30年代后的第二个高潮,政府先后颁布一系列推动新闻业发展的措施和法令:1762年,颁布法令,实行出版市场自由化,规定除宗教和教育类书籍之外的所有出版物被免征赋税;1763年,再次颁布法令,取消出版物的官方定价,取消古丽埃尔制定的审查员经济奖励制度;1764年,颁布关于保护书籍作者以及继承人知识产权的法令。②这一系列自由主义的新闻政策的颁布,为依靠征订费而生存的报刊业提供了巨大的经济刺激,而为知识产权立法则为作者的创作热情提供了持续动力,新闻业的发展迎来了新的机遇。

18世纪60年代中期,暴动发生,政府意识到新闻自由给王权统治带来的威胁,因而重新收紧对出版业的管制。1766年,政府取消了很多报刊的许可证,包括《思考者》在内的一些报纸被迫关闭;次年,颁布法令,禁止所有具有迷信色彩的"预言"类书籍以及其他民间出版物(日历、年鉴等)的发行,鼓励有识之士创作有助于推动社会进步的东西;1768年,政府限制宗教裁判所在出版事务上的权限,规定宗教裁判所只能对宗教类书籍进行审查。

王权和教权之间在新闻出版管制权力上的斗争在1785年达到一个小的高峰。这一年,西班牙历史上第一个专门针对"报刊"(papeles periódicos)的王室法令颁布,该法令的导火索是《审查员》第65期上一篇涉嫌攻击卡斯蒂利亚委员会的文章。然而,卡洛斯三世本人以及国务大臣弗罗里达布兰卡均为报刊辩护,并在法令中明确规定禁止对报刊的秘密指控,剥夺卡斯蒂利亚委员会对于新闻报刊的管理权限,指出《审查员》"有助于向公众传播真理和有用的观念,并以真诚的批判方式向阻碍社会进步的错误和弊病宣战,因此

---

① [英]边沁,沈叔萍等(译):《政府片论》,北京:商务印书馆,2009年。
② Escolano Benito, Agustín. "Elogio y revisión de Carlos III." *Historia de la educación: Revista interuniversitaria*, 1988, 7:16.

有必要通过法律的途径保护此类出版物的发行"。① 该法令将篇幅为四至六页的出版物界定为"报刊",并明确了作者和出版人的责任。②

18世纪80年代,法国大革命的爆发引起了西班牙王室的恐慌,卡洛斯四世宣布实行严格的新闻管控,弗罗里达布兰卡伯爵在西班牙和法国边境设置"防疫带"(cordón sanitario),在对法国进行军事防御的同时,查禁来自法国的出版物,防止法国革命思想的渗透。与此同时,政府颁布法令,宣布禁止官方报纸之外的一切报纸的出版。③ 此外,西班牙也重新加强宗教法庭的新闻管制,搜缴所有攻击教会和王室的出版物或手抄本。

弗罗里达布兰卡下台之后,其继任者阿兰达伯爵(conde de Aranda)和曼努埃尔·德·戈多伊(Manuel de Godoy)对前任的政策改弦易辙,重新施行新闻自由政策,放开出版许可,出版管制有所放松,允许法国书籍进入西班牙,以期延续18世纪的社会和经济改革,加强对王室的正面宣传,从而赢得民心,避免西班牙走上法国的道路。这一时期,不仅许多停刊的报纸得以重新出版发行,新的报纸也不断涌现,前文提到过的《巴塞罗那日报》和《文学备忘录》正是在这一时期创刊。1797年,戈多伊本人创办了《供教区神父阅览的农业和艺术周报》(*El Semanario de Agricultura y Artes, Dirigido a los Párrocos*),刊登农业耕种的相关信息,通过教区神父向广大民众进行农业和艺术信息的传播。然而,即便新闻自由得到较好的保护,出版内容仍然受到限制,除官方报刊之外的报刊一律不允许谈论政治话题,法国大革命的消息更是被禁止传播。大量进步报刊被迫关闭或转为地下活动,许多对波旁王朝彻底失望的爱国志士流亡海外。其中,曾经创办《观察者》的何塞·马尔切纳为了逃避宗教法庭追捕流亡海外,在法国出版《自由和平等公报》(*Gaceta de la Libertad*

---

① Cases, Victor. "*El Censor*: la prensa crítica en la Ilustración española." http://www.saavedrafajardo.org/Archivos/NOTAS/RES0063.pdf.

② Cruz Seoane, María & M. D. Sáiz. *Cuatro siglos de periodismo en España. De los avisos a los periódicos digitales*. Madrid: Alianza Editorial, 2007:33.

③ Conde Naranjo, Esteban. "Floridablanca, 'protector de las letras, limosnero de literatos'." *Res publica: revista de filosofía política*, 2009, 22:69.

y de la Igualdad）和《献给西班牙民族》（*A la Nación Española*）的小册子，并通过巴约纳的邮局进行地下传播。1808 年，西班牙独立战争爆发，马尔切纳回到西班牙，在约瑟夫·波拿巴的政府中担任重要职务，并一度担任《马德里公报》的负责人。①

---

① Montes, Melanie: "El abate Marchena（1768—1821）: un caso particular de traducción y censura." *1611: revista de historia de la traducción*, 2015, 9. http://www.traduccionliteraria.org/1611/art/montes.htm.

第五章 19世纪初至光荣革命前的西班牙新闻传播

CHAPTER 5

18世纪末至19世纪,波旁王朝的统治面临内忧外患,开明专制主义所带来的红利消失殆尽,腐朽制度微调所换取的和平与"繁荣"的景象难以为继,西班牙再次卷入欧洲王室的权力争夺中。与同期的英美法等国相比,19世纪的西班牙社会仍旧落后,资本主义发展十分缓慢,工业化仅在东部和北部的部分地区缓慢发展,在广袤的农村地区,经济发展严重滞后,教育水平低下,民智未开,政治参与度不强,现代化似乎仍然遥不可及。

近代西班牙的衰落原因是多方面的:第一,作为天主教渗透最为深入的欧洲国家之一,西班牙常以天主教正统自居,常年展开对伊斯兰世界的征讨,一方面对自身的发展造成极大的资源浪费,另一方面使得蒙昧主义的影响根深蒂固,文艺复兴和启蒙运动掠过西班牙也仅是死水微澜,西班牙的政治经济与社会制度仍未摆脱天主教的影响。第二,美洲的白银大量流入西班牙,导致国内通货膨胀严重,西班牙产品在国际贸易中价格高昂,其国际竞争力严重下滑。第三,自19世纪初开始,西属美洲开始经历此起彼伏的独立运动,阿根廷、智利、哥伦比亚等多国爆发起义并取得独立地位,西班牙的海外殖民地体系土崩瓦解，这一状况一直持续到 19 世纪末。殖民体系的解体剥夺了西班牙王室的重要财政来源，同样也使其一向引以为傲的海军遭受重创，严重地影响了西班牙帝国的实力。第四，从国内来看，强大的贵族和教士阶层构成西班牙发展最大的桎梏。截至 18 世纪末，占全国人口 2.8% 的世俗贵族和教会上层仍然垄断了高达 68% 的土地[①]，地产投机成为经济发展的主要诉求，工业化发展的因素被极大地压制。在以上因素的共同作用下，16 世纪一度风光无两的西班牙在近代彻底堕落成欧洲二流国家，直到今日也未能重现辉煌。

美国的独立战争唤醒了西班牙民众的民族主义情绪，也触发了激进的革命思想的出现和传播，经过轰轰烈烈的独立战争之后，美国立国初期起到思想启蒙重要作用的经典文本裹挟着自由主义的思潮以汹涌澎湃的势头扑向陈腐落后的欧洲，西班牙也被幸运地波及。独立战争期间，法占区和起义区的对峙以及人们对于"自由"的热烈追求为各种思想的表达和传播提供了契机，战争状态下出版管制机构陷入瘫痪，给出版界带来难得的发展机遇，重获生机的印刷品空前繁荣，西班牙迎来了另一种意义上的思想启蒙，即在王朝有意无意放任的前提下，西班牙的思想得到了解放，这完全不同于开明君主时期媒体全然依赖于极个别开明君主或贵族的善意而繁荣，是一种类似于在封建禁锢疲软之时蓬勃发展起来的思想解放。

独立战争结束后，新闻报刊业延续了前一时期政治报刊论战的局面，不同阵营的政治派别纷纷借助报刊进行政治理念和意识形态的宣传，报刊上的政治辩论和相互论战成为常态，新闻行业的自由使得公共舆论逐步形成，并得到一定的发展。而与此同时，文学浪漫主义流派的兴起以及教育的发展、铁路等通信设施的建设也在一定程度推动

---

① Lynch, John. *Historia de España. Edad Moderna: Crisis y recuperación, 1598—1808*. Barcelona: Crítica, 2005:464.

了报业的进一步发展。

19世纪30年代后，西班牙社会处于一场巨大的思想动荡之中，自由主义、专制主义、个人主义、乌托邦社会主义、无政府主义等不同的意识形态激烈碰撞，保守派、激进派、温和派、民主派、共和派、新天主教派等不同的政治派别轮番上台。此外，各大政治派系内部分化严重，他们围绕君主权力、立法、选举权力、封建领地、地方特权、天主教地位、经济改革等诸多问题展开斗争，可以算是西班牙历史上各派思潮和制度大交锋的一个小高潮，而这一时期政治冲突和军事政变也层出不穷。

1833年，费尔南多七世（Fernando VII，1808/1814—1833）去世，西班牙进入第二个自由派掌权的时期，期间，宫廷阴谋和政变轮番上演，形形色色的政治集团你方唱罢我登场，纷纷上台执政，25年间西班牙历经了34届政府。经过1843年到1854年的军人独裁之后，改革派于1854年至1856年发动革命，因大赦回国的巴尔多梅罗·埃斯帕特罗（Baldomero Espartero）重新掌权。埃斯帕特罗执政不久后便黯然下台，"自由联盟"在1856到1863年统治西班牙。"自由联盟"与军阀轮番上台执政期间，改革派和一切进步人士被排斥于政治权力之外，政治、经济和社会秩序崩坏，西班牙整个社会陷入黑暗的深渊。在伊莎贝尔二世（Isabel II，1833—1868）统治的整个时期，西班牙人民的生活水平每况愈下，政府极其腐败，女王的宫廷变成滋生腐败的渊薮，种种恶政最终导致了"光荣革命"的爆发。

从新闻传播业的整体发展格局来看，随着不同利益集团之间的权力更迭，代表不同政治倾向的报刊发展势头也随之此消彼长，政治报刊全面爆发。不同的政治派别都意识到报纸拥有的巨大舆论力量，希望借助报刊的力量获得更多的话语权，实现政治利益的最大化，媒介逐渐成为各派政治势力争夺的对象。先后登上政治舞台的派别纷纷从各自的立场出发制定出版法令，新闻立法在动荡的政治格局下成为不同势力轮番角力的战场。这一时期，绝大多数新闻报刊仍旧由不同的政治派别赞助，新闻报刊的读者局限于极少数群体，报刊读者群不到全国人口的四分之一。[①]1879年，西班牙工人社会党（Partido Socialista Obrero Español，PSOE）建立，开始出现政党之间的竞争。在这一语境下，原先的政治报刊逐渐过渡为服务于不同政党的报刊。19世纪动荡的政治格局也使许多文学家投身政治，从事政治报刊的出版和政治文章的撰写工作。此外，这一时期出现了商业报刊的萌芽，即不依托党派背景而以客观新闻报道为诉求的新闻报刊，预示着政治报刊的垄断地位将面临挑战。

---

① Hibbis-Lissourgues, Solange. *Iglesia, prensa y sociedad en España, 1868—1904*. Alicante: Instituto Juan Gil-Albert, 1995:407.

第一节　独立战争期间的政治宣传

18世纪末，西班牙面临重重危机，在内忧外患的困难局面下，18世纪自上而下的社会改革宣告失败，启蒙派内部分裂成不同的派系，开明专制主义也由此退出历史舞台。1808年，面对法国的入侵，西班牙独立战争爆发，国家被分裂为法国统治下的法占区和抵抗法国统治的起义区。1810年，加的斯议会召开制宪会议，并于两年后颁布民主宪法。从新闻报刊的发展来看，18世纪末至19世纪初严苛的管控局面在独立战争期间有所松动，约瑟夫一世（Joseph I，1808—1813）统治下的地区和起义者建立的临时政府都利用报刊进行政治宣传，颁布承认言论与出版自由的宪法和法令。

一、西班牙独立战争

1789年法国大革命爆发，革命者攻占巴士底狱，路易十六被推上断头台，波旁王朝暂时退出法国历史舞台，而其在西班牙的统治同样面临巨大的危机。为了避免将西班牙推向革命的道路，卡洛斯四世采取保守政策，罢免启蒙派的代表人物弗罗里达布兰卡，先后任命阿兰达和戈多伊担任国务大臣。1795年，戈多伊与法国签订《巴塞尔和平协议》(*Paz de Brasilea*)，向法国割让圣多明各岛的西属领地，以换取法国从加泰罗尼亚等地撤兵。政府的软弱无能激发了民众的不满，报界对这些信息进行了广泛报道，为反波旁王朝的思潮推波助澜，而关于戈多伊和王后关系暧昧的漫画也在民间广泛流传，王室权威扫地。

戈雅作品中的戈多伊

与此同时，英国揭开了工业革命的大幕，西班牙的美洲殖民地成为英国开拓海外市场觊觎的对象，强大的英国海军对西班牙进行海上封锁，西班牙帝国统治所依赖的便捷海上运输被英国切断，帝国海上生命线被扼住喉咙，西班牙政府面临巨大的财政危机。1805年，英国舰队在特拉法尔加海战中彻底击败西法联军，西班牙舰队遭受重创。

1807年，戈多伊政府与法国签订《枫丹白露条约》（*Tratado de Fontainebleau*），拿破仑的军队以攻打英国的盟友葡萄牙为借口进入西班牙。然而，葡萄牙战争结束后，法国军队并未离开西班牙领土，反而乘势东进，直逼首都马德里。1808年3月，卡洛斯四世之子费尔南多的追随者发动阿兰胡埃斯叛乱，卡洛斯四世被迫宣布让位于费尔南多，费尔南多继位，史称费尔南多七世。此后，拿破仑在法国的巴约纳召见卡洛斯和费尔南多，将两人和王室成员全数拘禁于法国境内，上演了法国对西班牙版的"靖康之耻"。拿破仑成功利用西班牙王室的争端将其兄约瑟夫·拿破仑（Joseph Bonaparte）送上了西班牙国王的宝座，称约瑟夫一世。约瑟夫上台之后颁布《巴约纳宪章》（*Estatuto de Bayona*），建立由参议院和众议院组成的两院议会，试图效仿英国实行一场不流血的革命，在西班牙建立君主立宪政府。启蒙派的王公大臣和以卡斯蒂利亚委员会为代表的政府机构寄希望于拿破仑的统治，认为法国模式能给西班牙大地带来真正的"光明"，从而实现上个世纪未能实现的社会革命梦想。

在近代欧洲史上，法国的侵略在客观上确实打碎了诸多被侵略国的封建体系，并促进了落后制度的现代化进程。然而，西班牙毕竟是老牌欧洲强国，高傲的西班牙人无法容忍法国人的鸠占鹊巢。法国的入侵伤害了西班牙的民族感情，激发了西班牙民众的爱国抗法热情，战争一触即发，首先起来抗议的是处于社会最底层的普通民众。1808年5月2日，被法军攻占的马德里爆发平民起义，西班牙独立战争正式打响。继马德里之后，瓦伦西亚、萨拉戈萨、塞维利亚等地纷纷爆发反法起义，起义浪潮呈燎原之势，此起彼伏。在民众的推动下，以贵族、教士、军人、新生的资产阶级和知识分子联合起来，以费尔南多七世的名义

戈雅的著名画作《五月二日起义》，该画展现了马德里民众的英勇行为，现收藏于马德里的普拉多（Museo del Prado）博物馆

建立各级地方委员会（Juntas）和中央政务委员会（Junta Central），选举弗罗里达布兰卡为中央委员会主席，形成与马德里亲法政权对抗的临时政府。临时政府领导下的军队不断发动起义，并在广袤的农村地区开展游击战，与强大的法军对抗。经过五年多的战斗，1813年，法国从西班牙撤军。次年，费尔南多七世回国，西班牙重回波旁王朝的专制统治。

西班牙的民族运动证明了在民族矛盾凸显的时候，救亡远远高过启蒙，民族矛盾压过阶级矛盾。从某种意义上讲，这是西班牙近代历史上一场意义复杂的战争，既是西班牙之幸，也是西班牙之哀，幸者是西班牙保证了主权的完整，不幸者是西班牙失去了一次突破封建专制的现代化发展机遇。

独立战争期间，波旁王朝势力的空虚状态促进了各方政治力量的迅速发展，滋长了各种意识形态之间的激烈斗争，推动了建立新的政治体制的大胆尝试。中央政务委员会在加的斯成立了摄政团委员会，在西班牙本土和美洲殖民地举行议会代表选举。1810年，加的斯议会召开制宪会议，议会代表除了贵族和新兴的资产阶级之外，还有以霍韦利亚诺斯为代表的启蒙派知识分子和中产阶级。其中，较为激进的一派自称"自由主义者"（liberales），他们深受法国大革命的影响，接受法国启蒙运动思想家卢梭和孟德斯鸠的理论，赞成君主立宪，赞成通过对各政治派别进行分权制衡的方式进行政治改革。自此，自由主义者成为18世纪末至19世纪中叶西班牙政治生活中的重要力量。

1812年3月19日,加的斯议会颁布了西班牙历史上第一部民主《宪法》。①《宪法》共分10章,共384项条款,带有明显的自由主义特征,明确提出国家主权和三权分立。根据《宪法》,议会采取单院制,选举采用普选方式,每7万选民选出议员1人;议员选举不受财产资格的限制,所有西班牙男子,除奴仆外,均享有选举权;选举用间接方式进行,分教区级、州级和省级三级选举体系。除临时召集的议会外,议会在每年3月1日召集会议。国王须在议会开会时宣誓忠于宪法,国王有权使议会通过的法律延期生效,并无权解散议会和推迟议会的召集日期。此外,《宪法》废除中世纪的封建残余,取消宗教裁判所、教会什一税和贵族的某些特权,撤销国内所有关卡,明确言论和出版自由的权力。1812年《宪法》充分体现了受法国大革命影响的自由主义者努力建立新制度的政治理想,然而"国家主权"、废除封建领主制度以及取缔天主教的象征——宗教裁判所——等条款刺激了封建君主制最敏感的神经,损害了世袭贵族阶级的利益,因而颁布之初便引起了保守派和亲法派的猛烈攻击,激化了权力争夺。1814年,费尔南多七世宣布废除加的斯宪法,恢复君主专制统治。

二、战争期间的新闻宣传

独立战争期间,以自由主义者为代表的激进派、拥护集权制的保守派以及亲法派展开了激烈的争论,报刊是当时各种政治思潮进行公共辩论的平台,成为各政治派别为了赢得公众舆论、宣扬政治理念并攻击敌人的有力武器。西班牙成为欧洲各种思潮汇聚的中心,极大地开启了民智,也为此后西班牙的政治发展做了思想铺垫。"主权""自由""人民""人权""宪法"等热门词汇不断出现在报刊上,引发热烈讨论,相关讨论随着报刊的传播而不断发酵,

---

① 由于当天恰逢圣约瑟(San José)日,这部宪法又被亲切地称为"La Pepa"。译注:"pepe"是西班牙语中对"约瑟"(José)的昵称,由于西班牙语中的"宪法"(constitución)一词为阴性,因此,1812年宪法也被称为"pepe"的阴性形式"La Pepa"。

这些代表着现代政治文明的理念由此向西班牙社会普及，对专制主义思想带来强大冲击，西班牙的民主思潮得以逐渐培育。政治危机、战事信息、加的斯议会进程、西属美洲国家独立运动以及各种意识形态的涌入提高了西班牙普通民众的政治觉悟，刺激了这一时期公共舆论的产生。政治成为人们日常生活中经常谈论的话题，刊登政治新闻的报刊逐渐在咖啡馆、读书屋、聚谈会等公共场所占据主要地位，并深入偏远的农村。①

　　政治斗争的硝烟通过报刊在街头巷尾流传，加的斯、马德里和塞维利亚等地成为当时的报刊业重镇。据统计，1810年后出现的拥护约瑟夫一世统治的亲法报纸有20余种；1808至1814年出现的自由派报刊多达300多种。②

（一）亲法派报刊

《巴约纳宪章》明确承认出版自由，这是西班牙历史上第一次正式承认出版自由。然而，由于局势动荡，各地起义此起彼伏，宪章内容并未得到真正的贯彻，法国统治下的地区仍旧以官方报纸为主，一些原有的报刊沦为法国推行殖民统治的工具。在马德里，《马德里公报》和《马德里日报》等官方报刊成为亲法派的喉舌，前者甚至开始用西法两种语言发行，而为了加强宣传力度，出版周期也改为每日发行，且受到法国报纸《总汇通报》的监督和管理，沦为法国统治的工具。拿破仑的军队入侵西班牙后，在巴斯克省创办了官方报刊《比托里亚公报》（*Gazeta de Vitoria*）、《比斯卡亚政府官方公报》（*Gazeta de Oficio del Gobierno de Vizcaya*）、《纳瓦拉公报》（*Gazette de la Navarre*）等。与此同时，在巴约纳出现了面向所有巴斯克地区的报刊——《法国巴约纳的贸易、文学和政治公报》（*Gazeta de Comercio, Literatura y Política de Bayona*

---

　　① Ruiz Acosta, María José. "'Opinión pública' y prensa española en los siglos XIX y XX." *Revista de historia contemporánea*, 1996, 7: 419–450.

　　② Fuentes, Juan Francisco & J. Fernández Sebastián. *Historia del periodismo español*. Madrid: Editorial Síntesis, 1998:55.

de Francia）。

两个西班牙并存的局面带来知识分子阶层的分化，曾经流亡法国的马尔切纳是坚定的亲法分子，独立战争爆发后他回到西班牙为约瑟夫一世政府效力，并负责《马德里公报》和其他报刊的出版工作，通过新闻报刊为拿破仑政权摇旗呐喊。著名诗人和剧作家莱安德罗·费尔南德斯·德·莫拉廷（Leandro Fernández de Moratín）在约瑟夫一世的政府中受邀出任皇家图书馆馆长，并为亲法的《瓦伦西亚日报》（Diario de Valencia）撰稿，鼓吹法国模式的优越性。著名诗人和学者阿尔韦托·利斯塔（Alberto Lista）创办的《塞维利亚公报》（Gaceta de Sevilla）、佩德罗·艾斯塔拉（Pedro Estala）创办的《公正报》（El Imparcial）等都是亲法派报刊的代表，体现了他们对拿破仑以及革命模式的认同。

（二）爱国主义报刊

在加的斯议会召开之前，各级地方委员会和中央政务委员会纷纷创办官方性质的报刊，报道政治新闻和战事通讯，进行爱国主义宣传，反对法国人的统治。加的斯议会召开期间，出版和言论自由是议会讨论的重要内容之一，而议会创办了自己的机关报——《议会报》（Periódico de las Cortes），全方位地介绍加的斯议会的日程和内容，推进选民的知情权，体现了议会的民主性质。1810年，议会颁布法令，取消对政治出版物的事先审查，建立审查委员会裁定各种出版事务，但是鉴于议会内部诸派的分歧，该法令保留了对宗教题材出版物的事先审查制度。1812年《宪法》中明确规定保护出版自由。次年，再次颁布法令，撤销宗教裁判所，设立出版法官的职位，对违宪出版物进行调查，并规定报纸文章作者拥有终身知识产权，作者去世后仍保留10年的产权。知识产权制度的确立为西班牙出版业的发展提供了制度保障，给出版的繁荣带来无可估量的促进作用。

面对法国的入侵和王室的软弱无能，爱国志士纷纷通过报刊宣传进步思

想。著名诗人曼努埃尔·何塞·金
塔纳于 1808 年创办的《爱国周
报》(Semanario Patriótico) 是爱
国报纸的杰出代表。独立战争后,
他加入自由主义者一派,通过各
种途径旗帜鲜明地表明自己的政
治立场。《爱国周报》在马德里甫

1810 年召开的加的斯议会

一推出就取得巨大成功,其爱国主义的立场赢得了众多的读者,订阅数超过
3000。①1809 年后,该报迁往塞维利亚,此后经过短暂的停刊后在加的斯再
次复刊。1812 年《宪法》颁布后,金塔纳认为创立《爱国周报》的诉求已经
通过宪法的条款得以完成,该报已经完成其历
史使命,宣布停刊。同属爱国报刊阵营还有加
斯帕尔·玛丽亚·德·奥赫兰多(Gaspar María
de Ogirando)于 1810 年创办的《简明报》(El
Conciso)。该报以高质量的报道和犀利的语言
风格对专制统治和亲法派进行了强烈的抨击,
捍卫自由主义思想,拥护 1812 年《宪法》。《简
明报》成为这一时期自由派报刊的重要代表,同
时也是最受欢迎的报刊,发行量曾达到 2000 份。②

《新闻总汇》(El Redactor General)、《西班牙
人民的护民官》(El Tribuno del Pueblo Español)、
《市场日报》(Diario Mercantil)以及《西班牙蜜

《简明报》1810 年 9 月 24 日的封面

---

① Pasino Alejandra. "Los escritos de Manuel J. Quintana y José M. Blanco White en el *Semanario Patriótico*(1808—1810): sus aportes a la construcción del lenguaje político del primer liberalismo español." *Anuario del Centro de Estudios Históricos" Prof. Carlos S. A. Segreti"*, 2010, 10:349.

② Pérez Monguino, Fernando. "El renacer de 'El Conciso'." *El País*, 21, septiembre, 2005. https://elpais.com/diario/2005/09/21/andalucia/1127254956_850215.html.

蜂》（Abeja Española）等报也是这一时期爱国报刊的代表。《新闻总汇》以两栏形式排版，新颖的版式引起了读者的兴趣，报刊内容也经过精心安排，体现了超前的经营意识，因而在这一时期成为爱国报刊里的佼佼者。

在巴斯克地区，随着法军的节节败退，亲法派的报刊逐步退出历史舞台，巴斯克开始出现早期的自由派报刊，例如《奥亚尔顺的便签》（Papeleta de Oyarzun）、《圣塞巴斯蒂安和帕萨赫斯报》（Periódico de San Sebastián y Pasages）等报刊。虽然这些报刊大多昙花一现，但是它们利用西法边境的地理优势，将战事消息在第一时间加以推出，为爱国主义阵营的政治宣传做出了重要贡献。①

此外，受欧洲自由主义思潮以及新闻理念的影响，很多流亡在外的知识分子开始在国外创办报刊，其中最具代表性的是《西班牙人》（El Español），该报由《爱国周报》的负责人之一何塞·玛丽亚·布兰科·怀特（José María Blanco White）于1810年在英国政府资助下在伦敦创立，通过西班牙驻英国大使馆向西班牙国内以及美洲殖民地传播爱国主义思想，抨击摄政委员会把持权力，批评加的斯议会革命性不足，并同情殖民地的独立运动，因而该报被认为是西班牙历史上第一份反对派报刊。

1811年，极端自由主义者佩德罗·帕尔加西奥·费尔南德斯·萨尔迪诺（Pedro Parcasio Fernández Sardino）创办报纸《西班牙的罗伯斯庇尔》（El Robespierre Español）。该报不遗余力地颂扬普通民众在独立战争中的英勇表现，对权贵阶层展开猛烈的抨击。然而，报刊激烈的言辞以及激进的立场引起加的斯议会的不满，在政府干预下，萨尔迪诺被捕，报纸由其妻玛丽亚·德尔·卡门·斯尔维亚（María del Carmen Silvia）接办。

---

① Díaz Noci, Javier. "Historia del periodismos vasco（1600—2010）." *Mediatika: Cuadernos de comunicación*, 2012, 13:52.

（三）专制主义报刊

除了亲法派和爱国派，捍卫专制制度和天主教教义的专制主义者（absolutistas）也加入激烈的报刊论战中。流亡葡萄牙的教士弗朗西斯科·阿尔瓦拉多（Francisco Alvarado）以"守旧的哲学家"（el filósofo rancio）为笔名向加的斯自由主义者发起书面挑战。他反对新宪法，反对通过革命的手段对西班牙传统、法律和政治进行变革。阿尔瓦拉多指出"我们有自己的宪法——《七章法典》①，无论是我还是最卓越的智者看来，我们的宪法是世界上已知的最全面、最理性的宪法。"② 由阿尔瓦拉多撰写的论辩信件拥有众多读者，订户多达 2500 人。③

1491 年印刷版的《七章法典》

属于专制主义阵营的报刊还有《总审查员》(*El Censor General*)、《加的斯的太阳》(*El Sol de Cádiz*)、《下午报》(*Diario de la Tarde*)、《国家和国王的总代理人》(*El Procurador General de la Nación y del Rey*)、《圣地亚哥的邮差》(*Estafeta de Santiago*) 等报。

---

① 《七章法典》是 1256 年在西班牙国王阿方索十世（Alfonso X）的领导下起草的法典，是 13 世纪后西班牙及西属殖民地最重要的法律文本，全文共七大章，因而称作《七章法典》。
② Soriano Díaz, Ramón Luis. "Las ideas políticas de Francisco Alvarado." *Revista de estudios políticos*, 1977, 216:184.
③ Fuentes, Juan Francisco & J. Fernández Sebastián. *Historia del periodismo español*. Madrid: Editorial Síntesis, 1998:57.

第二节　独立战争之后的报业

法军撤出西班牙后，万民仰望的君主费尔南多七世回到西班牙，政治中心重归马德里，西班牙再次处于波旁王朝的统治下。费尔南多七世的统治一直持续到1833年结束，其中，"三年自由时期"（1820—1823），加的斯《宪法》得到恢复，重新被确定为国家的基本法。在自由派与保守派类似钟摆一样的拉锯战中，两派的分野不断加大，逐渐走向两极化。

一、政治报刊

1814年，费尔南多七世回到西班牙，途径瓦伦西亚的时候，忌惮革命的保守派向费尔南多提交了一份名为《波斯人宣言》（*Manifiesto de los Persas*）的文件，宣称如果想要结束前一时期的无政府状态，就必须取缔加的斯议会，使西班牙回归旧体制。5月4日，重登西班牙王位的费尔南多七世接受了保守派的建议，颁布法令，宣布加的斯议会非法，废除1812年《宪法》，归还没收的领主和教会的土地，取消出版自由，恢复新闻出版物的事先审查制度。加的斯议会的革命成果遭到彻底逆转而毁于一旦，自由主义者被自己曾经拥护的君主背叛，政府对自由主义者进行了清洗，在残酷的镇压和绞杀之下，自由派人士只能转入地下，在共济会和军人的帮助下发动起义，以此对抗波旁王朝的专制统治。三年后，政府再次颁布法令，取缔一切非官方的出版物，恢复宗教裁判所，并重建出版事务法庭。

1820年1月，自由派军官拉法埃尔·德尔·里埃戈（Rafael del Riego）在南部的塞维利亚发动起义，起义者高呼"宪法万岁！祖国万岁"，革命的火焰迅速蔓延到其他城市，各级地方委员会再次建立，如火如荼的革命威胁到复辟王朝的统治。起义的队伍创作了著名的《里埃戈颂歌》（*Himno de*

Riego），以里埃戈为起义的偶像，里埃戈也由此成为西班牙自由主义运动的象征人物。同年 3 月，在自由思潮不断高涨、专制主义岌岌可危之时，费尔南多七世被迫妥协，向《宪法》宣誓恢复立宪制度，并召开议会选举，由此开启了三年自由派当权的时期（1820—1823）。当权的自由派着手恢复君主立宪制，再次撤销象征旧制度的宗教裁判所和出版法庭，驱逐耶稣会教士。然而，政治斗争和自由的出版氛围加剧了政治派别的内部分化，自由主义者自乱阵脚，开始分裂成温和自由派和狂热自由派，为三年后的王朝再次复辟埋下了种子。

在新闻出版方面，自由派政府于 1820 年颁布出版法，建立专门审理出版事务违法行为的机构，并针对不同的违法行为制定相应的惩处措施。1822 年颁布的《刑法》也对涉及刑事犯罪的出版事务违法行为进行了界定。此后，政府多次颁布法令，制定更为详细的出版事务管理办法。在此背景下，新闻自由得以恢复，被扼杀的政治报刊获得重生，出现了短暂的新闻业的繁荣。

从报刊的政治倾向来看，三年自由派当权期间出版的报刊中，绝大多数报刊（85.1%）属于自由派报刊阵营，只有少数报刊（14.9%）支持旧体制。① 在自由派报刊阵营内部，温和自由派报刊的代表包括与 18 世纪下半叶社会批判类报刊同名的《审查者》（*El Censor*）、独立战争时期创办的《公正报》以及《宇宙报》（*El Universal*）等报。《审查者》由利斯塔等人创办，并得到法国银行家和商人的赞助，因而资金雄厚，不仅引进了先进的印刷技术，而且该报的编辑和设计团队在当时的西班牙也是出类拔萃的，办报水平是这一时期报刊中的佼佼者。《审查者》对 1812 年激进的《宪法》持保守态度，倾向于接受通过启蒙进行社会革新的道路，反映了逐渐形成的温和自由派的主要政治观点。1822 年，以里埃戈为代表的狂热自由派上台后，该报被关停。《宇宙报》是当时发行量最大的报纸之一，该报效仿英国

---

① Fuentes, Juan Francisco & J. Fernández Sebastián. *Historia del periodismo español*. Madrid: Editorial Síntesis, 1998:79.

报纸的做法，力争在新闻报道时保持客观的视角。《宇宙报》被认为是西班牙第一份放弃政治报刊路线，在政治上保持中立的新闻报纸，在政治派别和思想高度分化的19世纪，《宇宙报》的办报理念为其赢得了较好的发展空间。

狂热的自由派报刊包括《观察者》(*El Espectador*)、《皮鞭》(*El Zurriago*)、《马枪》(*La Tercerola*)、《帕蒂亚的回声》(*El Eco de Padilla*)等。这一阵营的报刊极力宣传激进的政治理念，对以国王和教会为代表的旧体制以及温和自由派都进行了猛烈的抨击。其中，《皮鞭》是狂热派报刊的典型代表，该报创刊于里埃戈政变成功后的1821年，从创刊到关停一共发行95期。1823年专制制度恢复后，宣布取缔所有的政治发行物，《皮鞭》被迫关闭。《皮鞭》是最激进的自由派进行战斗的桥头堡，正如其标题所表达的那样，该报像皮鞭一样对不同派别的政治理念发起了暴风骤雨式的攻击。该报采用平白晓畅的语言，将政治评论与插图、诗歌、民歌等形式相结合，赢得了读者的极大拥护。《皮鞭》第38期的一段政治评论，其中一段是这样写的：

有人混淆视听，

要让我们忍受残暴压迫。

把冷漠、不幸和

消极服从

称作"秩序"。

蔑视法律、恣意妄为，

不遗余力地复辟前朝。

靠着武力或其他的卑劣手段，

让弱小的民众

屈从于枷锁的桎梏，

这被称之为"维持秩序"。

而敢于抵抗的行为，

却是"扰乱秩序"。①

文章采用诗歌形式,对以维护社会"秩序"为由扼杀抗议活动的温和派政府进行猛烈抨击,批评当局者"藐视法律""恣意妄为",对人民施行"残暴压迫"。所谓的"维持秩序"不过是不惜一切代价镇压"弱小人民"的反抗,迫使他们屈从于西班牙社会的冷漠和悲惨现状的托词而已。《皮鞭》因其汪洋恣肆、大开大合的新闻风格而成为当时最受欢迎的报纸之一,其最高发行量超过1.4万份②,创下了西班牙报刊发行的历史新高,也成为之后一段时期内狂热自由派报刊纷纷效仿的对象。

1823年,在神圣同盟的干预下,法国国王路易十八派出十万大军(史称圣路易十万众子)进入西班牙,对自由派政府进行了残酷镇压,里埃戈等人被处决,西班牙再次进入专制集权统治时期。在此后的十年(1823—1833)中,重新掌握权力的专制主义者挥舞大棒,逮捕自由主义分子,限制公众舆论。1824年,政府颁布法令,取缔所有政治类报刊,只保留了官方的《马德里公报》《马德里日报》③以及拥护费尔南多七世的一些非政治题材的出版物,如《欧洲报》(*El Europeo*)、《市场日报》、《加泰罗尼亚经济报》(*Económico de Cataluña*)等。同一时期,随着西班牙在美洲战场节节败退,拥护旧制度、反对宪法的保守派也蠢蠢欲动,他们以费尔南多七世的弟弟卡洛斯·玛丽亚·依西德罗(Carlos María Isidro)的名义,在加泰罗尼亚等地区建立摄政机构。为了平息国内外的不满情绪,赢得更多的舆论支持,政府在一定程度上放松了新闻管制,在政府的支持下开始出现一些旨在宣扬西班牙王室形象的官方或半官方出版物,如《巴约纳公报》(*Gaceta de Bayona*)、《圣塞巴斯蒂安邮差》(*Estafeta de San Sebastián*)等。

---

① 摘自《皮鞭》第38期,第6-7页。
② Zavala, Iris Milagros. "La prensa exaltada en el trienio constitucional: «El Zurriago»." *Bulletin Hispanique*, 1967, 3-4:369.
③ 该报此时更名为《马德里新闻日报》(*Diario de Avisos de Madrid*)。

费尔南多七世恢复专制统治后对自由主义者进行了疯狂追捕，导致许多知识分子继布兰科·怀特之后流亡英国，而法国的七月革命令众多自由派知识分子为之振奋，纷纷前往法国，伦敦和巴黎因此成为众多流亡知识分子聚集的中心，一时间群星璀璨。聚集在两国的知识分子通过文学创作和新闻写作，反对费尔南多七世的专制统治，为革命鼓噪呐喊，英法两国成为西班牙新闻出版活动的重要阵地，瞄准西语美洲市场的出版商积极支持西班牙移民的新闻出版业。这一时期的流亡政治报刊包括萨尔迪诺于1816年在伦敦创办的《宪法西班牙人》（*El Español Constitucional*）、安德烈斯·伯雷果（Andrés Borrego）于1830年在巴黎创办的《前驱报》（*El Precursor*）、《镖枪》（*El Dardo*）、《伊比利亚半岛的呼喊》（*El Grito de la Península*），等等。

二、非政治报刊

《爱国周报》的创办人金塔纳曾在卡洛斯四世统治后期担任戏剧检察官一职，在金塔纳的自由主义思想的感召下，一批具有进步思想的知识分子聚集在他的周围，他们定期在金塔纳的家里举办聚会，针砭时弊，纵论国家大事。1803年，以金塔纳的家庭聚会为核心的知识分子团体创办了具有启蒙倾向的杂志《科学、文学和艺术荟萃》（*Variedades de Ciencias, Literatura y Arte*），该报以卢梭的思想为导向，以期用科学和知识唤醒民众的觉悟，培育西班牙报刊读者的民主精神。

费尔南多七世回国后，加强了新闻管制，关闭了所有非官方出版物。然而，随着自由派抗议的呼声越来越强，政府不得不对出版行业进行一定程度的放松管制。1817年后，一些文学和科技类的出版物得以出版或者重新出版，如《米勒娃》（*Minerva*）、《贸易、艺术和文学杂闻》（*Miscelánea de Comercio, Artes y Literatura*）、《科学和文学报道》（*Crónica Científica y Literaria*）等。1808年创刊的《市场日报》也进行转型，放弃之前以政治新闻内容为主的编辑风格，转而以市场信息报道为特色，重新开始出版。

19世纪后,欧洲浪漫主义之风吹入西班牙,流亡欧洲各国的文化人士回国后,他们将欧洲浪漫主义的激情带回祖国,一时间,浪漫主义在西班牙形成一股思潮。西班牙浪漫主义文学的重要人物马里亚诺·何塞·德·拉腊(Mariano José de Larra)既是19世纪著名的文学家、诗人,同时也是将风俗主义融入社会批评的代表人物。拉腊将风俗主义与政治评论相结合,通过犀利的笔风对西班牙社会的各种不良现象进行深入解剖,体现了作家在政治动荡局势下为国家和民族的担忧,反映了作家的社会使命感和责任感。1828年,拉腊创办《日间讽刺的幽灵》(*El Duende Satírico del Día*),三年后再创办《可怜的饶舌者》(*El Pobrecito Hablador*),虽然两份报刊在西班牙新闻史上只留下惊鸿一瞥,前者出版了5期,后者出版了14期,但拉腊以其独特的写作风格揭示了当时西班牙社会现状,无情地嘲讽和鞭笞了专制统治的黑暗和社会的死水一潭。

位于马德里街头的拉腊的半身像

何塞·玛丽亚·卡尔内来罗(José María Carnerero)创办的文学杂志《西班牙信札》(*Cartas Españolas*)和《文学和市场邮报》(*El Correo Literario y Mercantil*),成为风俗派报刊的重要代表。风俗派作家代表拉蒙·德·梅索内罗·罗马诺斯(Ramón de Mesonero Romanos)创办的《好奇的说话者》(*El Curioso Parlante*)、费尔明·卡瓦列罗(Fermín Caballero)创办的《贸易公报》(*Boletín del Comercio*)等报刊,也是这一时期非政治报刊的代表。此外,受到欧洲浪漫主义影响的知识分子在海外创办了文学和新闻类报刊,如《西班牙移民的业余生活》(*Ocios de*

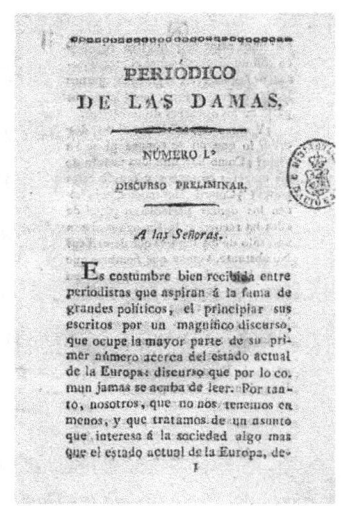

1822年发行的《淑女报》第一期的头版

los Españoles Emigrados)、《新闻》(Variedades)、《信使报》(El Mensajero)、等等。

值得一提的是,随着自由主义思想的渗透,妇女的社会地位日益受到重视。19世纪上半叶,西班牙陆续出现专门面向女性读者的报纸,其中具有代表性的是拉腊曾参与出版工作的《淑女报》(Periódico de las Damas)。该报旨在号召女性对子女进行宪法教育,以提升女性的权利意识,但正如拉腊创办的其他报刊的命运一样,《淑女报》发行时间很短(1822年1—6月间,只出版了3期),订户也少,却开启了19世纪女性报刊的先河。①《淑女报》设有"时尚""猜谜游戏"等板块,但是该报并非只刊登软性新闻内容,其政治版面非常丰富,体现了报刊创办人试图唤起女性政治意识觉醒的意图。

第三节　30年代后政治报刊的全面扩张

1833年,费尔南多七世去世,西班牙再次进入自由派掌权时期,自由派内部重新分化为温和自由派和进步自由派(此前的狂热自由派的延续)两个阵营。进步派属于亲英派,崇拜功利主义哲学家边沁和古典经济学的创始人亚当·斯密,而温和派则属于亲法派,仍旧坚持法国的中央集权主义。② 由于政治理念的巨大分歧,两大派系围绕西班牙未来的政治体制等问题展开激烈辩论,并在19世纪下半叶轮番登上政治舞台,两派在执政与在野时互相倾轧,党派权力争夺和军事政变不断。其根本原因在于西班牙尚未建立宪法的绝对权威,各党派的宪政意识不强,不能从制度上保障少数意见派不受多数意见派的压制,因而党派轮换执政之际,也是他们相互屠戮之时。19世纪30年代

---

① Crespo Sánchez, Francisco Javier. "Un modelo de mujer en la prensa del Trienio Liberal: análisis a través del *Periódico de las Damas*" *El Argonauta español*, 30 de junio, 2014. http://argonauta.revues.org/2062; DOI:10. 4000/argonauta.

② [英]雷蒙德·卡尔,潘诚(译):《西班牙史》,上海:东方出版中心,2009年,第207页。

后,王位争夺、新旧体制的更迭、不同政治派别的论战、资本主义经济的迅速发展、工人阶级的逐渐形成,是这一时期西班牙社会的重要特征。

一、动荡的政治格局

费尔南多七世去世后,王位传给年仅三岁的女儿伊莎贝尔,史称伊莎贝尔二世,在其成年之前由其母玛丽亚·克里斯蒂娜(María Cristina)摄政。这一阶段,温和派和进步派两大阵营轮番执政,在各种政治力量努力扩大自己的势力范围的权力争斗中,王权和其他势力的权力被不断稀释,议会得到更多权力,主要政治党派逐渐走向成熟,先后三次制定宪法或宪法草案,教育、选举和言论自由等公民的基本权力得到承认。此外,政府推行税收改革,而工业的发展也推动了无产阶级队伍迅速发展。

北部地区的激进分子不承认伊莎贝尔的女王地位,扶持费尔南多七世的弟弟卡洛斯为王,西班牙的王位争夺战又一次拉开战幕,伊莎贝尔和卡洛斯的支持者们各自调兵遣将,两派势力厉兵秣马,为自己效忠的皇室成员而斗争,卡洛斯战争正式爆发。在民间力量蓬勃发展的同时,官僚腐败、贿选、王室丑闻不断,推翻波旁王朝的呼声此起彼伏。面对卡洛斯派的威胁,玛丽亚·克里斯蒂娜摄政政府于1834年颁布具有宪法性质的《王室法令》(*Estatuto Real*),宣布建立议会,施行自由主义政策,并在全国范围实行大赦。很多因政见不同而被捕入狱的知识分子得以重获自由,一大批流亡国外的知识分子也纷纷回到西班牙。

1835年后,进步自由派的胡安·阿尔瓦莱斯·门第萨巴尔(Juan Álvarez Mendizábal)被任命为财政大臣,随后担任政府首相,开

伊莎贝尔二世

始恢复三年自由派当权时期（1820—1823）的政策。门第萨巴尔所推行的措施主要包括：没收和出售教会财产；着手解散议会，进行新的议会选举。然而，进步自由派的激进主张很快便引起了温和派议会和王室的不满，在两者的压力之下，门第萨巴尔被迫辞职。1836年，在马德里北部的塞戈维亚市的拉格兰哈爆发了王室警卫队士官发起的叛乱，迫使摄政王后玛丽亚·克里斯蒂娜向1812年的加的斯《宪法》宣誓，进步自由派再次上台。1837年，新政府颁布宪法，重新确认"主权在民"，限制国王的权力，承认出版自由，废除封建领主制度和长子继承权。主权在民思想由法国思想家卢梭在《论民主》中进行系统阐发，"主权在民"即一个民主的政府必须把权力完全交给该国全体公民，然后再由全体公民把权力赋予一个组织，即民选政府。民主政府要求每个有合法选举权的公民都有一张选举选票，一张选举选票不足以引起民选政府中有独裁倾向的统治者的担忧或害怕，但超过某个数量的合法选举选票的联合签名将使得国家元首或政府首脑不得不引咎辞职而重新组阁。这样一来，公民的选举选票的联合力量非常之强大，使得统治者不能不约束自己的行为以对全体公民负责。换言之，统治者需要得到"被统治者的同意"，而当政府不能正确履职之时，选民可以通过合法的程序将其权柄剥夺。"主权在民"的核心本质就是用公民的选举选票来驯服统治者，使统治者的独裁倾向得以驯化，并向民主性方向转变。

1840年后，西班牙进入军人执政时期，被称作进步自由派锋利宝剑的巴尔多梅罗·埃斯帕特罗将军上台。借助在第一次卡洛斯战争中获得的辉煌胜利所带来的威望，埃斯帕特罗开启了三年的统治时期。然而，军事化的统治风格以及在选举过程中所爆出的丑闻使其失去多数政治派别和公共舆论的支持，也遭到越来越多来自自由派内部的抗议。1841年，爆发温和派的莱奥波尔多·奥唐内（Leopoldo O'Donnell）领导的军事起义，虽然起义最终遭到军政府的镇压而失败，但是埃斯帕特罗政权已经摇摇欲坠。次年，工业危机引发了金融危机连锁反应，巴塞罗那的大批市民走上街头抗议军政府的昏聩无能，要求埃斯帕特罗下台。随着抗议人群群情高涨，局势最终失控。军政府对起义人群进行了血腥镇压，军队利用大炮向巴塞罗那进攻，巴塞罗那遭到连续 12 小时的连续轰炸，市政设施遭到严重破坏，市民死伤严重，暴乱将军政府的统治危机推向高潮。

军政府的独裁统治导致越来越多的人站到其对立面，不同政治派别的力量联合了起来。曾经支持埃斯帕特罗的《贸易的回声》（*El Eco del Comercio*）联合其他不同政治倾向的报刊，建立起反对埃斯帕特罗的媒体联盟。在报刊媒体的动员下，1842 年，革命爆发，流亡法国的保守派军官拉蒙·玛丽亚·纳瓦艾斯（Ramón María Narváez）率部在瓦伦西亚登陆，此后反政府军获得节节胜利。次年 7 月，纳瓦埃斯的军队攻克马德里，埃斯帕特罗被迫下台，逃往英国。温和自由派再次掌权，并宣布年仅 13 岁的伊莎贝尔二世加冕执政。在此次的政局动荡中，新闻报刊发挥了舆论动员的作用，并成为最终推翻埃斯帕特罗统治的重要力量。温和派政府的统治延续了 10 年，为西班牙社会带来了短暂的和平局面，保证了政府的各项经济改革措施得以良好地贯彻，城市建设、公民教育和工业化均得到一定程度的发展，西班牙社会终于挣脱了陈旧的王权体制的拖累，逐渐迈向现代化。

19 世纪中期的西班牙社会危机四伏，经济危机爆发，庄稼连年歉收，王室腐败无能导致社会各阶层对于波旁王朝产生的不满达到顶点，国内矛盾激化，自由派各个阵营的分化日益严重，各个派别之间的权力斗争造成了西班牙社会长期的动荡，工人罢工、军人起义不断。1848 年是欧洲的革命年代，在法德等国爆发了反对君主制的民主革命，西班牙虽然没有被直接波及，但是在革命的威胁面前，渴望重回集权制的保守势力的呼声越来愈强，新天主教派（neocatólicos）应运而生。以多诺索·科尔特斯（Donoso Cortés）等人为代表的新天主教徒打着天主教的旗号，开始策划推翻自由派自 18 世纪末以来建立的立宪政府，使西班牙重新回到旧体制的统治之下。面对温和派政府愈演愈烈的选举丑闻以及新天主教派的势力的威胁，进步自由派自乱阵脚，派系未能巩固联盟反而进一步分化。1849 年，部分进步自由派与早期的共和派联合起来，建立民主派，西班牙的政治谱系变得更加纷繁复杂。

1852年，第二次卡洛斯战争正式爆发，社会矛盾日益激化。1854年，奥唐内将军发动起义，并联合进步派组成"自由联盟"（unión liberal），起义成功后进步派重新掌权，埃斯帕特罗回国担任政府首脑。自由联盟试图将自由派的各个派别联合起来，并努力推动社会改革。新上台的政府随即进行议会选举，以制定新的宪法，然而该宪法还未颁布，温和派又再次掌权。

1859年后，西班牙—摩洛哥战争爆发。面对一个日趋衰落的苏丹政权，加之法军正从阿尔及利亚入侵摩洛哥，西班牙出动5万军队进攻摩洛哥的得土安。在重创摩军后，西班牙向丹吉尔继续推进。此时，如日中天的日不落帝国英国不希望西班牙在直布罗陀附近站稳脚跟，因而向西班牙施压，西班牙只得暂停军事行动，并很快将军队撤出得土安。西摩战争期间，西班牙政府对媒体进行了严格的管控，所有关于战争的信息只能由官方媒体进行发布，并告诫报刊不能刊发有利于敌人的消息，以国家利益之名干涉新闻媒体的报道自由，通过严密的新闻封锁避免了与战争有关信息的泄露，也为其在西摩战争所引发的舆论战胜利起到了保障作用，堪称现代西方国家干预国内媒体对战争报道的早期案例。

埃米利奥·卡斯特拉尔（Emilio Castelar）是19世纪下半叶西班牙重要的记者和政治活动家，民主派的代表人物，同时也是著名的克劳泽主义者。[①]在法学家胡利安·桑斯·德尔·里奥（Julián Sanz del Río）的推广下，克劳泽主义在19世纪的西班牙大放异彩。自1857年起，卡斯特拉尔开始在马德里大学授课，并曾先后在进步自由派的《西班牙人民的护民官》、《国家主权》（*La Soberanía Nacional*）、《争辩》（*La Discusión*）等报刊上发表文章，阐述其政治主张。1864年，卡斯特拉尔创办了民主派的机关报《民主》（*La Democracia*），并于次年在该报上发表《王室遗产属于谁？》（*De quién es el Patrimonio Real?*）和《善举》（*El Rasgo*）两篇文章，对王室和政府的虚伪行

---

① 克劳泽主义源自德国哲学家卡尔·克里斯蒂安·弗里德里希·克劳泽（Karl Christian Friedrich Krause, 1781—1832），克劳泽主义寻求统一基督教的有神论教条和泛神论的普遍的概念，认为宇宙是上帝的一部分，但上帝的其他部分超越宇宙，是著名的自由主义思想流派。

为进行了揭露和抨击。①卡斯特拉尔的文章发表后，社会反响强烈，迫于政府的威压，卡斯特拉尔被迫离开马德里大学［即今天的康普顿斯大学（Universidad Complutense de Madrid）］。此事引起的余震不息，马德里大学的校长胡安·曼努埃尔·蒙塔尔班（Juan Manuel Montalbán）也被辞退，极端保守的新天主教派的迪哥·米格尔·伊·巴哈蒙德（Diego Miguel y Bahamonde）接替蒙塔尔班，被任命为新校长。这一系列事件引发马德里师生的强烈反对，1865年4月10日，大量师生聚集在马德里的太阳门广场进行集会抗议，温和自由派政府对集会进行了铁腕镇压。由于4月10日正值西班牙的圣丹尼尔日，因而此次事件被称为圣丹尼尔之夜惨案。然而，政府的镇压引发了更大范围的反抗，纳瓦埃斯政府也因此下台，进步自由派的奥唐内再次掌权。

西班牙画家华金·索罗利亚（Joaquín Sorolla）笔下的埃米利奥·卡斯特拉尔

1866年欧洲爆发大规模经济危机，西班牙也未能幸免，经历了现代历史上第一次严重经济危机。政府对此束手无策，许多公司破产，银行倒闭。在危机面前，军队再次扮演重要角色，在摩洛哥战争中赢得民众支持的胡安·普里姆将军倡议进步自由派和民主派于1866年8月在比利时的奥斯坦德（Ostende）签订协定，双方商定进行合作，推翻伊莎贝尔的统治，承认出版、集会自由等人民的基本权力，赋予所有达到法定年龄的男性选举权，由男性选民投票选出制宪议会，建立君主立宪政府。1868年9月，西班牙发生"光荣革命"（Revolución Gloriosa），也称"九月革命"（Revolución de Septiembre）。9月30日，伊莎贝尔二世逃亡法国，结束了其长达25年的统治，赶走君主制的西班牙迎来了新的政体，西班牙第一共和国建立。

---

① Orío, Manuel. "Castelar y 'El Rasgo'". *Atlántico*, 16 de abril, 2014. http://www.atlantico.net/opinion/manuel-orio/castelar-y-rasgo/20140416112456414236.html.

二、政治报刊全面发展

19世纪30年代后,动荡的时局促使政治报刊得到充分的发展机遇。1834年温和派政府颁布法令,对费尔南多七世时期的新闻和出版法进行了修正,规定只有关于政治和宗教题材的出版物才需要接受事先审查,同时建立责任编辑和押金制度,明确规定言论自由不能损害王室和教会的利益,不能威胁社会的稳定。这一时期,政治报刊仍旧是新闻报刊的主角,政府创办了多家支持伊莎贝尔二世的官方报纸,如《星星》(La Estrella)、《西班牙的曙光》(La Aurora de España)等。进步自由派开办的报刊主要有费尔明·卡瓦耶罗创办的《贸易的回声》,该报积极宣传门第萨巴尔的经济政策,批判温和自由派面对王室的妥协姿态,是当时最具革命性的报刊。同属进步自由派报刊还有《观察者》、《宪法报》(El Constitucional)等。此外,各省纷纷效仿法国报界的做法,创办地方官方公报,卡洛斯派也创办公报《奥雅特王室公报》(La Gaceta del Real de Oñate)。

温和派掌权时期,许多流亡在外的知识分子回到西班牙,创办自由主义的报刊。曾流亡法国的安德烈斯·伯雷果回国后创办了《西班牙人》(El Español)和《欧洲杂志》(La Revista Europea)。其中,《西班牙人》是这一时期具有代表性的日报,该报自1835年11月1日在马德里创刊。与同时期其他报刊相比,《西班牙人》更具现代报刊的雏形,报社不仅从英国引进了先进的印刷技术,而且在伦敦、巴黎、里斯本等欧洲主要城市建立记者站,派出驻外记者采写当地新闻。《西班牙人》制作精良,并效仿《泰晤士报》的分栏版面设计,广泛刊登广告,成为19世纪上半叶政治报刊的代表之一。《西班牙人》在创办之初曾得到拉腊的高度评价,他称该报"无疑是欧洲最好的报纸"。①1835年后,拉腊从国外回到马德里,开始以"费加罗"(Fígaro)的笔

---

① Freire López, Ana María. "Larra, redactor de *El Español*. Dos textos inéditos." *Epos. Revista de filología*, 1991, 7:572.

名为《西班牙人》、《西班牙杂志》（Revista de España）、《世界报》（El Mundo）和《新闻总汇》等报刊撰稿。

1836年，进步自由派上台后，承认出版自由，取消政治题材出版物的事先审查，并重新设立出版犯罪审理委员会。随后，政府颁布新的《宪法》以及相关法律和条令，出版自由受到保障，成为公民的基本权利之一。但是，政府为此制定了详尽的管控措施，包括提高出版前押金数额、规定报刊编辑、撰稿人以及出版人的条件和相关责任等。随着执政党的变化，前一时期的《贸易的回声》成为官方报纸，温和派报刊的代表《西班牙人》于1837年停刊。与此同时，

1835年11月1日出版的《西班牙人》第一期的头版

出现了新的代表温和派的报纸，如《国家邮报》（El Correo Nacional）、《世界报》、《未来》（El Porvenir）等。伯雷果的《西班牙人》停刊后，他于1838年创办了《国家邮报》。与此同时，卡洛斯派在第一次卡洛斯战争后以《天主教徒》（El Católico）、《十字架》（La Cruz）、《复辟》（La Restauración）等出版物为其摇旗呐喊，在思想领域内与其他党派的报纸进行斗争。

埃斯帕特罗执政期间，进步自由派政府制定的出版法得以沿用，但在随后的三年中，政府陆续颁布了一系列新的法令，构建严密的新闻管控体系，对报纸进行全方位的审查防范，力图将报纸上的言论纳入政府的规制之下，以此规避新闻媒体对军政府的攻击。1841年，政府制定新法，对攻击政府的出版物进行审查。为了应对新闻管制措施，很多报纸采取各种手段，通过不加标题来避免被界定为"报纸"。然而，1842年，政府再次颁布法令，对1837年的法令中对"报纸"的定义做了修改，规定任何"有或没有固定出版

周期，有或没有标题，少于 6 个印张的出版物"都应当被认定为"报纸"；次年，政府再次颁布法令，取缔一切未得到许可的报刊。这一时期，支持埃斯帕特罗的官方报刊包括《观察者报》、《爱国者报》（*El Patriota*）、《伊比利亚》（*La Iberia*）等报刊。然而，反对军政府的声音日益高涨，这一阵营由代表各种政治倾向的政党报刊构成，其中既有上一时期保留下来的《贸易的回声》，也有《螃蟹》（*El Cangrejo*，后更名为 *La Postdata*）、《国家邮报》[布雷果辞职后更名为《传令官》（*El Heraldo*）]、《太阳报》（*El Sol*）、《雷》（*El Trueno*）等新报刊。卡洛斯分子继续利用新闻媒体作为其政治宣传的工具，发行《天主教徒》《十字架》《复辟》等报刊。与此同时，出现了宣扬共和派思想和社会主义思想的地下报刊，例如《半岛报》（*El Peninsular*）、《飓风》（*El Huracán*）等。

1844 年，军政府下台，倡导社会稳定、推动科技和社会进步的纳瓦埃斯政府上台，新政府颁布了新《宪法》以取代 1837 年进步派政府的《宪法》。新《宪法》将议会君主制以及承认言论和出版自由作为其执政基础，但在实际执行过程中，政府却以法律之名对出版自由做出诸多限制，以此巩固统治，打压进步派和逐渐崛起的其他政治党派势力。新政府于 1845 年和 1851 年先后两次颁布出版法律，进一步加强新闻管控，其主要措施包括取消出版事务委员会，设立由五个初级法官和高级法官组成的特别法庭，处理出版事务相关仲裁案件，提高出版保证金的数额，要求出版商和发行商必须进行登记，并规定政府可以暂停或取缔报刊，甚至可以回收已经发行的报刊，而被暂停的报刊在未获得许可前提下不能重新印发。任何刊登在报刊上的小说和文学作品，如其内容涉及殖民地事务，必须接受政府的事先审查。为了预防部分报刊逃避新闻管控，法令再次修改了对"报纸"一词的定义，指出：任何"有或没有固定出版时间、有或没有固定标题，包含政治新闻报道或者各类文章的出版物"都应被视为"报纸"。此外，法令规定按照版面的多少对印刷物进行分类，由此印刷出版物被分成著作、小册子、传单和报刊四大类，面对这样针脚绵密、面面俱到的规制条令，媒体的回转空间基本被堵死。此外，19 世纪 50 年代后，随着邮票在全国范围发行后，西班牙效仿英法等国家，开始对出版物征收印花税，对出版物施行经济上的管控。

为了在卡洛斯战争中赢得胜利，重建温和派所提倡的王权、教会和议会共存的政治体制，消除自由派内部左派的影响，政府再次与教会结盟。1851年，以胡安·布拉沃·穆里奥（Juan Bravo Murillo）为首的温和派政府与教皇庇护九世签订协议，承认天主教为西班牙唯一的国教，对没收的教会财产进行补偿，并赋予教会管理教育和出版审查事务的权力，以此换取教会对于温和派政府的支持，这一做法是在出版管理上的全面倒退，出版审查权落入以钳制思想著称的教会手中，意味着出版自由进一步被严格限制。

1843 至 1853 年温和派连续执政十年，期间西班牙各地发行的温和自由派报刊是温和派政府施政理念和各项措施的传声筒，同时也是温和自由派与进步自由派、民主派以及卡洛斯派进行权力争夺的重要阵地。属于温和自由派的报刊包括《传令官》、《祖国》（La Patria）、《西班牙》（La España）、《西班牙人》、《时代》（La Época）、《公正报》、《宇宙报》、《西班牙日报》（El Diario Español）、《调解人》（El Conciliador）、《秩序》（El Orden）、《国家报》（El País）、《国家报》（El Estado），等等。其中，《时代》和《西班牙日报》等报在1854年奥唐内进步自由派上台后纷纷改旗易帜，宣布支持进步派的"自由联盟"。

与此同时，其他政治派别的报刊并未偃旗息鼓，而是积极参与到政治报刊的舆论战中，为自己所代表的派别摇旗呐喊。其中属于进步派阵营的报刊包括《公众的呼喊》（El Clamor Público）、《贸易的回声》、《观察者》、《世纪》（El Siglo）、《宪法报》、《伊比利亚》、《新闻报》（Las Novedades），等等。1850年后开始发行的《新闻报》，是进步自由派阵营新闻类报刊的重要代表，同时也是19世纪中期发行量最高的报刊之一，发行量超过3万份。[①]《新闻报》宣称政治上中立，摒弃通过订阅的方式进行销售，报刊选择直接在街头售卖，

---

① Fuentes, Juan Francisco & J. Fernández Sebastián. *Historia del periodismo español*. Madrid: Editorial Síntesis, 1998:99.

连续10年成为缴纳印花税最多的报纸,该报所开创的销售方式也为多家报纸所效仿。

19世纪中期,新生的民主派自诞生之日起便利用新闻媒介进行政治宣传,为建立更加公平的社会而大声疾呼。民主派创办的报纸有《护民官》(*El Tribuno*)、《人民讲坛》(*La Tribuna del Pueblo*)、《欧洲》(*La Europa*)、《经济改革》(*La Reforma Económica*)、《人民之友》(*El Amigo del Pueblo*),等等。1853年后,温和派统治后期,政府对新闻报刊的查禁越发严格,导致一部分民主派阵营的报刊转入地下,如《蝙蝠》(*El Murciélago*)、《宪法军队公报》(*Boletín del Ejército Constitucional*)、《自由之神》(*El Genio de la Libertad*)等报刊。

这一时期卡洛斯派的出版物包括自上一时期开始出版并延续下来的《天主教徒》和新创办的《希望》(*La Esperanza*)、《星星》、《信仰》(*La Fe*)、《重生》(*La Regeneración*)等出版物。卡洛斯派以这些报刊为阵地继续鼓吹王权的合法性,为集权制张本。

1854年,埃斯帕特罗回国再度担任政府首脑,进步派再次掌权后颁布法令,宣布重新启用1837年进步派政府颁行的出版法律,退还温和派政府时期缴纳的出版事务罚款(因诽谤和辱骂等非法行为缴纳的罚款除外),并恢复使用上一届军人政府时期对于"报纸"的定义。1855年,政府恢复出版事务委员会,负责对出版违法行为的审理。这一时期,《公众的呼喊》、《伊比利亚》、《新闻报》等属于进步自由派的刊物获得官方地位,而《国家报》、《二十世纪》(*El Siglo XX*)等报刊加入"自由联盟",支持进步派政府。而以《戈博斯神父》(*El Padre Cobos*)为代表的报刊则坚守温和自由派阵营,不断向埃斯帕特罗的军人政府发起攻击。在民主派报刊阵营,上一届政府时期开办的《欧洲》、《法庭》以及进步派上台后出版的《街垒的回声》(*El Eco de las Barricadas*)、《协会》(*La Asociación*)、《争辩》以及卡斯特拉尔创办的《民主》等报刊是宣扬民主派思想的重要代表。其中,《争辩》由尼古拉斯·玛丽亚·里贝罗(Nicolás María Rivero)创办,报刊建立了股份制公司,是最早采取企业化经营的报刊之一,也是同时期出版时间较长的报刊之一。

伊莎贝尔二世在位的最后阶段,温和派内部各大派别轮流执政,政党之间争斗加剧,大规模的军事起义和工人罢工更是给政府的统治带来重重危机。为了加强对舆论的控制,政府多次出台出版事务法律法规以加强新闻管控,造成新闻媒体和政府之间的频繁冲突。1856年,以纳瓦埃斯为代表的温和派政府再次战胜进步自由派上台,颁布法令,宣布恢复1845年《宪法》,同时重新启动1844年和1855年颁布的出版法令,并督促地方各省省长惩处利用报刊攻击教会和王室的违法行为,对于报刊所刊登的小说进行严格的审查。一年后,温和派政府推出新的出版法,其主要内容包括:(1)将出版物分为书籍、报刊、小册子和海报四类;(2)明确作者、翻译、编辑和出版人的责任;(3)设立报刊"经理"的职位,规定报刊必须标注报刊经理的名字;(4)规定报刊文章必须署作者姓名;(5)对违反出版规定的行为进行界定,其中,攻击教会、王室、议会、扰乱公共秩序、扰乱军心等严重的出版违法行为将受到军事法庭的审判;(6)规定首都和各省的出版押金金额;(7)对"报刊"进行重新定义,规定"所有定期或者不定期出版,有或无固定标题、不超过10印张的"出版物都被认定为"报纸";等等。1864年,新上台的温和派政府再次颁布出版法,对1857年的出版法进行了修订,主要的修改条款包括降低出版保证金金额,取消对于出版违法行为的罚款惩罚,保留刑事处罚,并颁布王室敕令,对因出版犯罪行为而获刑的人员实行大赦,新闻管控放松。新闻立法的逐步细化反映了19世纪激烈的政治斗争,也从另一侧面反映了报刊对公众舆论的巨大影响。

1867年,重新掌权的纳瓦埃斯政府再次颁布出版法,将"印刷品"分成书籍、报刊、小册子、活页印刷品和海报五类。这一时期,《时代》、《公正报》、《宪法报》、《当代报》(*El Contemporáneo*)以及《西班牙通信》(*La Correspondencia de España*)等自由联盟的报刊因奥唐内的掌权而获得经济支持,得到较快的发展。其中,《时代》只向订户发售,是自由联盟的重要报刊,该报制作精良,属于典型的精英报纸。这一阶段,进步自由派依托《新闻报》、《伊比利亚》、《宪法的进步》(*El Progreso Constitucional*)、《民主》和《人民》

（*El Pueblo*）等报刊为自己的政治主张进行呐喊。《吉尔·布拉斯》（*Gil Blas*）、《铃铛》（*El Cascabel*）和《埃利亚斯》（*Elías*）等报刊使用政治讽刺漫画进行政治批评，是这一时期政治批评类报刊的代表。而支持以纳瓦埃斯为代表的温和派，同样拥有数量众多的报刊，例如《西班牙之狮》（*El León Español*）、《西班牙》、《国家报》、《西方》（*El Occidente*）、《议会》（*El Parlamento*）、《西班牙思想》（*El Pensamiento Español*），等等。

此外，随着西班牙被迫承认原殖民地国家的独立，觉醒了的西班牙社会开始将目光投向大西洋的另一边，涌现了一批关注西班牙与美洲关系的出版物，如《美洲》（*La América*）、《两个世界的新闻报道》（*Crónica de Ambos Mundos*）等。

三、左翼和工人报刊的诞生与发展

15世纪后，西班牙王室垄断了大西洋的贸易，当时除了王室特许的塞维利亚招商局以及殖民公司外，其他人均被禁止从事国际贸易。加之王室对殖民地有税收权，这使得王室从大西洋贸易获得的好处愈加助长了王室权力和专制地位，社会的流动性愈加僵化。王室将贸易所得到的收益花费在奢侈品或炫耀性的财富之上，社会的贫富差距亦愈悬殊，没有新的商人阶级出现，最终社会也就没有新的制度创新，促进经济成长的良性循环就不可能发生，工业革命也就不会在西班牙出现。西班牙的工业革命姗姗来迟，出现的时间和范围远落后于英国和法国等国家，直到19世纪30年代后，西班牙才出现工业革命的萌芽。

1832年，在政府的大力支持下，巴塞罗那建立第一家蒸汽机发电的纺织工厂——博纳普拉塔工厂（Fábrica Bonaplata），又称"蒸汽厂"（El vapor），随后在塞维利亚建立第二家蒸汽纺织厂。[①] 纺织业的发展带来了加泰罗尼亚乃

---

① Gómez Rivero, Ricardo & M. C. Palomeque López. "Los inicios de la revolución industrial en España: la fábrica de algodón de Sevilla（1833—1836）." *Revista del Ministerio de Trabajo y Asuntos Sociales*, 2003, 46:185–186.

至全西班牙工业化的发展，促进了工人阶级的壮大和工人运动的发展。1833年，出现了西班牙第一份工人报刊《蒸汽厂》(El Vapor)，在纷繁的政治斗争中发出新兴工人阶级的呼声。① 资本家对工人的剥削导致劳资矛盾升级，在1835年的卡洛斯战争中，巴塞罗那的教堂、修道院被烧毁，蒸汽厂的工人则烧毁了厂房。

工人阶级的壮大以及工人报刊的发展引起了统治阶级的警觉，1844年巴塞罗那政府明确颁布法令，禁止在工厂传阅报刊和其他出版物。19世纪50年代后，随着进步自由派再次掌权，西班牙涌现了更多工人报刊，这些媒体呼吁工人阶级团结起来，维护工人阶级的共同利益，如《工人》(El Obrero)、《工人阶级的回声》(El Eco de la Clase Obrera)等报刊。

政治派别之间激烈的争辩并未推动西班牙社会的进步和思想的活跃，进步派和温和派的权力之争也没有带来政治体制实质的变化，主要原因是西班牙国内的这些思想政治领域斗争，都是在教权和王权非常牢固的语境下发生的，没有在思想上获得根本突破。王室、议会、宗教裁判所等权力机构和贵族阶层依旧控制着西班牙社会，不同党派的争斗反而带来西班牙动荡的局面。对于自由派政府的失望和相对宽松的出版环境，推动了新的政治理念在西班牙社会的传播，出现宣传社会主义、共产主义思想、空想社会主义的左翼报刊，呼吁工人阶级团结起来捍卫自身的利益，这些报刊成为动员工人的前哨阵地，其中有代表性的报刊包括《人民的呼声》(La Voz del Pueblo)、《穷人的报纸》(Diario de los Pobres)、《穷人的信使》(El Mensajero del Pobre)、《革命》(La Revolución)、《引力》(La Atracción)、《劳动的组织》(La Organización del Trabajo)、《友爱》(La Fraternidad)、《一家之长》(El Padre de Familia)、《共和报》(El Republicano)，等等。

---

① Siles, Gregor. "El emprendimiento, gemen de la industrialización en Cataluña: la Fábrica Bonaplata." Món Empresarial, 23 de julio de 2015. http://www.monempresarial.com/es/2015/07/23/el-emprendimiento-germen-de-la-industrialitzacion-en-a-cataluna-la-fabrica-bonaplata/.

第六章 光荣革命至19世纪末的西班牙新闻传播

CHAPTER 6

19世纪60年代末期,西班牙公众对王室腐化生活的不满逐步累积,这种怒火终于在1868年找到了一个倾泻口。1868年9月,西班牙爆发光荣革命,胡安·普里姆(Juan Prim)等人领导的军事起义赢得广泛的社会支持,起义行动从南部的安达卢西亚向全国各地迅速蔓延开来,面对汹汹民意,波旁王朝的执政合法性面临重大危机。9月30日,在位时间长达30多年、招致无数怨恨的伊莎贝尔二世仓皇出逃法国,其长达25年的统治终于画上一个句号,而波旁王朝自1700年以来在西班牙的统治再次中断。1873年,临时政府扶植的阿马德奥一世(Amadeo I, 1870—1873)宣布退位,西班牙第一共和国建立。然而,西班牙的共和体制缺少不同派别之间的和解,各政治派别亦缺乏真正的宪政精神,并未对宪法表现出足够的忠诚,因而表面上的共和体制成了混乱的温床,旧体制的瓦解使不同的政治派别看到了执政的希望,竭尽全力地去争夺执政权,因而第一次建立共和的努力并未给西班牙带来期待已久的社会稳定和安宁。教会、贵族和军队对共和国进行了顽固的抵抗,巴塞罗那等地的无政府主义和地方分裂运动进一步发展和壮大,而西属加勒比的古巴也爆发了起义。面对内忧外患，第一共和国政基不稳，政权摇摇欲坠，社会动荡不安。1874年，军事政变爆发，短命的第一共和国即告结束使命。次年1月，流亡在外的伊莎贝尔二世的儿子阿方索回到西班牙掌权，史称阿方索十二世（Alfonso XII，1874—1885），又称"和平国王"（el Pacificador），西班牙再次进入复辟政府时期。

阿方索十二世在位期间，王室赢得了第三次卡洛斯战争的胜利，并多次平息了巴斯克和加泰罗尼亚等地方势力和无政府主义者的叛乱。在海外，阿方索十二世政府于1878年与古巴革命军签署和约，暂时维持了古巴局势的稳定。1876年，复辟政府颁布新《宪法》，对政府架构进行改革，建立由众议院和参议院组成的两院制议会，从机制上开始将来自精英和大众的政治智慧纳入立法体系之中，实现了西班牙政治上的一大突破。80年代后，普拉克塞德斯·马特奥·萨加斯塔（Práxedes Mateo Sagasta）的自由党政府上台，新政府陆续实施了诸多推动社会发展的改革，于90年代初确立了男性普选制度，试图从复辟政府内部实现国家的民主化。此外，自由派政府先后颁布一系列法律，如《新闻法》、《社团法》（Ley de Asociaciones）。

在西班牙国内，1897年，既担任保守党的领袖同时也是两党轮流执政"设计师"卡诺瓦斯在巴斯克的吉普斯夸省被无政府主义者刺杀，西班牙再次陷入严重的内忧外患，社会矛盾激化，复辟政府面临重重危机。在海外，19世纪末期，西班牙的海外殖民体系在殖民地的本土革命势力和新兴帝国介入干涉的双重冲击下，再次面临重大冲击。1895年，在古巴革命先驱何塞·马蒂（José Martí）的领导下，古巴独立战争再次爆发，同时，菲律宾也爆发了反对西班牙殖民统治的起义。西班牙军队对古巴起义者进行了残酷镇压，这一行为激怒了美国政府。由于西班牙的行为危及美国资本家在该地的经济利益，美国的报界也开始积极介入到古西冲突之中，在媒体的煽动下，美国开始考虑干涉古巴局势。1898年4月，美西战争正式爆发，装备先进的美军大获全胜，约 7 万西班牙军人战死在古巴和菲律宾战场。1898 年 12 月 10 日，美西双方在巴黎签订和约，西班牙承认古巴独立，将关岛和波多黎各割让给美国，并以 2000 万美元的代价将菲律宾群岛主权转让给美国。

从报业的发展来看，19 世纪 80 年代后，自由派政府的新闻自由政策刺激了报刊业的发展。1883 年的《出版政策法》（*Policía de imprenta*）的颁布更是带动了报刊数量的增加，不同的政治党派和社会阶级纷纷通过办报表达自己的利益诉求。世纪末动荡的格局成为报刊业发展的温床，深刻的政治和社会危机引发了由报刊主导的公众舆论进行激烈争辩，报界以更大的热情参与对时政的论辩和建言。有志于改变现状的有识之士纷纷通过创办报刊或撰写报刊文章，批判现实，提出解决西班牙问题的方案，并为自己赢得公众认知。报业的新气象主要体现在以下三方面：第一，报刊的题材和类型逐渐多元化，在政治报刊不断发展的语境下，西班牙出现政治中立的独立报刊，报刊不再完全是政治党派用来进行意识形态宣传的工具，逐渐成为向广大读者提供新闻产品的现代传播媒介，新闻报道、文学推广、科学普及、公众娱乐等报刊的社会功能得到全面发展。第二，开始出现试图摆脱政党影响的企业化办报模式，报刊的商业化经营获得一定程度的发展，广告和销量开始取代意识形态成为报刊经营者考虑的重要因素，以《公正报》为代表的部分报刊由于采用了商业化的经营模式，因而在销量上遥遥领先，代表了西班牙报业的最新发展趋势。第三，19 世纪下半叶，西班牙最早的新闻通讯社法布拉社（Agencia Fabra）建立，西班牙的新闻业开始出现专业从事新闻信息采集和发布的传播机构。

总体来看，这一时期的新闻报刊业取得很大的进步，但与同一时期其他欧洲国家相比，西班牙的报刊业仍旧发展滞后：第一，由于经济和教育水平远远低于英法等国，文盲率居高不下，报刊的读者数量仍旧较少，对报刊的发展造成了巨大的障碍；第二，虽然出现了新的报刊类型以及最早的商业报刊，但是依附于政治党派的政治报刊仍是

19世纪下半叶报业的主角，报刊业结构和经营方式的转变并未完成；第三，新闻记者职业化程度低，报刊市场的萎缩导致从业者数量受限，因而职业市场并未真正成熟，一个职业化的新闻人群体尚未形成。在上述因素的制约下，西班牙的报刊发行量长期在低水平徘徊，报刊每日最高发行量不到5万份，新闻报刊仍旧是少数社会精英阶层的消费品，但是19世纪80年代后报刊数量和发行量的增加则是许多重大新闻事件的刺激以及报刊采取增加广告、降低报纸价格等方式的结果，并未带来报刊业的市场增大，西班牙报刊业未发生实质性改变。①

19世纪末，经历了"灾难"（el Desastre）中新闻报刊数量和销量的短期整体上升后，随着古巴战争等重大事件尘埃落定，西班牙政治生活恢复常态，原先由战争所推动的新闻需求也逐渐回归到战前的波澜不兴，加之公众对新闻报刊在战争期间的表现提出种种质疑，报界的整体信用下滑，政治报刊面临信用和转型的双重危机，出现报刊数量和发行量的全面下降。②

---

① Ruiz Acosta, M. José. ""Opinión pública" y prensa española en los siglos XIX y XX." *Revista De Historia Contemporánea*, 1996, 7:431–432.

② Edo Bolós, Concha. "Los periódicos de Madrid en 1898." *Estudios sobre el mensaje periodístico*, 1998, 4:41–49.

第一节　光荣革命后的西班牙

一、政治格局

1868年光荣革命后，弗朗西斯科·赛拉诺（Francisco Serrano）和胡安·普里姆等人组成临时政府，西班牙进入了建立民主政府的试验阶段，也被称为"民主的六年"（sexenio democrático）。临时政府以建立君主立宪制为目标，颁布《宪法》，并积极在欧洲波旁王朝以外的王室中为西班牙寻找理想君主。1871年，普里姆将军扶持意大利萨伏伊王朝的阿马德奥（Amadeo de Saboya）成为西班牙国王，称阿马德奥一世。然而，各个政治派别之间长期的矛盾和争斗难以在短时期内协调，军人政府也缺乏强大的政治基础，民主党内部分化成拥护君主立宪制和赞成建立共和国的两大派别，而在加泰罗尼亚和巴斯克等地，要求增加自治权利的地方民族主义呼声此起彼伏，国内局势动荡不安。两年后，阿马德奥即被迫宣布退位，西班牙第一共和国成立。

新建立的共和国政府着手起草新的宪法草案，计划建立联邦制国家。然而，共和国政府同样未能赢得社会各界的共同支持，其制定的《宪法》

著名摄影师胡安·劳伦（Juan Laurent）拍摄的临时政府

也未能正式生效。自由派分化后，部分保守派转向卡洛斯派，因而卡洛斯派势力再度获得巩固，卡洛斯的支持者们在光荣革命之后试图拥护自封为马德里公爵（duque de Madrid）的卡洛斯·玛利亚为西班牙国王，第三次卡洛斯战争爆发。在共和国政府内部，从民主党分化出了以弗朗西斯科·皮·伊·马加噶（Francisco Pi y Margall）为代表的联邦共和民主党（Partido Republicano Democrático Federal）和以埃米利奥·卡斯特拉尔为代表的共和党（Partido Republicano），联邦共和民主党主张建立联邦共和国，而共和党主张建立单一制共和国，两党为此展开了激烈的权力争夺。① 卡斯特拉尔先后在第一共和国担任首相、众议院主席和共和国总统。面对国内日益激化的社会矛盾以及联邦派势力的壮大，为了维护共和国政权，卡斯特拉尔采取了接近于独裁式的统治方式，其结果是进一步激化了社会矛盾，加速了第一共和国瓦解的进程。1874 年 1 月，曼努埃尔·帕维亚（Manuel Pavía）将军发动军事政变，解散共和国，再次成立以赛拉诺为首的军人专政的政府。同年 12 月，阿塞尼奥·马丁内斯·冈波斯（Arsenio Martínez Campos）在萨坤托（Sagunto）发动政变，宣布拥护波旁王朝的复辟，第一共和国正式结束。

1874 年，安东尼奥·卡诺瓦斯·德尔·卡斯蒂略（Antonio Cánovas del Castillo）组建保守党（Partido Conservador）。1880 年，普拉克塞德斯·马特奥·萨加斯塔建立了自由联合党（Partido Liberal-Fusionista），并于 1885 年更名为自由党（Partido Liberal）。1885 年，保守党与自由党签订《普拉多协定》（Pacto de El Prado），两党就轮流执政达成妥协，从而得以在民主制度的基础尚不成熟而选举形同虚设的情况下，基本维持了国内政局的稳定，令复辟政府得以应对国内外的重重危机。

安东尼奥·卡诺瓦斯手握报纸被枪杀的漫画

---

① ［英］雷蒙德·卡尔，潘诚（译）:《西班牙史》，上海：东方出版中心，2009 年，第 216-217 页。

1897年，卡洛瓦斯被一名无政府主义者暗杀，两党轮流执政的政治基础遭遇危机。

1869年的临时政府和1876年的复辟政府颁布的《宪法》都承认公民的信仰自由，在这一具有革命性的新原则影响下，反天主教的民意得以充分释放。然而，这并未从根本上削弱强大的天主教势力。1881年，以亚历杭德罗·皮达尔·伊·蒙（Alejandro Pidal y Mon）为首成立了天主教联盟（Unión católica）。天主教联盟反对宪法中对于君主立宪制以及宗教信仰自由的规定，也不赞成复辟政府的政策，强大的宗教势力仍然扮演着西班牙政治制度演进的绊脚石角色。

19世纪下半叶，工业的发展使产业工人的队伍不断壮大。与此同时，随着科学社会主义思想以及巴枯宁无政府主义等思想在西班牙各大城市的广泛传播，工人运动得到发展和壮大。1871年，巴黎公社建立，推动了左翼力量的壮大。这一年，第一国际，即国际工人协会（Asociación Internacional de Trabajadores，AIT），在马德里建立了第一国际联合会委员会，印刷工人巴勃罗·伊格列西亚斯（Pablo Iglesias）是这一时期工人运动的代表，他不仅担任第一国际西班牙的代表和印刷技术协会的主席，而且创办了《解放报》（*La Emancipación*）。恩格斯说："《解放报》上的那些文章，第一次把真正的科学奉献给西班牙人"，"现在《解放报》是我们最好的报纸。"① 该报曾发表了西班牙文版的《共产党宣言》、马克思《哲学的贫困》的部分章节和马克思《资本论》第一卷的部分章节，以及恩格斯的许多文章。

由于不赞同第一国际的巴枯宁无政府主义路线，伊格列西亚斯被该联合会里的多数（巴枯宁分子）开除。此后，他建立新的工人组织——新马德里联合会（Nueva Federación Madrileña），得到了马克思和恩格

巴勃罗·伊格莱西亚斯

---

① 中共中央编译局：《马克思恩格斯全集》33卷，北京：人民出版社，1973年：第427、456页。

斯实际领导的第一国际总委员会的承认。1879年5月2日，伊格列西亚斯等25名社会主义者聚集在马德里市中心太阳门附近的一家小酒馆"拉夫拉之家"（Casa Labra），建立了西班牙工人社会党（Partido Socialista Obrero Español，PSOE），这是西班牙历史上第一个工人政党，也是迄今一直影响西班牙政治格局的重要政治力量。伊格莱西亚斯另一重大贡献是于1888年建立了西班牙重要的工人组织——劳工总联盟（Unión General de Trabajadores，UGT），它成为推动19世纪末20世纪初工人运动的重要力量，带来了工人运动的蓬勃发展。

二、社会改革与经济发展

19世纪轮番上台的各大政治派别尽管政治诉求各异，但是在教育方面却实行了比较连贯的政策，为教育普及做出了系统性的规划，也为西班牙传媒业的发展奠定了基础。1845年西班牙开始推行教育总方案，将教育视为公共服务的一部分；1857年，政府颁布教育法令，确定九年教育的长期计划；光荣革命后，临时政府为底层工人开办学校，教育的普及率得以提高。当然，期间也有宗教势力反扑导致的反复，如1875年，复辟政府建立后，政府颁布了《奥罗维奥法令》（Decreto de Orovio），规定反对天主教和君主制度的教职人员将被剥夺教职。由此，政府对自由派的知识分子进行了清洗，将克劳泽派的教师驱逐出大学。80年代后，自由党政府上台，宣布废除《奥罗维奥法令》，并积极推动教育改革。截至1900年，西班牙儿童的入学率实现较大突破，达到50%。[①] 一系列教育措施的实施，推动了公民教育水平的提高，阅读室和咖啡馆等公众阅读场所有所增加，文学沙龙和聚谈会得到推广，扩大了报刊书籍等出版物的读者群。

19世纪下半叶，面对西班牙的衰落，觉醒过来的知识分子疾声呼吁

---

① Fuentes, Juan Francisco & J. Fernández Sebastián. *Historia del periodismo español*. Madrid: Editorial Síntesis, 1998:147.

进行社会改革。一部分人主张通过引进欧洲先进的理论和科学技术来改变西班牙的落后面貌，这是 19 世纪"欧洲主义"（europeísmo）在西班牙的体现，同时也是华金·科斯塔（Joaquín Costa）提出的西班牙"重建主义"（regeneracionalismo，又译作"复兴主义"）所追求的目标。在诸多提倡学习西欧先进国家的思潮中，德国哲学家克劳泽的哲学思想对西班牙知识分子的传播最为突出。西班牙的克劳泽主义者努力宣扬欧洲先进的思想，试图以科学精神的力量打破教会和世俗势力的禁锢，实现西班牙社会的革新。1876年，被马德里大学驱逐的克劳泽主义者联合起来，建立了著名的自由教育学院（Institución Libre de Enseñanza）。自由教育学院聚集了这一时期西班牙重要的先进知识分子，成为 19 世纪下半叶至 20 世纪西班牙重要的世俗教育机构和文化传播机构，推动了西班牙教育和社会改革的发展。此外，何塞·德尔·佩罗霍（José del Perojo）等人则将欧洲的实证主义和新康德主义介绍到西班牙，以期实现西班牙科技和文化的振兴。

摄于 1876 年的自由教育学院

　　文化发展的另一路径是立足西班牙的思想本源，对本国文化进行重新审视和正面评价。以马塞利诺·梅嫩德斯·伊·佩拉约（Marcelino Menéndez y Pelayo）为代表的新天主教徒，主张不能一味采取"拿来主义"，应当坚持西班牙传统文化，他们对西班牙本土的文学、文化和历史进行了详尽的研究和正面评价。19 世纪 70 年代后，何塞·德尔·佩罗霍等主张引进欧洲先进文化、批判西班牙传统文化，他们以《当代杂志》（*Revista Contemporánea*）为阵地，与梅嫩德斯为代表的新天主教徒进行了多场激烈的论战。

　　19 世纪中期，相对稳定的政治局面为经济和社会的发展提供了可能，工业的发展促进了经济的发展和商业的繁荣。1868 年，伊莎贝尔二世政府宣布正式使用比塞塔（peseta）作为全国性货币，以稳定国家的货币体系，比塞塔成为西班牙使用欧元之前 100 多年间一直使用的本国通用货币。经济和社会发展也推动了人口的快速增长。1857 年至 1950 年，西班牙的总人口增长了

80%以上，全国人口总数从1830年的1300万增加到1920年的2100多万。[①] 工业和经济的发展带动了从非工业地区来的工业移民，城市人口迅速增加。

城市化发展迅速，促进了西班牙社会的现代化进程。19世纪后，中心城镇不断涌现，中世纪的城墙被拆除，城市内部道路交通设施发展迅速，街道持续拓宽，城市的吸引力不断增大，城市成为一个开放的空间，吸纳着来自各地的资源和人才，城市化进程加快，促进了西班牙社会的现代化进程。19世纪50年代后，清洁水源陆续被引入马德里等重要城市，广场、花园、市场、银行、咖啡馆、博物馆和图书馆等代表现代城市的地标性公共场所和设施不断涌现，城市功能得到完善。1888年成功举办世界博览会的巴塞罗那赢得了世界的关注，开始跻身欧洲著名的大都市之一。

城市化建设也带动了主要大城市之间交通基础设施的建设，铁路、公路等基础设施建设加快，截止到1868年，全国道路里程达到1.8万公里，从马德里到国内各大主要城市的旅行时间缩短了一半。[②] 1848年，巴塞罗那到马塔罗的铁路建成通车，70年代后，铁路网络的铺设进入加速发展时期，贯通西班牙主要城市的铁路成为重要的交通手段，并进一步带动了北部地区的工业发展，推动了邮政运输和通信业的发展，报纸的跨地域发行越来越便利。

1850年发行的邮票，邮票上的图案为伊莎贝尔二世的侧身像

1849年，政府颁布王室敕令，宣布自1850年开始全国所有的邮政通信费用通过邮票结算，并仿造英国的黑便士邮票设计了邮票图案，正面是女王伊莎贝尔二世的侧面像。

---

① Campo Urbano, Salustiano del. *La población de España*. Paris: C.I.C.R.E.D, 1975:3–4.
② Fuentes, Juan Francisco & J. Fernández Sebastián. *Historia del periodismo español*. Madrid: Editorial Síntesis, 1998:87.

而几乎就在同一时期，电报和电话业也开始萌芽。1854 年 11 月 8 日，伊莎贝尔二世发出了西班牙历史上第一封国际电报。次年，电报行业正式向公众提供服务。截至 1900 年，西班牙全国共有 1491 家电报站。[①]1876 年贝尔发明电话，一年后，西属殖民地古巴架设第一条电话线，成为西班牙帝国范围内最先使用电话的地区。[②] 同年 12 月，在加泰罗尼亚的巴塞罗那工程师学校（Escuela de Ingenieros de Barcelona）进行了第一次电话通信试验，此后，一家名为"达尔毛和儿子"（Dalmau e Hijo）的公司成为伊比利亚半岛最早的电话用户。1878 年，电话进入马德里，电话局连接西班牙战事部，为西班牙的军队指挥提供便利。此后，皇宫开通电话线，成为西班牙最为繁忙的电话用户之一。19 世纪下半叶后，电话逐渐向公众开放。1894 年，在电话发展势头最好的加泰罗尼亚地区成立了半岛电话公司（Compañía Peninsular de Teléfonos），该公司旗下汇聚了巴塞罗那、马德里以及毕尔巴鄂等地的电话公司。截至 1900 年，西班牙境内的电话用户达到 1.5 万户以上。[③]

三、1898 年"灾难"

1895 年，在古巴革命先驱何塞·马蒂的领导下，古巴独立战争再次爆发。起义得到古巴民众前所未有的支持，古巴 35 个村庄同时爆发起义，独立之火呈燎原之势。卡诺瓦斯的保守党政府派出巴莱里亚诺·维勒尔（Valeriano Weyler）将军到古巴镇压起义。维勒尔对起义军进行了残暴的镇压，并将所俘虏的古巴农民关到集中营，将他们与起义军隔离开来，试图对古巴革命实行坚壁清野。然而，集中营恶劣的卫生和生活条件不仅导致大量古巴人死亡，

---

① Universidad de Málaga. *150 Aniversario del Telégrafo en España*. Málaga: Sociedad Estatal Correos y Telégrafo, 2006:34.

② Cabanas, Sara. *Comunicaciones: Historia del teléfono*, Madrid, 2010. http://www.radionoticias.com/articu los/Historia-del-telefono.pdf.

③ Edo Bolós, Concha. "Los periódicos de Madrid en 1898." *Estudios sobre el mensaje periodístico*, 1998, 4:41.

由其触发的瘟疫横行也导致西班牙军人急剧减员。据《公正报》的报道，截至 1897 年底，派往古巴的 20 万西班牙士兵仅剩下 11 万，除去伤员和生病的士兵，仅余 5 万名士兵可以参加战斗。①

在大西洋的另一端，关于古巴战争的报道充斥着美国各大媒体，其中，对集中营内古巴民众悲惨生活不遗余力的详细报道激发了美国公众对西班牙暴行的怒火，要求政府向西班牙开战的呼声日益强烈。1897 年，新任美国总统威廉·麦金利派出使者到西班牙进行谈判，敦促西班牙政府给予古巴自治权，并要求西班牙同意美国的调停，以尽快结束战争。新上台的萨加斯塔自由派政府同意美国政府的条件，撤回维勒尔，取消集中营政策，玛丽亚·克里斯蒂娜以其幼子阿方索十三世（Alfonso XIII, 1886—1931）的名义颁布《古巴自治章程》（Carta Autonómica de Cuba），宣布古巴自治。然而，古巴自治引发了西班牙国内的不满情绪，同年，军人发起暴动，袭击了位于古巴首都哈瓦那的《海军日报》（Diario de la Marina）、《争辩》（La Discusión）和《集中报》（El Reconcentrado）三家报刊的编辑部。②此后，萨加斯塔被迫辞职，谈判破裂。

1898 年 2 月 15 日，美国派往古巴护侨的军舰"缅因"号在哈瓦那港爆炸，美国遂以此事件为借口，要求惩罚西班牙。面对国内的舆论压力和美国政府的步步紧逼，4 月 2 日，西班牙向美国宣战。25 日，美国国会两院通过提案支持古巴独立战争，美国正式插手古巴独立战争，美西战争爆发。7 月 3 日，美军在古巴圣地亚哥港彻底击溃西班牙加勒比海舰队；7 月 17 日美国的威廉·谢夫特将军攻占圣地亚哥，22 万西班牙官兵投降；同月下旬，美国军队几乎在没有遇到任何抵抗的情况下占领波多黎各，西班牙在战争中败北；8 月 12 日，西班牙政府请求停战；12 月 10 日，西班牙政府被迫与美国签署《巴黎协定》（Tratado de París），战争结束，西班牙将古巴、菲律宾以及波多黎各等

---

① Juliá, Santos. "El león no quería pelea." *Aquella guerra nuestra con Estados Unidos. Prensa y opinión en 1898*. Madrid: Fundación Carlos de Amberes: 19.

② Juliá, Santos: 20.

海外殖民地割让给美国。与此同时，远在西太平洋的菲律宾也爆发了反对西班牙殖民统治的起义，战争持续了将近两年。1897年，时任菲律宾总督里维拉收买独立政府，与之签订《破石洞条约》(*Pacto de Biak-na-Bato*)，承认菲律宾的自治

1898年5月11日，美国杂志《PUCK》上的一幅插图，图中，一位手执古巴国旗的女性被架在一只名为"西班牙暴政"的烤锅上烘烤，烤锅下面是由两堆柴火交锋迸发出的熊熊火焰"无政府状态"，引起火焰的柴火分别是"叛乱分子"和"自治主义者"。

权。美西战争的失败在西班牙历史上被称为"灾难"，为此后很长一段时间国内动荡的政治格局埋下伏笔。

第二节　报刊业的发展

1868年的光荣革命之后，言论和出版自由为报刊业带来相对宽松的环境，政治党派之间的激烈争夺又再次使报刊成为政治斗争的重要阵地，各种类型的新闻报刊层出不穷。报刊的地域分布依然不平衡，马德里仍旧是报刊发行的中心，巴塞罗那和其他工业化程度较高的城市紧随其后。总体来看，这一时期，报刊业的发展与工业化发展基本同步，这一方面说明工业化给现代报业带来生产技术上的突破，缩短了报刊出版的周期，同时，工业化也加快了社会生活的节奏，工业文明促使大众对于信息的需求越来越大，因而报刊的发行量也随之增大。

一、印刷技术的发展

1842年,在北部巴斯克地区开设了西班牙最早的生产卷筒纸的工厂之一——"希望"(La Esperanza)

与英法等国相比,西班牙的工业化起步较晚,而且发展缓慢,工业中心主要集中在北部以及加泰罗尼亚地区。19世纪30年代后,加泰罗尼亚等地开始出现工业化的真正萌芽,造纸业是最早获得发展的工业部门之一。19世纪40年代起,西班牙出现了生产卷筒纸的工厂,新闻用纸开始由碎片纸转向大版面的连续纸过渡。

19世纪70年代后,从欧洲其他国家引入了新的印刷和排版设备,印刷动力装置由蒸汽发动机逐步向电力发动机过渡,报刊印刷成本大大降低。率先进行企业化经营的报刊《公正报》是最早进行技术革命的报刊,该报于1888年后陆续引进转轮印刷机和莱诺铸排机。

经过几十年的发展,报刊的设计、编排以及印刷水准都大幅度提高,由此19世纪下半叶画报的产生和发展就变得顺理成章,并出现了以胡安·孔巴·加西亚(Juan Comba García)为代表的报刊插图画家。19世纪下半叶,以《绘画周刊》、《美洲》、《环球博物馆》(*El Museo Universal*)、《西班牙和美洲画报》(*La Ilustración Española y Americana*)以及《马德里画报》(*La Ilustración de Madrid*)为代表的新闻画报体现了当时西班牙媒体在图像印刷技术上的高标准。

印刷业技术的进步和行业整体的发展使得印刷业工人群体成熟与壮大,他们通过工人组织争取自己的利益和权利。1842年,爆发了第一次印刷工人大罢工。1871年,马德里的西班牙印刷技术协会(Asociación del Arte de Imprimir)成立,成为19世纪末20世纪初重要的工人组织。

二、报刊类型多样化

（一）政治报刊

六年民主政府时期（1868—1874），《人民》《西班牙的独立》（*La Independencia Española*）、《西班牙共和国》（*La República Española*）以及埃米利奥·卡斯特拉尔政府为挽救共和国而创办的《秩序》等报，是支持埃米利奥·卡斯特拉尔政治理念的代表性报刊。属于共和国派阵营的报刊有《公平报》（*La Igualdad*）、《争辩》《西班牙日报》《宪法西班牙》（*La España Constitucional*）、《伊比利亚共和国》（*La República Ibérica*）、《西班牙联邦》（*La Federación Española*）、《社会革命》（*La Revolución Social*）、《人民报》（*El Popular*）、《报刊》（*La Prensa*）、《西班牙通信》《公平报》《伊比利亚》（*Iberia*）、《马德里传令官》（*Heraldo de Madrid*）、《巴塞罗那日报》，等等。其中，《公平报》是主张建立联邦政府的进步自由派的官方报刊，同时也是这一时期发行量较高的报刊之一。费利佩·杜卡斯卡尔（Felipe Ducazcal）于1890年在马德里创办《马德里传令官》，该报自创立之初便宣称其政治理念为"绝对的自由主义"。在阿马德奥一世宣布退位后，杜卡斯卡尔在普里姆政府和萨加斯塔政府的支持下，组织了暴力性质的"大棒小分队"（partida de la porra），其主要活动便是袭击持不同政见的报刊编辑部和相关政界和媒体人士。

复辟政府时期，拥护保守党的报刊有《时代》《政治》（*La Política*）、《西班牙的回声》（*El Eco de España*）、《西班牙日报》和《国民报》（*El Nacional*）等。而属于自由党阵营的报刊有《伊比利亚》和《邮报》（*El Correo*）、《早晨》（*La Mañana*）等。此时，转入地下的共和党派也继续通过《宣言》（*El Manifiesto*）、《未来》、《进步》（*El Progreso*）、《地球报》（*El Globo*）、《国家报》、《先锋报》（*La Vanguardia*）等报刊发出自己的声音。其中，《地球报》是埃米利奥·卡斯特拉尔共和主义的机关刊物，19世纪90年代后该报逐渐放弃早期的政治理念，转向萨加斯塔的自由党。

光荣革命后，卡洛斯派的报刊无论在刊物种类、数量还是发行量上，都得到大幅度的增长，这一阵营的报刊有上一时期的《重生》《希望》以及新创办的《西班牙思想》（*El Pensamiento Español*）、《光复战争》（*La Reconquista*）、《未来的世纪》（*El Siglo Futuro*）、《信仰》《世纪》《西班牙思想》等。第三次卡洛斯战争期间，为了在新闻宣传中赢得优势，在马德里公爵控制下的巴斯克（País Vasco）和纳瓦拉（Navarra）等地区的部分城市先后发行了《皇家军营》（*El Cuartel Real*）、《卡洛斯派邮报》（*El Correo Carlista*）、《战争特别公报》（*Boletín Extraordinario de la Guerra*）等多份报刊，鼓吹卡洛斯派的政治理念。其中，《皇家军营》是卡洛斯派的官方宣传性报纸，1874年10月3日，该报刊登的一篇文章中指出："100份报纸意味着有100个说教者，他们每天面对着2万乃至3万名观众进行鼓吹。"① 充分反映了当时各大政治派别对于新闻媒体巨大影响力的重视，报纸已经成为政治理念宣介的重要工具。

复辟政府颁布的《宪法》中明确提出公民享有宗教信仰自由，因而一部分受启蒙思想影响的知识分子以此为依据，创办了反对传统天主教的出版物，其鲜明的反教会主张获得大批读者的青睐，如《哗变》（*El Motín*）、《自由思想的星期日报》（*Los Dominicales de Libre Pensamiento*）、《信念》（*El Credo*）、《圣母颂》（*La Salve*）、《教皇的火炉》（*La Estufa del Papa*）、《光明》（*La Luz*）、《基督教徒》（*El Cristiano*）、《西班牙教会》（*La Iglesia Española*）、《思想的自由》（*La Libertad de Pensamiento*），这些报刊大量刊登反教会、鼓吹科学主义的文章，在西班牙拥有大量的受众。与此对应的是，天主教的拥护者们也继续利用宽松的出版环境扩大宣传，《十字架》、《巴斯克—纳瓦拉天主教周刊》（*Semanario Católico Vasco-Navarro*）、《人民杂志》（*Revista Popular*）、《工人的朋友》（*El Amigo del Obrero*）和瓦伦西亚的卡洛斯派画报《人民经济画

---

① Díaz Noci, Javier. "Historia del periodismo vasco（1600—2010）." *Mediatika: Cuadernos de comunicación*, 2012, 13:97.

报》(*La Ilustración Popular Económica*)等报刊，是这一时期天主教报刊的代表。以新天主教派和天主教联盟为代表的宗教组织也先后创办了《联盟》(*La Unión*)、《凤凰》(*El Fénix*)和《天主教联盟》(*La Unión Católica*)作为其官方宣传性报刊，传播天主教的各种主张。信仰自由带来的并不是原有信仰的彻底衰落，而是形成各种信仰互相竞争的更加活跃的局面，这也是宪法推动信仰自由而给西班牙社会带来的一种新的气象。

19世纪下半叶，工人运动以及工人组织的蓬勃发展推动了工人报刊的进一步发展，以《联合会》(*La Federación*)、《团结》(*La Solidaridad*)、《解放报》、《劳动者的呼声》(*La Voz del Trabajador*)、《工人》、《社会革命》、《社会主义者》(*El Socialista*)为代表的工人报刊见证了工人运动的发展。继《解放报》之后，西班牙工人运动领袖伊格列西亚斯创办了《社会主义者》杂志，并于1886年3月12日正式发行。作为工人社会党（PSOE）的官方报刊，《社会主义者》以宣传社会主义理论进而推动社会主义改革为创刊宗旨，伊格列西亚斯、弗朗西斯科·莫拉（Francisco Mora）和何塞·梅萨（José Mesa）等工人领袖均在报刊上发表文章，向公众宣传自己的政治主张。此外，报刊也刊登工会组织的重要信息以及工人领袖的讲话。随着工人运动以及左翼政党的发展，更多的报刊加入这一阵营，如《阶级斗争》(*La Lucha de Clases*)、《社会战争》(*La Guerra Social*)、《社会共和国》(*La República Social*)、《人民的呼声》(*El Grito del Pueblo*)、《红旗》(*La Bandera Roja*)、《社会的曙光》(*La Aurora Social*)、《劳动捍卫者》(*El Defensor del Trabajo*)，等等。1881年萨加斯上台后，政府实行言论和出版自由政策，曾经长期处于地下状态的无政府主义的报刊合法化，出现了一系列拥护工人运动和无政府主义的报刊，如《社会杂志》(*Revista Social*)、《社会旗帜》(*Bandera Social*)、《无政府主义》(*La Anarquía*)、《生产者》(*El Productor*)、《土地与自由》(*Tierra y Libertad*)、《无政府主义》(*Acracia*)等报刊。

（二）文化类报刊

早在光荣革命之前，西班牙的风俗主义（costumbrismo）文学被引入新闻报刊领域，并在获得快速发展。① 新闻风俗主义和印刷技术的进步推动了画报的产生，拉蒙·德·梅索内罗·罗马诺斯于 1836 年创办的杂志《西班牙绘画周刊》（*Semanario Pintoresco Español*）是其中的重要代表。该杂志效仿英法等国的文艺杂志，率先使用了木刻的技术，凭借其图文并茂的呈现方式和亲民的价格，深受读者的喜爱，订阅人数达到 5000 人以上。② 《西班牙和美洲画报》是 19 世纪下半叶西班牙画报的重要代表，反映了这一时期西班牙印刷业最先进的技术水平，画报由阿韦拉多·德·卡洛斯（Abelardo de Carlos）在 1869 年创办，每周出版一次，画报以新闻和插图结合的方式，对西语国家发生的重大事件进行报道，向读者展现了当时西班牙和拉美西语国家社会生活的方方面面，是 19 世纪下半叶政治报刊和画报相结合的产物。《西班牙和美洲画报》的撰稿人包括克拉林［Clarín，原名莱奥波尔多·阿拉斯（Leopoldo Alas）］、拉蒙·玛丽亚·巴列-因克兰（Ramón María Valle-Inclán）、胡安·巴莱拉（Juan Valera）、米格尔·德·乌纳穆诺（Miguel de Unamuno）等一大批知识分子和作家。此外，参与《西班牙和美洲画报》插画绘制的亚历杭德罗·费兰特（Alejandro Ferrant）、恩里克·西蒙内特（Enrique Simonet）、胡安·孔巴·加西亚以及旅居西班牙的法国摄影师胡安·劳伦等人，都是当时的业界翘楚，是该画报最高品质的保证。

托尔夸托·卢卡·德·特纳（Torcuato Luca de Tena）创办的《白与黑》

---

① Losada Goya, José Manuel. "El costumbrismo español y sus conexiones europeas." Agosto, 2013. https://www.researchgate.net/publication/255960285_EL_COSTUMBRISMO_ESPANOL_Y_SUS_CONEXIONES_EUROPEAS.

② Fuentes, Juan Francisco & J. Fernández Sebastián. *Historia del periodismo español*. Madrid: Editorial Síntesis, 1998:65.

是西班牙出版时间最长的杂志之一。该刊自 1891 年创办,一直延续到 2000 年,同时也是西班牙第一个使用彩色照片和铜版纸印刷的报刊出版物。在很长一段时间里,《白与黑》的新闻稿、插画以及文学文章都代表了西班牙画报的标杆。该刊自出版之日起便受到读者欢迎,发行之初销量接近 2 万份。①

1912 年 5 月 12 日出版的《白与黑》,该期杂志的第 17 页上刊登了一张彩色照片,这是西班牙历史上第一张刊登在印刷媒体上的彩色照片②。

《马德里画报》《环球博物馆》和《西班牙—葡萄牙画报》(*La Ilustración Hispano-Portuguesa*)也是这一时期涌现的新闻画报的代表。其中,《马德里画报》由《公正报》的创始人爱德华多·加塞特·伊·阿蒂梅(Eduardo Gasset y Artime)于 1870 年创办,是《西班牙和美洲画报》在这一时期的主要竞争对手。19 世纪西班牙浪漫主义文学的代表人物古斯塔沃·阿道弗·贝克尔(Gustavo Adolfo Bécquer)曾在《马德里画报》和《环球博物馆》等刊上发表作品。1872 年后,《西班牙和美洲画报》在竞争中胜出,将《马德里画报》合并后以《西班牙和美洲画报》继续刊行。

由何塞·路易斯·阿尔瓦雷达(José Luis Albareda)创办的《西班牙杂志》是 19 世纪下半叶将政治与文学完美融合的代表性杂志。杂志创于光荣革命前夕,19 世纪的西班牙文坛巨匠贝尼托·佩雷斯·加尔多斯(Benito Pérez Galdós)曾担任该刊的负责人,并在杂志上发表自己的作品和时评文章。光荣革命前,加尔多斯在自由联盟的《国家报》(*La Nación*)工作,参与该报的撰稿和组织工作。光荣革命之后,阿尔瓦雷达和加尔多斯创办支持阿马德

---

① "Blanco y Negro cumple 125 años(1891—2016.)". http://archivomunicipaldesevilla.org/hemeroteca/blanco-y-negro-cumple-125-anos-1891–2016/.

② 图片来源:https://www.abc.es/hemeroteca/historico-12-05-2003/abc/Cultura/primera-foto-en-color-publica da-en-espa%C3%B1a_180118.html.

奥的报纸《辩论》(*El Debate*)。1889 年出版的《现代西班牙》(*La España Moderna*),汇集了加尔多斯、巴莱拉、克拉林、乌纳穆诺、梅嫩德斯·伊·佩拉约等一众知名知识分子,他们通过新闻报刊,将欧洲其他国家的重要文学作品引入西班牙。

除此以外,文化重建主义的代表人物佩罗霍积极投身于新闻业,不仅为多份报刊撰稿,而且于 1875 年创办《当代杂志》。该刊是这一时期重要的文化类期刊,同时也是与新天主教徒论战的主要阵地。美西战争后,佩罗霍陆续创办了《新世界》(*Nuevo Mundo*)、《周游世界》(*Por esos mundos*)以及《剧院》(*El Teatro*)等文化类报刊。此外,《当代报》、《社会》(*La Sociedad*)、《文明》(*La Civilización*)、《新杂志》(*Revista Nueva*)、《社会科学》(*Ciencia Social*)、《白色杂志》(*Revista Blanca*)和《新生活》(*Vida Nueva*)等诸多文化类报刊也在 19 世纪下半叶涌现,体现了这一时期西班牙报刊业朝着文化和社会类主题发展的趋势。

(三)新闻类报刊

1848 年,曼努埃尔·玛丽亚·圣塔·安娜(Manuel María Santa Ana)侯爵创办报纸《亲笔信》(*La Carta Autógrafa*),并于 1859 年在该报的基础上创办《西班牙通信》。与 19 世纪主流的政治报刊不同的是,《西班牙通信》试图坚持独立的政治立场,秉承为读者提供全方位新闻内容的宗旨,成为早期新闻类报刊的代表。该报出手不凡,出版后取得巨大成功,成为这一时期最受欢迎的报纸之一。1868 年至 1974 年,《西班牙通信》发行量稳居全国首位,超过 5 万份。[①]

1853 年开始发行的《维戈的灯塔》(*Faro de Vigo*)同样是新闻类报纸的

---

① Fuentes, Juan Francisco & J. Fernández Sebastián. *Historia del periodismo español*. Madrid: Editorial Síntesis, 1998:121.

代表，该报创办于加利西亚的维戈市，最初每周发行 3 期，1879 年 7 月后改为日报，是西班牙至今仍在出版的历史最悠久的日报。此外，1858 年开始发行的《电报》(*El Telégrafo*) 也是早期新闻类报刊的代表，是 19 世纪通信技术发展的重要成果。

爱德华多·加塞特于 1867 年创立的《公正报》是这一时期率先进行企业化经营的代表，该报一直延续到 1933 年。创立之初，《公正报》的发行量便直逼《西班牙通信》，达到 4 万份。19 世纪末，《公正报》发行量超过《西班牙通信》，跃居全国报刊发行量之首。① 此外，该报自 1879 年起开始每周一发行文学副刊《星期一公正报》(*Los Lunes del Imparcial*)，该刊久负盛名，何塞·索里利亚（José Zorrilla）、胡安·巴莱拉、鲁文·达里奥（Rubén Darío）以及"98 年一代"的重要作家乌纳穆诺和皮奥·巴罗哈（Pío Baroja）等人都曾在上面发表作品，因而是 19 世纪下半叶到 20 世纪初西班牙重要的文学成就的忠实记录者。② 除了创办文学副刊，《公正报》也开创了以连载的形式刊登小说的传统，体现了 19 世纪新闻报刊的另一个重要变化，文学和新闻的结合成为 19 世纪商业报刊用以吸引读者、实现对政党报刊垄断突破的重要工具。

这一时期，被政治新闻垄断的报纸版面上开始出现了广告，这是报刊商

1879 年 7 月 15 日发行的《自由报》的第 6 页，该页顶部刊登有股市、文化及演出信息，中间部分为各种文字广告，底部为小说连载板块。

---

① Fuentes, Juan Francisco & J. Fernández Sebastián. *Historia del periodismo español*. Madrid: Editorial Síntesis, 1998:121.

② Cruz Seoane, María & M. D. Sáiz. *Cuatro siglos del Periodismo en España. De los avisos a los periódicos digitales*. Madrid: Alianza Editorial, 2007:133.

业化经营的必然结果，报刊经营逐渐开始独立于政党，转而由市场机制调控，带动了报刊价格的平民化以及读者群的逐步扩大。1852年，西班牙成立了第一家报刊广告公司"广告中央委员会"（Comisión Central de Anuncios）。在报刊上刊登广告的前驱是《自由报》（El Liberal），该报由原《公正报》的记者米格尔·莫亚·奥汉古伦（Miguel Moya Ojangueren）等人在1879年创办，该报开创了在报刊中刊登文字广告的先例，并成为19世纪末至20世纪前30年间最重要的新闻类报刊之一。

正如《公正报》所言，"顾客和广告商才是报刊的真正主人。"[①] 在19世纪后半期，部分报纸通过刊登广告获得营收，来自广告的额外收入大大降低了报纸对政府和政党补贴的依赖，使报纸有勇气拒绝来自政治机构的秘密资助。广告收入在某种程度上改善了新闻从业人员的工资和福利状况，还可以支付新闻采访的费用，这使得报刊不必为了向政府换取优先知情权而损失自身的独立性。

（四）社会批判类报刊

光荣革命后宽松的出版环境催生了一批激进的政治讽刺类报刊，1868年，在马德里出版了卡洛斯派的讽刺类杂志《胖女人》（La Gorda）；次年，巴塞罗那就诞生了自由派阵营的讽刺类杂志《瘦女人》（La Flaca）。《胖女人》的标题本与"胖"和"女人"无关，它来源于光荣革命中的起义者们经常使用的口头表达："aquí se va a armar la gorda"[②]，类似于汉语中"要好好大干一场了"。而次年出版的《瘦女人》，在杂志的标题中使用"flaca"（瘦）一词，与前者标题中的"gorda"（胖）形成对比，突出了两份杂志截然对立的政治立场。《瘦

---

① Fuentes, Juan Francisco & J. Fernández Sebastián. *Historia del periodismo español*. Madrid: Editorial Síntesis, 1998:150.

② Cruz Seoane, María & M. D. Sáiz. *Cuatro siglos del Periodismo en España. De los avisos a los periódicos digitales*. Madrid: Alianza Editorial, 2007:123.

女人》在其创刊号的封面展示了一个瘦骨嶙峋的女人,坐在一个同样瘦骨嶙峋的狮子上,女人的身后是西班牙的王室徽章,狮子和徽章分别象征贫穷的西班牙人民和没落的波旁王朝,鲜明地体现了杂志反封建专制的政治立场和讽刺风格。19世纪70年代后,《瘦女人》杂志因其激进的立场被迫多次易名,但是以新名字出版的报纸仍旧多次遭到查禁,并于1873年最终停刊。

1869年3月27日出版的《瘦女人》第一期的封面

19世纪下半叶发行的讽刺类报刊还有《根瘤蚜》(*La Filoxera*)、《鹦鹉》(*El Loro*)、《葡萄园》(*La Viña*)、《苍蝇》(*La Mosca*)、《玩笑》(*La Broma*)、《北风》(*La Tramontana*)、《格拉西亚的钟楼》(*La Campana de Gracia*)、《塔楼上的铃铛》(*L'esquella de la Torratxa*)、《马德里漫画》(*Madrid Cómico*)、《漫画》(*La Caricatura*)、《赫德翁》(*Gedeón*)、《回声》(*Ecos*),等等。

(五)专业类报刊

19世纪中期后,西班牙与摩洛哥的战事爆发使西班牙的大众传媒谱系中出现新的角色。出现了历史上第一批战地特约记者,著名的现实主义文学家佩德罗·安东尼奥·德·阿拉尔孔(Pedro Antonio de Alarcón)便是其中的重要代表。早年的阿拉尔孔高举进步自由派的旗帜,创办了《西方之声》(*El Eco del Occidente*)和《鞭子》(*El Látigo*)[①],对保守的王室和宗教势力进行了猛烈的抨击。摩洛哥战争爆发后,阿拉尔孔以志愿者的身份远赴北非参

---

① 沈石岩:《西班牙文学史》,北京:北京大学出版社,2006年,第185页。

加战斗，并在战争爆发一年后在摩洛哥的德土安开办《德土安之声》（*El Eco de Tetuán*），该报第一期出版后便改名为《德土安新闻报》（*El Noticiero de Tetuán*）。阿拉尔孔以非洲战争的素材为基础，创作了多篇关于西摩战争的新闻报道，发表在不同的报刊上，并以《一个非洲战争亲历者的故事》（*Historia de un testigo de la guerra de África*）为题，将其创作的关于西摩战争的新闻作品集结发表在《环球博物馆》杂志的副刊上，配上插图，以图文并茂的形式完整地向读者展现非洲战争的进程，受到广大读者的热烈欢迎。此后，阿拉尔孔参加"自由联盟"的活动，他是该政党机关报《政治报》的创始人。阿方索十二世复辟后，他被任命为国务秘书，1872年卡诺瓦斯内阁倒台后，阿拉尔孔辞去职务。

19世纪下半叶，面向不同专业领域的报刊，特别是专业技术类报刊，获得一定程度的发展，如《兽医学公报》（*Boletín de Veterinaria*）、《农民》（*El Labrador*）、《畜牧业之声》（*El Eco de la Ganadería*），等等。

三、地方报刊的发展

19世纪下半叶，西班牙地方民族主义不断成熟和壮大，巴斯克和加泰罗尼亚等地要求保护本民族语言和文化的呼声日益强烈，并开始转向获得更多政治权力的地方分离主义，报刊逐渐成为地方分离主义者的重要宣传工具。

加泰罗尼亚地区在中世纪是阿拉贡王国的一部分，1469年，卡斯蒂利亚的伊莎贝尔和阿拉贡的费尔南多联姻，标志着西班牙王国的诞生。此后，虽然阿拉贡和卡斯蒂利亚仍然保持着各自的传统制度与政治体制，但是政治权力却渐渐地向卡斯蒂利亚倾斜，形成了以卡斯蒂利亚为中心的西班牙王国。在随后的几个世纪当中，作为阿拉贡故地的加泰罗尼亚在地方冲突中逐渐丧失了自主权，权力集中于西班牙中央政府的趋势亦愈来愈明显。18世纪初，西班牙王位继承战争初期，加泰罗尼亚地区向法国的费利佩宣誓效忠，但是，后来又倒向奥地利的哈布斯堡王朝。费利佩五世登基后，宣布废除加泰罗尼亚自15世纪以来享有的自治权,禁止使用当地语言——加泰罗尼亚语,加泰罗尼亚人跟西班牙政府的恩怨情仇自此开始。

19世纪后,加泰罗尼亚地区工业迅速发展,成为全国的工业中心,而地区经济、文化以及工人运动的发展也推动了加泰罗尼亚地方民族主义的发展。加泰罗尼亚民族主义自诞生之初便得到了社会各界的广泛支持,尤其是众多当地知识分子,成为其忠实的拥护者。19世纪30年代后,"复兴运动"(La Renaixença)正式开始,以恩里克·普拉特·德拉·里瓦(Enric Prat de la Riba)为代表的加泰罗尼亚地区的政治家、知识分子和资产阶级呼吁捍卫加泰罗尼亚语的地位,复兴加泰罗尼亚民族的文学,重建本地区历史和文化,并倡导重建加泰罗尼亚"国家"(nación),带来这一时期加泰罗尼亚文学和文化的繁荣。19世纪70年代后,加泰罗尼亚主义从文化复兴转而要求获得更多政治上的自主权和经济上的独立地位。1882年,加泰罗尼亚民族主义者成立了加泰罗尼亚中心(Centre Català)。1901年,加泰罗尼亚民族主义政党——地方主义联盟(Lliga regionalista,又译"里加")成立,普拉特成为其重要领导人。

加泰罗尼亚民族主义的发展促进了地方报刊的繁荣。1833年在巴塞罗那创办的工人报刊《蒸汽厂》便是加泰罗尼亚主义分子重要的思想阵地,该报发行的第一年,刊登了题为《祖国》(La Patria)的诗歌,题目中的"祖国"指的正是加泰罗尼亚,诗歌对加泰罗尼亚语言和文化进行赞美,这首诗歌成为加泰罗尼亚复兴运动开始的标志,在当地引起巨大反响。随后,该诗改名为《歌颂祖国》(Oda a la Patria)单独出版。19世纪70年代后,《蒸汽厂》开始使用西班牙语和加泰罗尼亚语双语印刷发行。1841年创刊的《天使长》(Lo Pare Arcàngel)是第一份加泰罗尼亚语报刊,该报只发行了三期。两年后出版的杂志《真实的加泰罗尼亚》(Lo Verdader Català),被认为是第一份加泰罗尼亚民族主义的官方刊物,该刊的标题"lo verdader Català"成为加泰罗尼亚复兴主义运动重要口号之一。

1879年开始发行的《加泰罗尼亚日报》(Diari Català),是第一份加泰罗

1879 年 5 月 4 日发行的第一期《加泰罗尼亚日报》的头版

尼亚语日报。1881 年在巴塞罗那创刊的《进步》(L'Avenç，原名为 L'Avens)，杂志旗帜鲜明地提出要复兴加泰罗尼亚的语言和文化，推行加泰罗尼亚语的书写改革以塑造加泰罗尼亚地区认同。19 世纪 80 年代后，许多加泰罗尼亚知名的知识分子汇聚到该刊旗下，因而《进步》被认为是这一时期最具影响力的地区文化类杂志之一。1977 年，同名杂志《进步》在巴塞罗那发行，该刊以研究加泰罗尼本地历史为出版导向。

此外，《金紫罗兰》(La Violeta de Oro)、《阿拉贡的王冠》(La Corona de Aragón)、《加泰罗尼亚日历》(Calendari Català)、《复兴运动》(La Renaixença)、《格拉西亚的钟楼》和《加泰罗尼亚人》(El Catalán) 等众多报刊陆续出版，成为 19 世纪下半叶加泰罗尼亚民族主义者重要的舆论阵地。

19 世纪末，马德里印刷的《西班牙通信》和《公正报》的销量都出现了下滑，而在加泰罗尼亚，工业的发展促进了经济的繁荣，地方报刊发展迅速，对马德里的报刊业形成了巨大的冲击。巴塞罗那的《先锋报》成功取代首都出版的报刊，成为加泰罗尼亚地区发行量最大的出版物。[1]1881 年 2 月 1 日，戈多兄弟 [卡洛斯·戈多 (Carlos Godó) 和巴托洛梅·戈多 (Bartolomé Godó)] 在巴塞罗那创办《先锋报》，该报是西班牙 19 世纪以来延续至今的新闻类日报的代表，并奠定了 20 世纪戈多集团 (Grupo Godó) 的基础。《先锋报》创办之初为巴塞罗那自由党的官方报刊，创刊 7 年后，报刊实现转型，由政治报刊转向独立的新闻类报刊。

---

[1] Cruz Seoane, María & M. D. Sáiz. *Cuatro siglos del Periodismo en España. De los avisos a los periódicos digitales*. Madrid: Alianza Editorial, 2007:167-168.

巴斯克位于西班牙与法国交界的比利牛斯山区，巴斯克民族是欧洲最古老的民族之一，早在公元前巴斯克人就在该地区定居。巴斯克人拥有自己的语言，巴斯克语是巴斯克和纳瓦拉自治大区的官方语言之一。在历史上，巴斯克人也曾建立过自己的国家，并多次击败了强大的侵略者，因而具有强烈的民族意识和强大的民族凝聚力。中世纪后，巴斯克地区逐渐加入卡斯蒂利亚王国。1512年的康布雷同盟战争之后，巴斯克地区被并入卡斯蒂利亚王国，鉴于该地区的特殊性，西班牙国王同意其自治权，并承诺在政治、经济和文化方面享有众多特权。在卡洛斯战争中，巴斯克地区拥护费尔南多七世的弟弟卡洛斯，因而成为卡洛斯派的重要堡垒。1876年，卡洛斯战败，巴斯克地区也被取消了自治权，自此，巴斯克地区民族问题不断激化，民族冲突此起彼伏。被称为巴斯克民族主义之父的萨比诺·阿拉纳（Sabino Arana）于1893年发表了著名的"拉腊萨瓦尔讲话"（Discurso de Larrazábal），提出西班牙的四个巴斯克省和法国的三个巴斯克省应该基于居民的自愿组成统一的联邦国家，该讲话标志着巴斯克民族主义运动正式开端。两年后，阿拉纳建立了巴斯克民主主义党（Partido Nacionalista Vasco，PNV）。

巴斯克地区气候温和湿润，土壤肥沃，自然资源丰富，是国内经济最发达的地区之一。19世纪70年代后，巴斯克地区也率先迈入工业革命时期，成为国内经济最发达的地区之一。19世纪80年代末，巴斯克地区生产的生铁总量占到全西班牙的77%，钢产量为全国总产量的84.5%。冶金和煤矿业的发展带来船舶运输业和出口贸易的发展，巴斯克地区70%的煤矿出口到英国，毕尔巴鄂成为北部著名港口城市，从这里开往英国的航道成为这一时期著名的贸易路线。①

1813年，巴斯克的毕尔巴鄂和比托里亚等地开始出版定期报刊，毕尔巴鄂的《巴斯克人》（*El Bascongado*），每两周发行一期，被认为是巴斯克地区

---

① González Portilla, Manuel. "Aspectos de la industrialización del País Vasco." *Ekonomia: Revista vasca de economía*, 1988, 9–10:175.

第一份真正的定期报刊。该地区的日报则创办于1858年，当年《毕尔巴鄂》（*Villa de Bilbao*）横空出世，代表巴斯克地区的报纸进入日报时代。随着巴斯克民族主义的发展，19世纪末20世纪初，在巴斯克地区涌现出支持阿拉纳民族主义的报刊，如1893年阿拉纳创办的《比斯卡亚》（*Bizkaitarra*）、《巴斯克各省杂志》（*Revista de las Provincias Euskaras*）、《比斯卡亚杂志》（*Revista de Vizcaya*）、《巴斯克邮报》（*Correo Vasco*）、《巴斯克》（*Euskadi*），等等。

四、"灾难"中的新闻报刊

在新闻史上，1898年爆发的美西战争经常与美国的"黄色新闻"（yellow journalism）联系在一起。19世纪下半叶，以赫斯特和普利策为代表的美国传媒大亨专注于报刊的商业化经营，新闻的政治性逐渐弱化，新闻产品被当成人们日常消费的商品看待。[1]美西战争发生在美国报纸商业化经营蓬勃发展的背景下，有关美西战争的报道成为煽动性的"黄色新闻"的练兵场。报纸的头版充斥着古巴人民饱受战争灾难的报道，记者们大肆夸大报道，极力渲染古巴人民在西班牙暴政下的悲惨生活，其中很多都是编造出来的耸人听闻的故事。为了扩大报纸销量，赫斯特的《纽约新闻报》和普利策的《纽约世界报》将煽情新闻报道推向了极致：1898年2月9日，《纽约新闻报》全文刊登了古巴革命军偷窃的西班牙驻美大使恩里克·杜普伊·德·洛梅（Enrique Dupuy de Lôme）的一封私人信件，在信中洛梅对麦金利总统进行了攻击。2月15日，"缅因"号爆炸，美国报刊再次捏造新闻，制造舆论，声称系西班牙所为，美西矛盾升级，战争最终爆发。[2]美西战争带来了美国报刊业的繁荣，"黄色新闻"的鼻祖赫斯特和普利策都大大地捞了一笔，《纽约新闻报》和《纽约世界》的销量都超过100万份，《纽约新闻报》的最高销量甚至达到150万份。[3]

---

[1] 陈力丹：《世界新闻传播史》，上海：上海交通大学出版社，2002年，第178页。
[2] 杨柳：《报纸与美西战争》，载《新闻爱好者》2004年第2期，第22页。
[3] 王蕾：《美国现代报业竞争与黄色新闻浪潮》，载《新闻知识》2003年第8-9期，第38页。

早在美西战争之前，西班牙报刊上便出现了迎合大众审美和爱好的"煽情主义"（sensacionalismo）新闻，其特点是在占主导地位的政治新闻之外，过分渲染暴力、犯罪、事故等悲剧性社会事件，以此赢得读者的关注，提高报刊知名度和发行量。① 这一时期，西班牙煽情主义新闻报道的代表性事件包括卡诺瓦斯刺杀案（1887）、富恩卡拉尔大街（calle de Fuencarral）谋杀案（1888）等，这些事件成为报刊竞相报道的热点话题。1888 年 7 月 1 日，马德里富恩卡拉尔大街发生一桩谋杀案，《自由报》等报刊对案件的细节以及相关人员的身份进行了披露，由此引起了首都马德里乃至全国各大报刊连续一年多的追踪。在这个案件中，西班牙报刊成功地发挥了议程设置的职能，不同报刊从不同角度的集中报道，引发了强烈的社会效应，案件及其审理过程成为街头巷尾谈论的话题。② "煽情主义"新闻理念也被运用到美西战争的报道中，将决定西班牙历史命运的一场战争变成了取悦于读者阅读口味、刺激眼球的新闻事件。

"缅因"号事件爆发后，局势日益紧张，自由派政府的让步并未改变美国的敌意，战争迫在眉睫。不同政治集团怀着不同的目的，纷纷叫嚣向美国宣战，当权者希望海外战争能团结士气，转移国内矛盾，熄灭国内军事暴动的苗头，而共和派则希望战争能触发国内革命的发生。在加泰罗尼亚，战争使地方民族主义再度活跃，巴塞罗那等地的报刊纷纷谴责中央政府的无能。古巴战争期间，加泰罗尼亚的报纸《地方主义者》（*Lo Regionalista*）更名为《加泰罗尼亚民族》（*La Nació Catalana*）③，报刊也由最初的观望态度转向支持战争，一时间，"拿起武器！""每一个西班牙人都是战士""每一条船都是捍卫西班牙荣誉的堡垒""西班牙将从它的爱国主义中挖掘财富"等声音充斥着

---

① Edo Bolós, Concha. "Los periódicos de Madrid en 1898." *Estudios sobre el mensaje periodístico*, 1998, 4:43.

② Carratalá, Adolfo. "De la redacción al juicio: la primera acción popular como explotación periodística del suceso criminal." *RiHC: Revista internacional de Historia de la Comunicación*, 2015, 5:1–16.

③ Pinyol Vidal, Josep. "1898, el año de descolonización a través de las ilustraciones de la prensa madrileña y barcelonesa." Ponencia para X Congreso Centroamericano de Historia, UNAN, 2010:6–7.

报刊新闻。①

1898年3月5日刊登在《格拉西亚的钟楼》上的插图

可以说,"黄色新闻"和"煽情主义"新闻在很大程度上推动并参与了美西战争,两国报刊不仅在文字上针锋相对,打压和贬低对手,而且也在新闻插图和漫画中体现得淋漓尽致。这一时期,西班牙报刊经常用"狮子"来代表西班牙,而用口吐美金或肚子里塞满硬币的"猪"以及头戴星条帽的"山姆大叔"来代表美国。"狮子""猪""山姆大叔""麦金利"等形象充斥着西班牙报刊。② 左图是1898年3月5日巴塞罗那的报刊《格拉西亚的钟楼》上刊登的一幅图片,标题为《狮子与猪》(Lo Lleó y 'L Porch)。身披星条旗的"猪"站在美国的土地上,而代表西班牙的"狮子"席地坐在对岸标有"古巴"的土地上,图片底下用加泰罗尼亚语写着"无论你怎么叫,我也不会离开的。"(Per més que ronquis jo no 'm moch de puesto.)

战争打响后,西班牙军队节节溃败。在圣地亚哥港一役后,西班牙军队越发一蹶不振,军心涣散,不堪一击,美军轻松占领了圣地亚哥和波多黎各,西班牙以惊人的速度输掉了这场战争。彼时,报刊上一片哀号之声,"灾难""悲伤""耻辱""哭泣"等词不绝于耳,媒体笔下皆是一片末日景象。下图是1898年10月29日出版的《格拉西亚的钟楼》上的插图,标题为《哥伦布遗体荣耀回归》(Glorisa tornada dels ossos de Colón a Espanya)。插图的中央,哥伦布搭乘一艘破烂的小船,船上挂有西班牙的国旗和国徽,插图上的文字

---

① Juliá, Santos. "El león no quería pelea." *Aquella guerra muestra con Estados Unidos. Prensa y opinión en 1898*. Madrid: Fundación Carlos de Amberes: 25–26.

② Pinyol Vidal, Josep. "1898, el año de descolonización a través de las ilustraciones de la prensa madrileña y barcelonesa." Ponencia para X Congreso Centroamericano de Historia, UNAN, 2010:6–7.

写着"从帕洛斯起航，结果被人用棍子赶回来了"。①

1898年的美西战争是作为新兴资本主义强国的美国对老牌欧洲殖民大国西班牙军事上的胜利，同时也是代表20世纪新闻传播行业发展趋势的美国传播业对长期处于政治报刊垄断之下落后的西班牙新闻模式的胜利。如果说美国媒体的大篇幅的报道和渲染，鼓吹对西班牙开战，在某种程度上导致了美西战争的爆发，那么缺乏新闻专业主义的西班牙媒体不仅没有对战争进行客观的报道，也没有以充满爱国主义的报道唤起

1898年10月29日《格拉西亚的钟楼》上的插图

西班牙将士和国内民众的斗志，而是自掘坟墓，自乱阵脚。

战争的"灾难"给西班牙敲响了警钟，引发了社会各界的热烈讨论。战争初期，报刊对西班牙军队进行盲目鼓吹，其后又对将士们的牺牲表现出漠然的态度，这些都成为战争结束后舆论攻击的口实，无论是政界还是知识界，纷纷将矛头指向报刊，甚至将战败的责任推给各大报刊。其时，保守党首领弗朗西斯科·西尔韦拉（Francisco Silvela）在《时报》（*El Tiempo*）上发表了著名的《没有脉搏》（*Sin Pulso*）一文，文章指出西班牙民众的自私和懦弱导致他们对于国家命运无动于衷，面对统治者的贪腐无能和海外战争的溃败，他们依旧消极冷漠，而媒体不但不能警示民众，也没有能够指出统治者的过失，媒体的"煽情主义"助长了民众的懈怠和冷漠。②

---

① 1492年，哥伦布的船队从西班牙的帕洛斯（Palos）出发，在西班牙语中，"palo"意为"棍子"，"a palos"意为"用棍子打"。

② Silvela, Francisco. "Sin pulso". *El Tiempo*, 16 de agosto de 1898. http://www.xtec.cat/~jrovira6/restau11/silvela.htm.

第三节 新闻管控与新闻自由

　　光荣革命成功后，临时政府颁布法令，明确指出公民具有言论出版和信仰的自由，同时宣布取缔一切形式的审查。1869年的《宪法》在其第一条的显要位置明确提出"所有公民都拥有言论自由和出版的权利"。同年，临时政府颁布法令，降低报刊印刷税。1873年，第一共和国政府颁布《宪法》，同样将言论和出版自由置于重要的位置，并宣称共和国将捍卫每个公民的权利和自由。

　　19世纪70年代后，西班牙国内外局势恶化，政府转向保守，开始施行严格的舆论审查和新闻管控，禁止《马德里公报》之外的报刊刊登卡洛斯战争的战事新闻。1874年军事政变后，在阿方索十二世登基之前成立了以卡诺瓦斯为首的临时政府，政府成立之初便颁布条令，禁止反对派的报刊发行。阿方索十二世回国之后，掌权的保守党多次制定出版事物条令，对新闻报刊出版的各项事宜制定了详细的规范，建立严格的管制制度，并对各项出版犯罪行为进行了界定，打击和压制反波旁王朝的报刊，以此维护复辟政府的稳定。1876年，新政府颁布《宪法》，其中对于新闻出版事业进行了异常详细的规定，并再一次对"报纸"进行重新定义，加强新闻管控，众多报纸被暂停。复辟政府正式成立后，保守党和自由党签订协议轮流上台执政，加大了新闻舆论领域的争斗，政府不仅资助所在党派若干机关报刊，还暗地里使用一部分公共资金，收买反对派报刊的记者和编辑人员，这部分资金被称作"爬行基金"（fondos de reptiles）。

　　1881年，自由党的萨加斯塔上台，在其统治期间实施相对宽松的新闻管制措施，对前一时期因违背出版法而被捕入狱的罪犯实行大赦。1883年自由党政府颁布《出版政策法》，放松新闻管控，取消新闻审查员和出版法院，新闻报刊获得一定程度的发展。此后，报刊数量猛增，到1887年，西班牙国内报刊种数高达 1000 多份，是光荣革命之前的两倍以上。①90 年代后，无政府主义、地方分离主义和恐怖主义愈演愈烈，政府被迫加大了针对上述倾向的出版管控力度。

---

① Fuentes, Juan Francisco & J. Fernández Sebastián. *Historia del periodismo español*. Madrid: Editorial Síntesis, 1998:141.

第七章 20世纪初至西班牙内战前的新闻传播
CHAPTER 7

19世纪末的"灾难"给西班牙社会敲响了警钟,西班牙的落后面貌终于被充分暴露出来:政治寡头主义所滋生的腐败、工业技术的落后、教育的严重滞后、激烈的党派斗争等因素错综复杂,使得这一时期执政的各大政治力量无力提供行之有效的解决方案,西班牙社会在混乱中步履蹒跚。自19世纪末开始的两党轮流执政一直延续到20世纪20年代,直到1923年,米格尔·普里莫·德·里维拉(Miguel Primo de Rivera)将军发动军事政变,建立独裁政权。然而,独裁统治未能缓解西班牙社会的总体矛盾,四面楚歌的阿方索十三世被迫流亡海外,西班牙第二共和国宣告成立。但是,第二共和国的根基并不牢靠,政权更替频繁,党派分野和政治极化严重,冲突不断,最终导致1936年西班牙内战爆发。

西班牙内战爆发前,两党制下的政府、军人独裁政府和之后的共和国政府均采取各种措施,推动经济发展和社会进步,以延续其政权的寿命。第一次世界大战期间,大半个欧洲悉数卷入战争,西班牙在战争爆发之初便宣布保持中立,利用中立地位与交战国进行贸易,从而在乱世中为经济的发展赢得了机遇。农牧产品以及工业制成品的出口大幅度增加，不仅为纺织、冶金、矿业和铁路等传统工业注入活力，也促进了银行、运输和汽车制造等行业的发展。此外，政府大力推进道路交通、城市住宅、剧院、体育馆和斗牛场等居民生活和文化娱乐设施的建设，巴塞罗那、马德里和毕尔巴鄂等大城市的城市化进程加快，由此带动了人口的快速增长。1900年至1930年，西班牙人口总数从1860万增加到2367万，人口增长率超过10%。[①] 在文化上，西班牙社会迎来"白银时代"（Edad de Plata），以"98年一代""14年一代"和"27年一代"为代表的一大批知识分子的涌现，推动了西班牙文学、哲学、美学和艺术的全面繁荣。

　　进入20世纪，经过世纪初短暂的困境和调整之后，西班牙报刊业迎来了黄金发展时期。里维拉独裁政府建立、复辟政府倒台、第二共和国的建立以及一次世界大战、俄国二月革命和十月革命等重大国内外事件接踵而至，刺激了公众对新闻的需求。政治的乱世往往孕育着繁荣的报刊业，尤其当政权更迭频繁而无力对报刊业实施严厉的管控时，传媒业可以得到巨大的发展机遇，这正是世纪之交的西班牙报业生态的真实写照。西班牙的大众报刊逐渐成熟，深度介入社会政治生活，成为公共舆论的重要表达途径。这一时期，许多重要的政治信息以及社会改革措施通过报刊的传播而被社会各阶层所了解，报刊也成为政府与批判者辩论的重要舞台，美西战争中的溃败、失败原因、失败责任、社会腐败和落后现象以及西班牙社会的走向等议题，成为激烈争辩的重要内容。1931年，西班牙第二共和国建立前夕，何塞·奥尔特加·伊·加塞特（José Ortega y Gasset）曾这样谈及报刊的重要影响力：

　　"今天，在公共生活中，除了报刊之外再没有其他权力机构。……

---

① Campo Urbano, Salustiano del. *La población de España*. Paris: C.I.C.R.E.D, 1975:4.

现在，旧的精神权力机构已经消失了：教会已经摒弃了现实性，而公共生活则是人民当下的生活；民主的胜利使得政府不再领导民主，而是相反，政府由公共舆论所控制。"①

19世纪下半叶西班牙的城市化和教育的发展，带来了社会的进步，西班牙的文盲率从1900年的65%下降到1930年的32.4%，报刊读者群的规模逐步扩大，为新闻报刊业的发展奠定了基础。② 报刊印刷质量和排版技术也得到大幅度改进，报刊市场迎来结构化转型，政治报刊和政党报刊的垄断地位逐渐被打破，以《阿贝赛报》(*ABC*) 和《太阳报》(*El Sol*) 为代表的新型报刊代表了未来的发展方向，而报刊之间的竞争以及报业集团的建立也进一步推动了报刊业的成熟。与此同时，随着报刊经营的商业化和新闻工作者工资水平的逐渐提高，新闻从业群体逐渐扩大，从编辑、记者到报刊发行，人员分工更加明确，脱离政治宣传或教化者身份进行独立报道的记者开始出现。这一时期，无论是职业记者、政治人物、工人领袖，还是"98年一代"的作家、"14年一代"的思想家或"27年一代"的诗人们，他们纷纷拿起笔杆，或将新闻报刊作为扩大社会影响力的手段，或作为反对政府的投枪，或作为发动罢工和起义的工具，或作为塑造公众舆论从而推动国家文化复兴的途径，新闻报刊的社会功能得以彰显。新闻类和文化类报刊的涌现、广告的兴起以及记者的职业化，提高了报刊质量和公众的关注度，读者群逐步扩大，报刊的发行量获得了突破性的增长。

19世纪末20世纪初，无线电通信技术在西班牙出现，《广播法》

---

① Tuñón de Lara, Manuel. *La prensa de los siglos XIX y XX*. Bilbao: Servicio Editorial Universidad del País, 1986. 转引自 Guerrero Moreno, Rafael. "La prensa en la Segunda República: breve aproximación como contexto vital de don Diego Martínez Barrio". *ÁMBITOS*, 2002, 7–8:329.

② Fuentes, Juan Francisco & J. Fernández Sebastián. *Historia del periodismo español*. Madrid: Editorial Síntesis, 1998:221.

以及相关广播电台管理法令相继出台。1923年，伊比利亚广播电台的建立标志着西班牙广播业诞生。随后，巴塞罗那广播电台、西班牙广播电台、加的斯广播电台、卡斯蒂利亚广播电台等广播电台陆续建立，奠定了西班牙无线电通信技术的基础。

第一节　内战前的西班牙

1902年，成年后的阿方索十三世继承王位，波旁王朝努力维持保守党和自由党轮流执政的局面。然而，此前1898年美西战争溃败的灾难给西班牙社会带来的沉重打击在短时间内难以恢复，政府在危机面前暴露出来的腐朽和懦弱无能越发削弱了旧体制的执政基础，社会各阶层对政府和君主制的不满情绪以各种方式宣泄出来。军事冲突、工人罢工、无政府主义暗杀事件层出不穷，社会动荡不安，波旁王朝的统治再次危若累卵。

由自由党转向保守党阵营的安东尼奥·毛拉（Antonio Maura），于1903年接替已故的弗朗西斯科·西尔韦拉成为保守党领袖，并在此后两次担任政府首相。在毛拉政府的斡旋与推动下，阿方索十三世于1904年访问了巴塞罗那，由此开启政府与加泰罗尼亚民族主义者的合作。1908年，毛拉政府设立国家保险学院（Instituto Nacional de Previsión），这是西班牙历史上第一个承担社会保险和医疗救助管理的专门机构。在立法上，毛拉政府先后制定了《工业保护法》（Ley de protección a las industrias）、《地方管理法》（Ley de administración local）以及《选举法》（Ley electoral）等法律条令，以适应20世纪初西班牙社会的新形势。

在工业发展程度较高而工人阶级力量强大的巴塞罗那，无政府主义和左翼工人运动发展迅速。1908年，亚历杭德罗·勒鲁·加西亚（Alejandro Lerroux García）建立了极端共和党（Partido Republicano Radical），并在1909年巴塞罗那"悲惨的一周"中扮演了重要的角色。1910年，巴塞罗那成立了无政府主义的工会组织——全国劳工联合会（Confederación Nacional del Trabajo，CNT），CNT和劳工总联盟（UGT）联合起来，组织工人罢工，并以巴塞罗那为中心陆续策划了一系列影响全国的大规模工人罢工。

这时，处于资本扩张期的法德等国迫切需要扩大各自的势力范围，两国在北非的摩洛哥展开军事对抗，西班牙也再次卷入其中。1909年，摩洛哥里夫地区的梅利利亚市（Melilla）附近发生西班牙军队和摩洛哥军队的军事冲突，西班牙军队遭到了里夫军队的猛烈攻击，节节败退。毛拉执政的保守党政府已无力再调遣正规军支援败军，因而决定派出预备役士兵前往摩洛哥战场。预备役装备落后，战术战法更是生疏，而且其成员主要来自底层平民和工人家庭，派往前线几乎是有死无生，因而政府的决定遭到广大民众特别是工人阶层的强烈反对。

为了抵制政府派出预备役士兵参加摩洛哥战争的决定，工会号召工人罢工。加泰罗尼亚地区是工人运动发展最为迅速的地区，这里也是社会主义、无政府主义以及地方民族主义蓬勃发展的中心，各种政治力量以大罢工为平台，充分表达其政治诉求。巴塞罗那和其他城市的罢工最终演变为反对教会的打砸抢等暴力行为，很多教堂和修道院被付之一炬。暴乱遭到毛拉政府的残酷镇压，百余人丧生，上千人被拘捕，这场悲剧持续一周，被称为巴塞罗那史上的"悲惨的一周"。在巨大的社会压力面前，毛拉政府下台，教唆工人运动的无政府主义者被判处死刑。

"悲惨的一周"是这一时期各种社会矛盾的集中体现，中央政府的权威遭到削弱。人民的不满情绪进一步推动了地方分离主义的壮大，加泰罗尼亚和巴斯克地区的分离主义者多次举行大规模示威游行。20世纪后，以文化和文学认同为基础的加泰罗

巴塞罗那"悲惨的一周"

尼亚主义逐渐走向追求政治自治权和经济保护政策的路径,加泰罗尼亚地区政府与西班牙中央政府之间的斗争延续至今,与巴斯克分离主义一并成为持续影响西班牙国内政治稳定的因素。

第一次世界大战期间,中立地位为西班牙经济赢得发展了机会,贸易的发展带来了工业的进一步发展,并在短期内弥补了殖民地体系瓦解带来的损失,暂时缓解了国内政治危机。与此同时,轮流执政的自由党和保守党政府也努力推进改革措施,以此稳定国内局势。以何塞·卡纳莱哈斯·门德斯(José Canalejas Méndez)为首的自由党左翼于1902年成立了自由民主党(Partido Liberal-Demócrata)。卡纳莱哈斯于1910年起担任政府首相,在其担任政府首相期间,政府先后推行一系列内政外交改革,试图通过自上而下的改革(如取消消费税、建立义务服役制度等措施)缓和国内矛盾,由此实现西班牙的"重建"。为了解决与地方政府的矛盾,在卡纳莱哈斯政府的推动下,1914年,加泰罗尼亚成立了高度自治的加泰罗尼亚联邦大区(Mancomunidad de Cataluña),该大区涵盖巴塞罗那、赫罗纳(Gerona)、莱里达(Lérida)和塔拉戈纳(Tarragona)四省,在西班牙的政治经济版图中具有举足轻重的作用。此外,自由党将反对教会以及削弱教会对西班牙社会的影响视为其政治路线的核心内容。1910年,卡纳莱哈斯政府通过了《门锁法》(Ley del candado),禁止建立新的宗教团体。

然而,无论是自由党还是保守党都未能协调党派之间的矛盾,党争不断激化,执政党内部的分化严重,缺乏共识支撑的两党政府面临危机。而经过一战期间短暂复兴的西班牙经济,再一次出现危机,工业和贸易的发展所得到的福利被权贵阶层所瓜分,缺乏企业家精神的权贵并未将获得的好处用于改进生产技术,也没有动机进行扩大再生产,因而西班牙的经济结构并未得到改善,居民购买力也没有提高,工人工资水平仍旧低下,失业率上升和通货膨胀两恶并行,国内局势进一步恶化。

社会矛盾的激化在1917年引发了一系列触及政治体制基础的危机,史称"1917年危机"。经济环境的恶化,尤其是通胀带来的贫富分化引发军队底层士兵的不满，直接导致巴塞罗那等地建立军队的工会组织——"防御委员会"——强烈反对政府在军队实施不公正的晋升和工资制度。防御委员会得到士官和底层士兵的拥护，并在军队中迅速发展，对政府构成巨大的压力。其时，由曼努埃尔·加西亚·普列托（Manuel García Prieto）担任首相的自由党政府试图镇压委员会的活动，逮捕委员会的相关领导人物。然而，军方势力十分强大，加之国王对防御委员会鼎力支持，普列托因无法控制日渐恶化的混乱局面而被迫辞职，政府解散。阿方索十三世随即任命保守党的爱德华多·达托（Eduardo Dato）担任首相，然而，达托政府未能获得议会多数支持，只能宣布解散议会，暂停宪法保障，并宣布防御委员会合法化，这一事件引发西班牙国内更大范围的不满和抗议。

逐渐壮大的城市资产阶级和工人阶级也纷纷投入社会改革运动，以各种方式表达自己的诉求，争取使自己的权力和利益得到保障。以勒鲁为代表的共和主义者、伊格莱西亚斯的工人社会党、地方民族主义者以及工会组织等纷纷加入反对政府的大军，批判腐败的两党轮流执政体制，质疑复辟政府的执政合法性，并对国王凌驾于议会的权力秩序发起挑战。反对派筹备组建临时政府，号召重新进行制宪议会选举，进行政治改革。抗议运动在1917年巴塞罗那"议员代表大会"召开时达到高潮。

弗朗切斯科·坎博（Francesc Cambó）在加泰罗尼亚民主主义领导人恩里克·普拉特去世后成地方主义联盟（里加）的领导人。1917年7月19日，在坎博的召集下，68名来自加泰罗尼亚和其他地区的参众两院议员聚集在巴塞罗那，召开非官方的"议员代表大会"，要求政府进行议会选举，改革1876年《宪法》，组建新政府，并承认地方政府的自治权。达托政府认定代表大会具有颠覆社会的企图，宣布解散大会，并逮捕相关代表。同时，作为抗议的另一支重要力量，工会组织UGT和CNT先后在西班牙各地组织罢工，以响应议员代表大会的诉求。1917年8月，在工人组织的号召下，西班牙主要大中等城市举行了大罢工，前后持续了近一周，全国范围内的工业生产活动基本停摆，达托政府在军队的支持下对罢工运动进行了疯狂镇压，数千人被逮捕，罢工被迫终止。

1917年危机造成达托政府的下台，然而，抗议声并未就此消失，而俄国布尔什维克革命对旧的统治秩序所造成的威胁也加剧了国内局势的动荡，政府更替愈加频繁，执政党内部分化加剧。1920年，再次担任首相的达托被刺身亡；1921年，西班牙在摩洛哥战场遭到重创，在安瓦勒被里夫军队彻底击败，上万名西班军人血洒疆场，史称"安瓦勒灾难"（Desastre de Annual）。这场灾难成为压倒摇摇欲坠的复辟政府的最后一颗稻草，直接导致1923年军事政变的爆发以及之后里维拉军事独裁政府的建立。

1893年11月11日出版的《白与黑》上的插图，反映了里维拉在摩洛哥战场的英雄事迹。

摩洛哥战场的失败预示着西班牙政治和社会变革已经无法避免。1923年，里维拉将军发动军事政变，政变得到了军队内部的响应，加泰罗尼亚、阿拉贡和安达卢西亚等重要地区随即落入军队手中。在阿方索十三世的支持下，"民主"政府下台，西班牙正式进入军事独裁统治时期。和其他的欧洲国家不同的是，西班牙的变革既未由代表不同意识形态的政治党派通过政治改革来完成，也不是通过已经壮大的无产阶级以革命的形式来实现，而是再次由获得国王支持的军队通过武装行动完成改朝换代。

里维拉自称为西班牙"坚定的外科医生"，他上台后，对西班牙进行了一系列具有针对性的改革，其治理措施包括：解散议会，废除1876年《宪法》；罢免文人官员，实行军事独裁统治；与意大利墨索里尼政府建立友谊关系；在摩洛哥战场与法国军队合作，加大军事进攻；为了终结腐败的政治寡头主义，调节党派纷争，建立"爱国主义联盟"（Unión Patriótica），实现政治革新；促进经济建设，推动汽车、石油等产业的发展，建立西班牙国家电信公司（Compañía Telefónica Nacional de España，CTNE）等大型企业；推动道路、铁路、桥梁和水力等公共设施以及城市住宅、剧院、体育馆和斗牛场等居民生活和文化娱乐设施的建设；颁布法令，进行税收改革；抵制加泰罗尼亚主义，限制加泰罗尼亚语的使用，等等。独裁统治初期，里维拉提高了政权进行社会整合的效率，推动了经济的发展，因而赢得一定社会支持，主要政治党派对其重建计划持观望和期待态度，也暂时搁置了争斗，暂时缓和了社会矛盾。

然而，里维拉政府的方案并未带来西班牙的复兴，社会各界对独裁政府的态度也由观望渐转为失望，自身诉求未能获得满足的军人、政治家、加泰罗尼亚主义者、工人等再次发起对政府的挑战，暴动、起义、政变频发。于是，失去民心和国王支持的里维拉被迫递交辞呈。在随后举行的临时政府的选举中，共和派在主要城市中赢得压倒性胜利，阿方索十三世仓皇逃至巴黎。1931年4月14日，西班牙第二共和国宣布建立，共和党和社会主义者组成联合政府，曼努埃尔·阿萨尼亚·迪亚斯（Manuel Azaña Díaz）成为共和国总统。新生的共和国颁布民主《宪法》，承认言论自由，给予妇女投票权，并启动一系列自上而下的改革，推动宗教、军事、农业和教育等各领域的改革，制定加泰罗尼亚地区的地方自治法。1932年，共和国颁布了西班牙历史上第一部《离婚法》，承认夫妻双方权利平等，且在夫妻关系难以维系的情况下，经双方达成一致，可以提出离婚申请，这在天主教势力庞大的西班牙，算得上是一次重大的社会革新。

在当时的社会条件下，改革引起了特权阶层的恐慌，新生的共和国社会基础薄弱，在政党、教会、工会、无政府组织以及军队等势力的夹击下，政府难以作为，雄心勃勃的改革计划也面临重重阻力而陷入困境。1933年，共和国的第一次政治危机爆发，在加泰罗尼亚、阿拉贡和瓦伦西亚等地发生了反对共和政府的骚乱。在加的斯省一个名为"旧房子"（Casas Viejas）的小村庄，国民卫队与当地居民发生武装冲突，导致双方25人死亡。事件发生后，知名作家和记者拉蒙·何塞·森德（Ramón José Sender）[①]等人前往事件发生

[①] 此后，拉蒙·何塞·森德以该事件为原型撰写了小说《前往罪案发生地的旅行》（*Viaje a la aldea del crimen*）。

地进行了实地调查,许多报刊都对此事进行反复报道,对国民卫队的残暴和工农的悲惨遭遇进行了事无巨细的描绘,经过持续发酵,这一小型冲突事件终于演化成重大社会危机,以《自由报》和《土地》(*La Tierra*)为代表的媒体将矛头直指政府,以此引导公众舆论,反对共和政府,最终导致阿萨尼亚政府黯然下台。①

此后,共和国乱象纷呈。勒鲁的极端共和党与西班牙自治右翼联盟(Confederación Española de Derechas Autónomas,CEDA)建立联合政府,竭力推翻上一届政府的诸多改革成就。1934年10月,联合政府吸收了三名自治右翼联盟的成员,这引起左翼政党的强烈不满,各地爆发了反对政府的罢工和起义,工人社会党、劳工总联盟、共产党、无政府主义组织以及地方主义者等各大政治力量纷纷卷入其中,在加泰罗尼亚、阿斯图里亚斯和巴斯克等地都造成巨大的社会影响。在阿斯图里亚斯,UGT、CNT以及工人社会党等组织联合起来,率领底层工人建立公社,占领工厂、矿场,袭击国民卫队军营,试图建立没有贫富差异的社会主义共和国,被称为"1934年十月革命"(Revolución de Octubre de 1934)。革命引起联合政府的恐慌,在摩洛哥战场崭露头角的弗朗西斯科·弗朗哥·巴哈蒙德(Francisco Franco Bahamonde)受命镇压革命,革命失败后,3万余人被关押。②

1934年十月革命是西班牙内战爆发前旧秩序的维护者和想要通过革命建立新秩序的左翼力量的一次正面武装冲突,而弗朗哥也由此被看作是拯救西班牙陷于红色革命的救星。1936年,左翼联盟组成的"人民阵线"(Frente Popular)在选举中获胜,联合政府成立后对1934年革命后关押的政治犯实行大赦,并重新推行各项社会改革。但是,激进的改革再次激化了社会矛盾,右翼政党联合教会、军队等特权阶层不断制造矛盾,各种势力暗潮涌动,社

---

① Valenzuela, Alfred. "El reportaje de Ramón J. Sender que hundió a Manuel Azaña." *El Mundo*, 17 de febrero de 2016. http://www.elmundo.es/andalucia/sevilla/2016/02/17/56c447e1e2704ee8188b45b7.html.

② García de Cortázar, Fernando. *Historia de España. De Atapuerca al euro*. Barcelona: Planeta, 2002:253–255.

会动荡不安。7月，军事政变发生，西班牙内战正式打响。

第二节 文化"白银时代"

早在19世纪下半叶，面对祖国的没落和腐朽无能的政府，觉醒起来的知识分子大声疾呼，追问西班牙社会落后的根源，批判西班牙社会的种种痼疾，呼吁政治和社会改革，提出"重建主义"。19世纪末一系列社会危机的爆发一方面推动了政治和社会变革，同时也进一步触发了知识阶层的觉醒，而与此同时，欧洲新的社会思想、哲学思想以及现代主义、象征主义、先锋主义等文艺理论的引入也推动了文化的发展，由此开启了19世纪末至20世纪上半叶西班牙文化的"白银时代"。①

西班牙的克劳泽主义者认为，阻碍社会进步的主要障碍是教育的落后和民主文化的缺失，因此提高教育质量以此推动民众的文化水平进步是19世纪末20世纪初种种社会痼疾中最亟须解决的问题。在仍旧以农业为主的西班牙，教育事业长期被教会势力所掌控。进入20世纪后，随着世俗力量的不断发展，政府和教会的共生结构不断松散，教育事业逐渐成为由政府所主导的事业。1900年，保守党政府建立公共教育部（Ministerio de Instrucción Pública），将教育事业从原有的促进部（Ministerio de Fomento）中分离出来进行单独管理，以此推动公共教育的发展。

除了自上而下的改革，以克劳泽主义者为代表的有识之士利用自由教育学院等教育平台，致力于推动世俗教育的发展。1898年之后，重建主义的

---

① 一般认为，西班牙文化的"白银时代"的开始于1902年，止于1936年。1902年，以阿索林（Azorín）为代表的"98年一代"的代表人物相继推出代表作品。1936年，第二共和国解体，西班牙内战爆发，标志着"白银时代"正式结束。但是也有学者认为将1868年的光荣革命作为"白银时代"的起点。参见：Urrutia Cárdenas, Hernán. "La Edad de Plata de la Literatura Española（1868—1936）." *CAUCE. Revista de Filología y su Didáctica*, 1999—2000, 22-23:581-595.

代表人物华金·科斯塔指出"学校和食物，食物和学校，除此之外没有别的实现重建西班牙的道路。"①1910 年，著名的马德里学生公寓（Residencia de Estudiantes）建立，它与马德里文学会以及各种形式的文艺沙龙一起，成为 20 世纪上半叶教育、文化交流以及科学活动的中心。以路易斯·布努艾尔（Luis Buñuel）、费德里科·加西亚·洛尔卡（Federico García Lorca）、萨尔瓦多·达利（Salvador Dalí）、米格尔·德·乌纳穆诺、胡安·拉蒙·希门尼斯（Juan Ramón Jiménez）、何塞·奥尔特加·伊·加塞特、拉斐尔·阿尔贝蒂（Rafael Alberti）、欧亨尼奥·德·奥尔斯·罗维拉（Eugenio d'Ors Rovira）、曼努埃尔·德·法利亚（Manuel de Falla）、塞韦罗·奥乔亚·德·阿尔沃诺斯（Severo Ochoa de Albornoz）等为代表的一大批在文学、电影、音乐、绘画、科学上取得重要成就的历史人物汇聚学生公寓，他们或是曾居住在马德里学生公寓，或是在这里举办的各种聚会和文化活动的常客。

以 1898 年命名的"98 年一代"，是继文学"黄金世纪"后西班牙文学史上的又一个高潮，也是推动文化"白银时代"到来的重要力量。以皮奥·巴罗哈（Pío Baroja）、阿索林［Azorín，原名何塞·马丁内斯·鲁伊斯（José Martínez Ruiz）］、拉米罗·德·马埃斯图（Ramiro de Maeztu）、乌纳穆诺、安东尼奥·马查多（Antonio Machado）和曼努埃尔·马查多（Manuel Machado）、比森特·布拉斯科·伊万涅斯（Vicente Blasco Ibáñez）等人，被认为是"98 年一代"的代表。整体来看，"98 年一代"推崇拉腊式的讽刺，主张批判西班牙落后的社会制度和弊病，颂扬传统文化和西班牙精神，反对通过理性主义和科学实证主义对西班牙进行欧洲化。"98 年一代"致力于研究西班牙的历史、自然风光和传统文化，从西班牙的传统思想中探索和提炼西班牙精神。乌纳穆诺等人对塞万提斯的著作《堂吉诃德》中堂吉诃德和桑丘的研究和褒扬，正是"98 年一代"精神的重要体现，而乌纳穆诺著名的"让

---

① Correa, Gustavo. "El sentido de lo hispánico en *El caballero encantado* de Pérez Galdós y la generación del 98." *Thesaurus*, 1963, 18:235.

米格尔·德·乌纳穆诺

他们去发明吧!"(¡Que inventen ellos!)常常被解读为对科学主义的一种嘲讽,是向鼓吹通过科技进步改变西班牙的主张发出的檄文。如果从发展主义的角度来看,这种轻科学重人文的思想代表了在现代工业化浪潮前的一种自我隔绝态度,是对工业文明发展的巨大阻碍。

紧随"98年一代"之后的另一个文化派别是"14年一代",其代表人物包括何塞·奥尔特加·伊·加塞特、欧亨尼奥·德奥尔斯·罗维拉、曼努埃尔·阿萨尼亚·迪亚斯、拉蒙·佩雷斯·德·阿拉亚(Ramón Pérez de Ayala)、加夫列尔·米罗(Gabriel Miró)等。1914年3月,奥尔特加·伊·加塞特发表了题为《旧政治与新政治》的讲座,阐述不同于"98年一代"的主张,"14一代"因此得名。奥尔特加·伊·加塞特是"14年一代"的核心人物,同时也是西班牙哲学史上的"马德里学派"(Escuela de Madrid)的创建者,"14年一代"也经常被称为"奥尔特加一代"。1904年,年仅21岁的奥尔特加获得马德里大学哲学和文学系的博士学位,1910年后他在马德里大学教授哲学。奥尔特加是《公正报》的创始人爱德华多·加塞特之孙,出生报刊世家的他自青年时代起便积极投入新闻报刊的出版工作,试图以报纸唤起西班牙民众的公共意识。

同样作为"14年一代"的重要代表,曼努埃尔·阿萨尼亚在第二共和国时期成为联合政府的总统,在他的领导下,共和国在财政紧张的情况下仍旧增加教育预算,并先后推出一系列教育改革措施:关闭教会学校,新建中小学等,将马德里大学的师生送到西班牙偏远山区,支持当地基础教育和文化事业的发展。与"98年一代"不同的是,奥尔特加等人推崇理性主义和科学精神,赞同西班牙的欧洲化改革,提出通过文化精英的努力实现国家的复兴。由于以奥尔特加和阿萨尼亚等人为代表的"14年一代"在筹建第二共和国和起草共和国的《宪法》中扮演了重要角色,并在议会和政府中担任重要职务,因此第二共和国经常也被称作"知识分子的共和国"(República de los intelectuales）或"记者的共和国"（República de los periodistas），奥尔特加等人的思想和主张通过政府、大学课堂、文学座谈会以及报刊文章等多种渠道得以传播。

继"14年一代"后，西班牙"白银时代"的另一个文学派别是"27年一代"。1927年，塞维利亚文学会举行了纪念黄金世纪著名诗人路易斯·德·贡戈拉逝世300周年的集会，这次大会被看作是"27年一代"诞生的重要标志。"27年一代"的成员以先锋派诗人为主，包括胡安·拉蒙·希门内斯、霍尔赫·纪廉（Jorge Guillén）、费德里科·加西亚·洛尔卡、路易斯·塞尔努达（Luis Cernuda）、拉斐尔·阿尔贝蒂·梅雷略等著名诗人。他们大多亲身经历了波旁王朝复辟、第二共和国、内战以及弗朗哥独裁统治时期。加西亚·洛尔卡在西班牙内战中积极投入战斗，为共和政府呐喊，后遭长枪党残酷杀害。

"98年一代"、"14年一代"和"27年一代"反映了社会危机下西班牙知识阶层的呼声和社会担当，虽然三个流派内部以及流派之间在创作时间、表现形式、哲学观念以及重建西班牙的方案等方面都不尽相同，但是他们都通过文学作品、哲学思考、新闻评论等多种手段，为西班牙的命运大声疾呼，探寻西班牙社会疾病的根源以及解决"西班牙问题"的良方，文人论政、文人办报的传统通过一代一代的西班牙知识分子薪火相传，生生不绝。

第三节 报刊业的黄金时期

20世纪前30年，西班牙报刊业迎来了其黄金时期。随着教育水平的不断提高，社会人文意识彰显，整个报刊市场的受众群体扩大了。与此同时，新式印刷机冲击着原有的印刷业，成为推动新闻报刊快速发展的重要因素，排版和印刷技术的进步使得报刊版面增加，印刷质量提高。19世纪末20世纪初，滚筒印刷机以及莱诺铸排机等先进印刷设备逐渐在西班牙得到推广。截至1920年，全国共有213台莱诺铸排机；1930年，有565家报刊拥有自己的印刷厂，而 1913 年仅有 270 家报刊有印刷厂，总数翻了一番。①

据统计，1900 年全国报刊总数达 1347 种，1913 年上升到 1980 种，1920 年达到 2289 种。②非政治报刊（新闻类报刊、文化期刊以及专业性报刊）发展迅速，报刊种类逐渐超越政治类报刊，其中新闻类报刊增长最快。1913 年发行的所有报刊中，586 种依附于政治集团，只有 156 种为独立的新闻类报刊；然而到 1927 年，政治报刊的总数下降至 210 种，而独立的新闻类报刊的总数则上升到 327 种。③报刊发行量相比 19 世纪也有了明显增加，根据乌戈伊蒂的统计，1918 年，西班牙全国报刊总发行量为 160 万份，相比 1915 年增长了 33%。④1913 年，在马德里出版的 4 家日报——《西班牙通信》《马德里传令官》《自由报》和《阿贝赛报》——和《新世界》周报的发行量均超过 10 万份，而巴塞罗那的《先锋报》的发行量也在不久之后突破 10 万大关。

除了报刊种类和发行量的增长，西班牙报刊业也迎来了转型，出现了迥异于传统报刊的新型报刊，其中的重要代表是发行至今的《阿贝赛报》和奥尔特加参与创办的《太阳报》。两份报刊既延续了 19 世纪下半叶新闻类报刊的政治独立性，同时又吸收了国外先进的新闻理念，办报理念和办报模式都领先于《西班牙通信》和《公正报》等诞生于 19 世纪下半叶的新闻类报纸。在很长一段时间内，"新报刊"与"旧报刊"共存于报刊市场，相互竞争，直至旧报刊逐步退出舞台：1925 年，19 世纪中叶发行的《西班牙通信》停刊，八年后，《公正报》也退出了读者的视线。

以《太阳报》和《阿贝赛报》为代表的新型报纸，努力探索不同于传统报刊的企业经营模式，版面编排讲究格调，图文设计精良，新闻语言质量也

---

① Pizarroso Quintero, Alejandro. "El periodismo en el primer tercio del siglo XX." *ARBOR: Pensamiento y Cultura*, 2010, Extra 186:46.

② 同上。

③ Edo Bolós, Concha. "Los periódicos de Madrid en 1898." *Estudios sobre el mensaje periodístico*, 1998, 4:40.

④ Fuentes, Juan Francisco & J. Fernández Sebastián. *Historia del periodismo español*. Madrid: Editorial Síntesis, 1998:195.

逐步提升。从报刊内容来看，为了维持报刊运营，失去官方和政党经济来源的报刊，在政治新闻和社会新闻报道之外，增加了较多贴近老百姓日常生活的内容，刊登斗牛、足球、戏剧、彩票等生活类的消息，并广泛发行专业类副刊，增加广告的投放，以实现发行量的增加。

报刊的转型带来了报刊业整体格局的变化，报刊业出现了资本集中的趋势。进入20世纪后，西班牙出现了最早的报业集团，几家报纸联合起来运营，以此分散经营风险，加强对受众市场的渗透力度，并最大限度地扩大市场份额，西班牙报刊业的整体格局开始发生变化，各类报纸的"优胜劣汰"加剧。

这一时期，新闻业的整体发展刺激了新闻职业化的进一步发展。一方面，蓬勃发展的新闻产业对专业新闻工作者的需求不断增加，越来越多的独立于政治党派的职业化新闻从业人员涌现，新闻从业人员和报业工人群体得到壮大，分工也越来越明确。有志于投身政治的知识分子为了赢得关注并获得党派内部认可，常常将从事新闻工作或者为报刊撰稿作为其从政的职业跳板。另一方面，经过几个世纪的发展，特别是民主阶段新闻自由政策的贯彻，西班牙的新闻立法逐步健全，报刊文章署名制度和责任制度逐渐规范。报刊记者署名制推进了报界的知识产权意识，促使作者更加爱惜自己的羽毛，强化了新闻人的责任意识，新闻业的职业化不断加深。18世纪的西班牙报刊文章经常没有署名，知名新闻记者也寥寥无几。进入19世纪后，随着报刊业的发展以及报刊对于公众舆论影响增大，新闻从业人员的数量大幅度增加，构成也逐渐多样化，然而，在这一时期的报刊史上，占据主要位置的仍旧是报刊所依附的政治领导人。20世纪初，随着大众报刊的成熟，报刊记者逐渐成为新的意见领袖，其社会地位和声望也大大增加，撰写报刊文章不再是受人歧视的职业。第二共和国时期，47名记者被选为制宪会议议员，是继大学教授和律师之后，排名第三位的议员职业。① 此外，女性记者也开始更多地出现在报刊撰稿人的名单里，有

---

① Guerrero Moreno, Rafael. "La prensa en la Segunda República: breve aproximación como contexto vital de don Diego Martínez Barrio." *ÁMBITOS*, 2002, 7-8:329.

代表性的如卡门·德·布尔戈斯（Carmen de Burgos）、索菲娅·卡萨诺瓦（Sofía Casanova）、孔查·埃斯皮纳（Concha Espina）等。

随着报刊业的壮大，印刷工人成为马德里和巴塞罗那等中心城市工人阶级的重要组成部分，工人们建立了保护本行业利益的行业组织。继1871年成立西班牙印刷技术协会之后，1895年，米格尔·莫亚等人在马德里成立了马德里报业协会（Asociación de la Prensa de Madrid），成为西班牙第一个新闻行业协会。报刊工人和记者工会组织也迅速发展起来，1919年，图片印刷工人进行了名为"红色查禁"（censura roja）的活动，抗议政府暂停出版业宪法保障的做法，抗议活动从巴塞罗那开始，并逐步向西班牙全境扩展。同年，西班牙记者工会（Sindicato Español de Periodistas）成立，组织了西班牙历史上第一次记者罢工。

一、新闻类报刊

19世纪末20世纪初，一大批新闻类日报借助成功的商业运营而占据发行量榜首。其中，创办于19世纪末的《西班牙通信》《公正报》《自由报》《马德里传令官》和《先锋报》，以及20世纪初创办的《阿贝赛报》和《辩论报》（El Debate）等，是这一时期新闻类日报的重要代表。值得一提的是，19世纪末20世纪初的西班牙报刊，虽然大多已经改变了经营模式，与政治党派脱离了联系，但与同时期其他西方国家的新闻报刊相比，仍旧表现出明显的政治倾向。例如，一次世界大战期间，虽然西班牙政府保持中立地位，但是无论是政治类报刊还是非政治类报刊，都根据其自身政治倾向而加入不同的阵营，以《阿贝赛报》、《行动报》（La Acción）、《西班牙邮报》（El Correo Español）、《辩论》和《世界报》等报为代表的报刊选择支持同盟国；而《西班牙通信》《马德里传令官》《自由报》和《国家报》等报刊则站在了协约国一边。[①]

---

① Pinyol Vidal, Josep. "1898, el año de descolonización a través de las ilustraciones de la prensa madrileña y barcelonesa." Ponencia para X Congreso Centroamericano de Historia, UNAN, 2010.

创办于 19 世纪 60 年代的《公正报》是这一时期新闻类报刊的重要代表。复辟时期，该报引入了最新的印刷设备，大大提升了印刷和出刊的效率，而其成功的经营模式也助力其发行量一路飙升。1900 年，《公正报》发行量高达13 万份，摘得同时期报刊发行量的桂冠。[①]20 世纪初，《公正报》的销量有所下滑，在其主编被保守党政府任命为促进部部长后，其独立性遭到质疑，记者团队也因此产生分化，销量下滑。

《自由报》以其自由派的政治倾向和严谨的报刊风格著称，该报先后收买了巴塞罗那、塞维利亚、毕尔巴鄂和穆尔西亚等地的地方报刊，并同时发行西班牙最早的儿童画报《猴子》(*Monos*)。1919 年的记者总罢工之后，部分原《自由报》的记者出走，创办了《自由》(*La Libertad*)，并在很短的时间内迅速超过了《自由报》的发行量。1920 年，《自由》的发行量达到 9.2 万份。[②]

1906 年，三家在政治上支持左翼的新闻类报刊——《自由报》《公正报》和《马德里传令官》——联合起来，成立了西班牙出版公司（Sociedad Editorial de España），又称"托拉斯"（el trust），成为西班牙历史上第一个报业集团。随后，托拉斯陆续收购其他地方日报，如《格拉纳达的守卫者》(*El Defensor de Granada*)和《西北》(*Noroeste*)等报，旗下日报数量一度达到 9 家。在托拉斯的商业扩张计划中，还包括收购 19 世纪下半叶和 20 世纪初西班牙的比较著名的报刊《维戈的灯塔》《西班牙通信》《阿贝赛报》等，但均以失败告终，由此引发其经营模式的危机。此后，该公司遭遇更多的麻烦，特别是莫亚去世后，包括《公正报》在内的报刊陆续退出公司。20 世纪 20 年代后，托拉斯被迫改组成立环球出版集团（Sociedad Editorial Universal）。

1903 年，《白与黑》的创始人卢卡·德·特纳创办《阿贝赛报》。该报出版之初为周报，自 1905 年 6 月 1 日起改为每日发行。日报发行一个月后，报

---

① Pizarroso Quintero, Alejandro. "El periodismo en el primer tercio del siglo XX." *ARBOR: Pensamiento y Cultura*, 2010, Extra 186:47.

② Fuentes, Juan Francisco & J. Fernández Sebastián. *Historia del periodismo español*. Madrid: Editorial Síntesis, 1998:199.

1905 年 9 月 3 日的《阿贝赛报》的头版②

1929 年 10 月 16 日,《先锋报》推出的第一期《图片简讯》,头版为阿方索十三世的照片。

刊发行量便超过 5 万份。①《阿贝赛报》自创办之日起便以其先进的设计和经营模式著称,报刊聘用优秀的记者,并向西班牙全境派驻特约记者采集新闻。报刊以小报形式印刷,中缝装订,并不断增加版面,打破了普通报刊 8 版的传统,1930 年出版的《阿贝赛报》版面已经多达 40 版以上。《阿贝赛报》坚持保守的政治路线,支持王室,经常刊登王室活动的相关新闻。1909 年,卢卡·德·特纳将旗下的两份倾向于保守派阵营的新闻类报刊——《阿贝赛报》和《白与黑》——合并,建立西班牙报业集团(Prensa Española),并陆续并购其他报刊,成为 20 世纪上半年西班牙另一重要的报业集团。②

创办于 1881 年的《先锋报》是巴塞罗那发行的代表性新闻类报刊,同时也是 20 世纪后发行量最高的新闻类报刊之一。1929 年,《先锋报》推出名为《图片简讯》(Notas Gráficas)的副刊,副刊采用凹版印刷的方式印刷,并插入正刊一并销售。《图片简讯》以摄影图片的形式对国内重大新闻事件进行报道,其高质量的摄影图片是西班牙摄影新闻发展的重要成果。

1906 年,尼古拉斯·玛丽亚·德·乌

---

① Pizarroso Quintero, Alejandro. "El periodismo en el primer tercio del siglo XX." *ARBOR: Pensamiento y Cultura*, 2010, Extra 186:47.

② 图片来源:http://hemeroteca.abc.es/nav/Navigate.exe/hemeroteca/madrid/abc/1905/09/03/001.html。

戈伊蒂（Nicolás María de Urgoiti）建立了西班牙造纸厂。一次世界大战期间，进口纸张无法进入西班牙，为乌戈伊蒂造纸厂的价格垄断提供机会。乌戈伊蒂曾短暂担任西班牙出版公司的董事会主席，而西班牙造纸厂在纸张市场上的强势地位也为其进军报刊和出版业奠定了基础。在奥尔特加的支持下，1917年12月1日，《太阳报》创刊；次年，乌戈伊蒂创办了西班牙图书、出版与发行股份有限公司（Compañía Anónima de Librería, Publicaciones y Ediciones，CALPE）。

《太阳报》坚持独立办报的原则，政治上倾向于共和派，宣扬民主观念，反对教会影响，是新型报刊的重要代表，同时也是以奥尔特加为核心的"14年一代"宣扬文化精英主义、实现国家复兴的重要平台。《太阳报》制作精良，追求报刊内容的严肃性，摒弃斗牛、彩票、八卦等娱乐性新闻。出生于报刊世家的奥尔特加是《太阳报》的主要负责人，他将报刊看作实现其理想的重要场所，奥尔特加的很多重要文章都发表在《太阳报》上。在《没有脊椎的西班牙》（España invertebrada）和《群众的叛乱》（La

1917年12月3日发行的《太阳报》第3期的首页

rebelión de las masas）两篇文章中，奥尔特加剑指西班牙社会的种种陋习以及民族劣根性，提出应该通过知识精英阶层的努力来改造西班牙。此外，为了适应读者不断多样化的阅报兴趣，自1918年1月起，《太阳报》增加了各种专业副刊的发行，每天出版一种，其内容涵盖教育、生物、经济、历史、地理、建筑等多个方面。

《太阳报》代表了这一时期西班牙报刊的最高水平，但却未在销售上取得成功，其最高发行量仅为9.5万份，低于其他新闻类甚至是政治类报刊。由于不接受非法资助，该报的价格是当时普通报纸价格的两倍，每份报纸10分钱。

然而，报纸仍旧入不敷出，不仅难以支付制作费用，而且还需要应对政府价格保护措施。为了弥补缺损，乌戈伊蒂于 1920 年创办了晚间日报《呼声》(*La Voz*)，并成功实现销量上的突破，1929 年该报发行量达到 13 万份。1924 年，乌戈伊蒂建立菲布斯通讯社（Agencia Febus），旨在向旗下的报刊提供新闻素材，并降低报刊制作成本，同时拓宽新闻产品生产的宽度。

一次世界大战结束后，西班牙造纸厂经营遭遇危机，乌戈伊蒂陆续失去对《太阳报》《呼声》和菲布斯通讯社的控制权。20 世纪 30 年代后，乌戈伊蒂创办《坩埚》(*Crisol*) 和《光明—共和国日报》(*Luz-Diario de la República*) 等报刊，并联合奥尔特加等人，组建福尔门出版社（Editorial Fulmen）。第二共和国时期，在总统阿萨尼亚的支持下，《太阳报》《呼声》《光明》和《现在》报联合起来，成立支持共和政府的报业集团，被称为"阿萨尼亚托拉斯"（trust azañista）。然而，由于资金不足，该集团在 1935 年被卖给极端右翼集团，从此变换阵营，成为保守党控制的报业集团。西班牙内战爆发后，《太阳报》被长枪党控制，在其印刷厂印刷长枪党的官方报刊《向上报》(*Arriba*)，《太阳报》就此从西班牙读者的视线中消失。

在《太阳报》正式开办之前，奥尔特加就曾为《公正报》撰稿，并从 1915 年起担任《西班牙》(*España*) 杂志的领导工作。一年后，奥尔特加离开该刊，创办《观察者》(*El Espectador*) 杂志，《西班牙》转由路易斯·阿拉基斯塔因（Luis Araquistáin）接掌。《西班牙》和《观察者》都是这一时期重要的自由派倾向的杂志，两份报刊汇集了以"98 年一代""14 年一代"和"27 年一代"为代表的白银时代的重要知识分子，成为这一时期新型杂志的标杆。由于《西班牙》杂志的激进立场以及对 1917 年危机中非官方的议员代表大会的支持，杂志多次遭到查禁和暂停出版。1923 年，奥尔特加本人创办《西方杂志》(*Revista de Occidente*)，旨在宣传西方先进的思想和科学技术。

《现在》(*Ahora*) 是另一份创立于内战前的新闻类报纸。该报自 1930 年开始发行，其创始人路易斯·蒙铁尔·巴兰萨特（Luis Montiel Balanzat）是经营纸张的商人，在创办《现在》之前曾办过《世界小说》(*La Novela*

Mundial)等报刊。《现在》在其创办之初有明显的保皇倾向,而在第二共和国建立之后迅速转向了共和阵营。该报拥有先进的印刷设备,其撰稿团队集合了包括乌纳穆诺、巴列—因克兰、皮奥·巴罗哈等在内的知名知识分子,而包括萨尔瓦多·巴尔托洛兹(Salvador Bartolozzi)在内的画家团队也保证了报纸高质量的制作水准,特别是其头版新闻图片成为《现在》的标志性产品。该报创办后发行量迅速上升,最高发行量逼近 10 万份,成为《阿贝赛报》等报的重要竞争对手。

二、文化类报刊

进入 20 世纪后,文化娱乐类报刊获得进一步发展,专门的体育、女性和时尚类刊物数量迅速增加。西班牙早期体育报刊的代表有《体育报》(Los Sports)、《体育回声报》(Eco de Sports)、《足球》(Foot-Ball)、《阿斯画报》(Semanario Gráfico AS)、《世界体育报》(Mundo Deportivo)等。其中,巴塞罗那的《世界体育报》创办于 1906 年,原名为《体育世界》(El Mundo Deportivo),1999 年正式更名为《世界体育报》,该报是当今西班牙历史最为悠久的体育报刊,同时也是亲巴塞罗那足球俱乐部的代表性刊物。除了足球,斗牛也是西班牙传统竞技体育的重要组成部分,新时期报刊业的繁荣也带来了专业斗牛类报刊的发展。1900 至 1936 年期间,仅马德里一地就新增 141 份专门的斗牛出版物。[①] 这一时期出版的时尚报刊包括《芙里尼》(Friné)、《时尚的回声》(El Eco de la Moda)等。

报刊类型的多样化还表现在这一时期的儿童报刊和儿童文学的繁荣。早在 1904 年,巴塞罗那便出现了用加泰罗尼亚语发行的儿童画报《帕图菲特的世界》(En Patufet),画报在当地获得巨大成功,最大发行量高达 6.5 万份。

[①] Pizarroso Quintero, Alejandro. "El periodismo en el primer tercio del siglo XX." *ARBOR: Pensamiento y Cultura*, 2010, Extra 186:51.

1917年3月11日出版的《TBO》第一期的封面

1917年3月，20世纪西班牙最重要的儿童画报《TBO》在巴塞罗那创刊，该刊发行时间长达81年，直到1998年才停刊。在内战前夕的1935年，《TBO》的销量高达22万份。[①] 由于其在西班牙儿童画报领域的重要影响，该杂志名称的西语拼读形式"tebeo"逐渐演变为西班牙语中所有儿童画报的统称。

报刊和儿童画报的出现也推动了儿童文学的发展，1928年，著名儿童文学作家玛丽亚·德拉·恩卡纳西翁（María de la Encarnación）以埃莱娜·福尔顿（Elena Fortún）为笔名，开始在《白与黑》杂志上连载塞利亚·加尔维斯（Celia Gálvez）系列的儿童故事，深受欢迎，塞利亚也因此成为这一时期西班牙家喻户晓的人物。

三、政治类报刊

进入20世纪后，政治报刊在西班牙的报刊业中仍占有较多份额，一方面，动荡的国内外局势和激烈的政治斗争使政治成为信息生产的重要领域，读者需要专业的政治信息服务，因而政治类报刊仍旧占据重要地位；另一方面，虽然这一时期新闻类的非政治报刊在发行量和制作水平上都逐渐占据主导地位，但是报刊的政治性倾向仍旧明显。政治类报刊中属于自由党阵营的报刊有《西班牙人》、《环球日报》（El Diario Universal）、《报刊》和《早晨》等。共和派报刊的主要代表是19世纪末开始发行的《国家报》，该报自创办之日起便以其进步的政治理念和先进的文学水准而出类拔萃，很多"98年一代"的重要

[①] Pérez, Ramón. "Cien años del *TBO*." Noticias 24, 5 de enero, 2017. http://www.noticias24digital.com/opinion/ramon-perez/cien-anos-tbo/20170105090624001154.html.

作家都在《国家报》上撰写文章。1897 年，以勒鲁为代表的部分编辑从《国家报》出走，创办了另一份共和派的报刊《进步》。除此之外，其他共和派的报刊包括《人民》《新西班牙》(España Nueva)、《洪水》(El Diluvio)、《宣传》(La Publicidad)、《反叛》(Rebeldía)、《不妥协》(El Intransigente)、《瓦伦西亚市场报》(El Mercantil Valenciano) 以及《极端报》(El Radical) 等报刊。

在保守党阵营，保守党内部分化出的极右派以保守党前领袖毛拉为旗帜，自称"毛拉主义者"(maurista)，毛拉主义的报刊包括《讲坛》(La Tribuna)、《闲聊之地》(El Mentidero) 和《行动报》等。19 世纪上半叶开始发行的保守党报刊《时代》在创办之初支持卡诺瓦斯的自由主义，然而卡诺瓦斯去世后，《时代》转向支持毛拉的保守主义。除此之外，同属保守党阵营的政治报刊还有西尔韦拉的《时报》(El Tiempo) 和《信息报》(Informaciones) 等报。1922 年，具有明显右派倾向的《信息报》开始在马德里发行，并由曾经担任《西班牙通信》的莱奥波尔多·罗密欧 (Leopoldo Romeo) 领导。里维拉独裁统治期间，《信息报》被银行家胡安·马奇 (Juan March) 收购，得到强大的经济助力，快速成为这一时期发行量最大的报刊之一。除了《信息报》，1925 年，马奇收购了左翼报纸《自由》，该报在第二共和国期间加入共和党阵营，反映出这一时期西班牙政治和媒介的奇特关系，马奇对国内政治派别两面下注，保证无论哪一派上台他都可以如鱼得水。

里维拉独裁政府时期，作为前一任政府"遗留物"的政治报刊遭受重创，无论是保守党的《时代》，还是自由党的《报刊》和《环球日报》，都受到独裁政府的镇压。然而，政府对于其他阵营的报刊则相对宽容，包括《太阳报》《呼音》《马德里传令官》以及《自由报》等站在政府对立面的报刊都没有遭到政府的为难，共产党的报刊虽遭到新闻查禁，却并未被关闭。

20 世纪后，面对社会改革以及大众报刊的冲击，天主教会推出"好报刊"运动。1910 年，吉列尔莫·德·里瓦斯 (Guillermo de Rivas) 在马德里创办了《辩论》(El Debate)，该报几度易手，1911 年后由安赫尔·埃雷拉·奥里亚 (Ángel Herrera Oria) 接管，在他的经营下，《辩论》获得银行资金的注入，成为这一时期天主教报刊的重要代表。1916 年,《辩论》的发行量达到 5 万份,在第二共和国前夕接近 8 万份。此外,埃雷拉·奥里亚以《辩论》为基础先后建立了天主教出版社(Editorial católica)和新闻学校。① 第二共和国时期,天主教出版社成为西班牙自治右翼联盟的重要支持者。除了《辩论》之外,其他天主教报刊的还有《安达卢西亚邮报》(El Correo de Andalucía)、《北方公报》(La Gaceta del Norte)、《环球报》(El Universo)、《Ya》(Ya)等。

在 19 世纪末的美西战争中,西班牙惨败,进一步加剧了加泰罗尼亚和巴斯克的地方分离主义趋势,这些地区要求政治上自治和经济上自主的呼声此起彼伏。1898 年,在加泰罗尼亚民主主义领导人恩里克·普拉特的支持下,《加泰罗尼亚之声》(La Veu de Catalunya)创刊。该报最初为周刊,次年 1 月 1 日改为日报,是这一时期加泰罗尼亚里加的官方报刊,在该地区具有重要影响力。同属加泰罗尼亚主义阵营的报刊还包括《格拉西亚的钟楼》、《杜鹃鸟!》(¡Cu-cut!)、《复兴运动》、《塔楼上的铃铛》和《鞭子》(La Tralla)等。

虽然卡洛斯派在军事上失败了,但却并未放弃坚持了一个世纪的卡洛斯主义。卡洛斯派的报刊主要在巴斯克、纳瓦拉和加泰罗尼亚等地发行,如《未来的世纪》、《步枪》(El Fusil)、《西班牙邮报》,等等。除此以外,卡洛斯派也在阿根廷出版周报《正统西班牙人》(El Legitimista Español)。同一时期,巴斯克地方民族主义的报刊有《巴斯克邮报》《祖国》《巴斯克》《地方特权主义者》(El Fuerista)等。1917 年在毕尔巴鄂发行的文化类杂志《赫尔墨斯》(Hermes),是试图将巴斯克民族主义与现代文化思想结合起来的代表。

动荡的时局推动了社会运动的发展,进入 20 世纪后,西班牙出现大量社会主义、无政府主义和共产主义的报刊。由于缺乏社会基础和经济资源,尤其是很难吸纳广告主的青睐,相比其他政治报刊,这个阵营的报刊发行量很小,而且经常因为资金不足或政府的管制而被迫关闭。社会主义报刊有工

---

① Pizarroso Quintero, Alejandro. "El periodismo en el primer tercio del siglo XX." *ARBOR: Pensamiento y Cultura*, 2010, Extra 186:46–48.

人社会党的官方报刊《社会主义者》、UGT 的官方报刊《工人联盟》（*Unión Obrera*）、《阶级斗争》、《社会的曙光》、《新纪元》（*La Nueva Era*）和《社会主义杂志》（*La Revista Socialista*）等报刊。无政府主义的报刊包括《工人团结》（*Solidaridad Obrera*）、《白色杂志》、《土地与自由》等。此外，俄国的十月革命带动了马克思列宁主义在西班牙的传播，1920 年，西班牙共产党（Partido Comunista Español，PCE）建立。十年后，西班牙共产党创办了官方期刊《工人世界》（*Mundo Obrero*）。第二共和国时期，共产党的报刊获得进一步发展，《十月》（*Octubre*）、《新文化》（*Nueva Cultura*）和《苍鹰》（*Azor*）等报是这一时期左翼阵营报刊的代表。

第四节　广播的萌芽

19 世纪末 20 世纪初，电磁波理论不断完善并付诸应用，推动了无线电技术的产生和发展。此时，西班牙正处在波旁王朝复辟政府时期，为了使新的传播方式为其服务，政府大力支持无线电信号的传播和接收技术的研究和实验。在西班牙的无线电技术尚不够成熟的时候，政府就颁布法令，宣布政府对无线电技术的垄断。1916 年，西班牙第一家无线电技术公司——伊比利亚电信公司（Compañía Ibérica de Telecomunicaciones）——宣布成立。1923 年，政府颁布《广播法》，宣布加大广播基础设施建设，并确立了政府对无线电传播的垄断地位。同年，伊比利亚电信公司合并西班牙广播电话公司，并在此基础上建立伊比利亚广播电台（Radio Ibérica），这被认为是西班牙广播诞生的标志。1924 年 5 月，伊比利亚广播台推出固定广播节目，内容有皇家剧院音乐会转播、诗歌朗诵、圣诞彩票抽奖等。

里维拉独裁统治时期，政府加大对无线电的管制，宣布此前建立的所有电台非法，并规定所有的广播电台必须取得许可证。伊比利亚广播电台的成立虽然早于独裁政府，然而因为与里维拉独裁政府关系密切，得到政府的支持，里维拉本人也利用该广播电台发表了两次演讲。1924年，为了利用无线广播这一新兴的传播方式进行宣传，里维拉政府召开全国无线电大会（Conferencia Nacional de Telegrafía sin Hilos），来自政府部门、军方以及无线电技术公司的各方代表出席大会，对西班牙广播业的相关规章制度进行商榷。同年，政府颁布广播管理法令，确立了许可证制度和广播监察制度，西班牙的广播立法由此开始。

截至1926年3月12日，西班牙政府共发放了27份广播电台许可证[1]，其中，最早取得广播许可证的是巴塞罗那广播电台（Radio Barcelona），其编号是EAJ-1。此后，西班牙广播电台（Radio España）、加的斯广播电台（Radio Cádiz）、卡斯蒂利亚广播电台（Radio Castilla）、塞维利亚俱乐部广播电台（Radio Club Sevillano）和伊比利亚广播电台等台先后取得许可证。1924年底，乌戈伊蒂的儿子里卡多·乌戈伊蒂（Ricardo Urgoiti）创办了联合广播电台（Unión Radio）。联合广播电台不仅拥有丰厚的经济实力、技术基础和企业化的经营理念，而且有乌戈伊蒂和奥尔特加·伊·加塞特等在报刊领域具有影响力的人物为其站台，因而联合广播电台后来居上，迅速占据了行业领先地位。

1926年，政府再次颁布法令，允许转让广播许可证，推动了广播集团的出现。联合广播电台凭借其优势先后兼并巴塞罗那广播电台、自由广播电台（Radio Libertad）、伊比利亚广播电台，从而建立了西班牙第一个广播电视网。西班牙内战后，联合广播电台改名为西班牙无线电广播公司（Sociedad Española de la Radiodifusión，SER）。

第二共和国时期，虽然共和国领导人也通过广播发表演讲，但共和国是在阿方索十三世流亡海外后匆忙建立，因而社会基础先天薄弱，面对各方质疑声，共和国政府进退失据，对媒体更是充满怀疑，在里维拉独裁政府期间得到信任因而获得较快发展的广播同样也不例外。面对共和国反对派制造的

---

[1] Pérez Varela, Fidel. "Los inicios la radio en Europa: 1921—1930." *Razón y palabra*, 2015, 90:11. http://www.razonypalabra.org.mx/N/N90/Varia/37_Perez_V90.pdf.

骚乱以及政府改革带来的重重危机，政府意识到难以利用政治倾向多样的报刊和广播电台为其服务，因而出台一系列出版管制法令，施行了严格的新闻管制，同时设立通信部，负责广播网的技术和法律管理。1933年，在共和国末期，为了保证议会选举顺利举行，政府甚至禁止政治党派利用电台进行政治宣传。

总体来看，西班牙内战前，西班牙的广播业经历了从军事通讯到民用广播电台的建立的过程，为之后广播的快速发展奠定了基础。早期的电台节目没有固定播放时段，听众有限，节目内容以音乐、文学、体育、戏剧、气象、彩票和儿童节目等信息为主。然而，随着广播受众的不断扩大，广播内容的不断丰富，广播技术不断发展，新的广播电台陆续建立，节目播放时间逐渐固定，节目内容和形式逐渐多样化，而收音机生产技术的发展也使得广播业得到巨大发展，进一步推动了这一时期听众人群的增加。1930年，联合广播电台推出了西班牙新闻类节目——《发言》（*La palabra*），成为第一个脱离报刊新闻进行独立编导的广播新闻节目。[①]1930年，加泰罗尼亚广播协会（Radio Asociación de Cataluña）成立，推出加泰罗尼亚语的广播节目。

第五节　新闻管制与新闻自由

20世纪初至西班牙内战前，报刊数量和发行量的增加从一个侧面反映了动荡的国内外局势，而报刊上的辩论凸显了不同利益集团的斗争，也在某种程度上助长了社会的极化趋势。[②]1902年，保守党提出针对诽谤罪的提案，虽然法案并未获得通过，但是体现了政府管控言论的决心。1905年11月23日，

---

① Pérez Martínez, José Emilio. "Mujeres en la radio española del siglo XX（1924—1989）." *ARENA*, enero-junio, 2016:42.

② Guerrero Moreno, Rafael. "La prensa en la Segunda República: breve aproximación como contexto vital de don Diego Martínez Barrio." *ÁMBITOS*, 2002, 7-8:328.

1905 年 11 月 23 日刊登在《杜鹃鸟！》上的讽刺军方的漫画

巴塞罗那的《杜鹃鸟！》刊登了一副讽刺军方在古巴和菲律宾战场失败的漫画，由于杂志在全国范围的影响力巨大（发行量接近 3 万份[①]），漫画在国内引起轰动。两天后，军队袭击了该刊和《加泰罗尼亚之声》的编辑部，烧毁房屋和家具，这一事件成为激化报刊和军方矛盾的导火索。自由派政府在军方的压力下被迫下台，组建新的政府，并中断出版权利的宪法保障。1906 年，议会通过《管辖法》（*Ley de jurisdicciones*），规定通过出版攻击国家和军队的行为违法，相关案件的管辖权归于军事法庭。1898 至 1923 年，政府先后 23 次中断出版权利的宪法保障，出版自由受到很大控制。[②]

除了以强制的手段对新闻报刊进行管控，政府控制报刊的另一个方式是通过各种渠道收买报刊，使报刊为其服务。19 世纪政府向媒体提供的"爬行基金"在这一时期成为普遍现象，不仅覆盖依附官方或政党的政治报刊，也包括自称独立的非政治类报刊。

第一次世界大战爆发后，战事使得原料运输难度增大，供不应求导致纸张价格上涨，来自交战国家的广告收入也基本消失。虽然以德国为代表的交战国通过大使馆向西班牙报刊提供资金援助，以此获得西班牙舆论的支持，避免西班牙加入敌方阵营，但多数报刊仍旧难以支付昂贵的纸张价格，一些小型报刊被迫关门。为了应对危机，很多报刊纷纷接受了政府抛出的"橄榄枝"：1916 年，达托政府颁布法令，宣布向报刊提供补贴，弥补因为纸张价格上涨带来的损失；1918 年，达托政府宣布向经营困难的报刊（保守党阵营的报刊）提供借

---

① Socorro Arroyo, María del. "Política y periodismo: la caricatura de *¡Cu-cut!* desencadenante de la ley de jurisdicciones." *Documentación de las ciencias de la Información*, 1990, 13:14.

② Fuentes, Juan Francisco & J. Fernández Sebastián. *Historia del periodismo español*. Madrid: Editorial Síntesis, 1998:179.

款，政府借款几乎覆盖了这一时期的主要报刊，既有政治类报刊，也有宣称独立的非政治类报刊，但是最终大多数报刊此后并未将借款还给政府。[①]

里维拉独裁政府建立之初，出于对复辟政府的不满以及政府建立之初一系列改革措施所带来的良好效果所鼓励，不少人对军政府寄予希望，部分报刊对新政府持观望甚至是支持的态度。然而，很快，政府宣布废除1876年民主《宪法》，加强新闻管控，众多报刊被迫停刊，未停刊的报刊也遭到严格的新闻审查。于是，报刊有意识地利用空白、省略号、段落删除等方式，以表达对新闻管制的反抗。有鉴于此，1923年11月，政府颁布法令，明令禁止新闻报刊使用空白、省略号等形式代替被删除的文章或段落。[②] 随着社会矛盾的加剧以及新闻管制的强化，加之独裁政府所许诺的多项社会改革计划落空，独裁政府失去其建立初期得到的支持，原来亲政府的报刊也纷纷站到了政府的对立面。

第二共和国建立后，政府取缔了1906年的《管辖法》，并颁布了真正民主的《出版法》，承认出版自由，取消新闻审查、出版法院，并规定任何情况下不得要求报刊终止发行。然而，第二共和国缺乏广泛的社会支持，社会动荡不安，骚乱不断，而共和政府雄心勃勃的改革计划也为其树敌无数，因而从建立之初，共和国便遭到新闻报刊的攻击。面对舆论危机，政府同样诉诸新闻管制，《阿贝赛报》《辩论》和西班牙共产党的官方机关刊物《工人世界》等报刊纷纷被勒令暂停发行。此后，共和政府颁布了《捍卫共和国法》（*Ley de Defensa de la República*），规定任何扰乱公共秩序的新闻报道都将被视为对共和国的攻击。《捍卫共和国法》还对出版犯罪进行了界定，并加强了罚款、停刊等管制手段。1932年，政府再次颁布法令，宣布暂停127份报刊出版物。从这个意义上来看，被称为"记者共和国"的第二共和国并未放松新闻管制，

---

① Fuentes, Juan Francisco & J. Fernández Sebastián. *Historia del periodismo español*. Madrid: Editorial Síntesis, 1998:179.

② Costa Fernández, Lluís. "Comunicación y propaganda durante la dictadura de Primo de Rivera（1923—1930）." *Historia y Comunicación Social*, 2013, 18:391.

经济惩罚和停刊是共和国政府进行新闻管制并以此驯化新闻媒体的重要手段。

1933年,随着阿萨尼亚政府的下台,极端共和党和自治右翼联盟组成的联合政府上台,《捍卫共和国法》被废除,但新闻管制并未结束。政府宣布进入紧急状态,并再次对新闻报刊实行事先查禁,这一局势在1934年十月革命后进一步加强,左翼阵营的众多报刊纷纷被禁。1935年,新闻审查被暂时取消,但是由于内战前的紧张局势,新闻管制再次加强。

第八章 西班牙内战和弗朗哥时期的新闻传播
CHAPTER 8

1936年，第二次世界大战前夕，西班牙内战爆发。除了交战的双方——共和军和国民军——之外，意大利墨索里尼政府、纳粹德国、苏联以及国际纵队也卷入这场内战，使西班牙内战成为一个国际事件，并进一步演变成整个第二次世界大战的前奏。战争持续了两年多，造成巨大的伤亡，战争与杀戮给西班牙社会和人民造成巨大创伤，内战之殇成为西班牙新闻和文学反复触及的巨大创痛。弗朗西斯科·弗朗哥得到了军队、教会、卡洛斯派、地方特权阶层以及右翼政党支持，在内战中被选为最高统帅、长枪党领袖和政府首脑。1939年4月，第二共和国正式解体，西班牙从此陷入长达36年的弗朗哥独裁统治时期，给20世纪的西班牙历史、政治、文学和新闻学研究留下了无数的议题。

鉴于报刊出版物巨大的影响力，新闻报刊在内战和弗朗哥统治时期得到了各派政治力量的青睐，是政府和其他政治势力进行政治宣传的重要工具。内战中，交战双方纷纷成立专事宣传的部门，将各自占领区的新闻报刊收编，禁止反对思想的传播。内战结束后，弗朗哥政府实行了严格的新闻管控，新闻报刊以服务于独裁政府的"国民运动报刊网"（Cadena de Prensa del Movimiento）的报刊为主，非国民运动报刊网的出版物包括保守派阵营的主要报刊《先锋报》《阿贝赛报》和《马德里》等。此外，建立于1939年的埃菲社在独裁统治期间成为官方新闻社，获得较快的发展，并在20世纪60年代后陆续开辟海外业务。

战场上瞬息万变的局势也使得广播的优势得以充分发挥，广播成为内战中最重要的媒体，交战双方都借助广播发布对各自有利的消息，进行战事宣传，同时也发动对敌方的信息攻势。弗朗哥政权建立后，无线电传播技术得到进一步发展。这一时期，西班牙广播经历了从军用广播到作为大众媒体的广播、从短波发射机到调频电台的演变过程，电台频率不断增加，广播的娱乐功能也得到充分释放，新的广播节目类型不断涌现，广播剧和音乐广播等节目赢得大量因深陷内战而需要慰藉的听众，出现了一批深受观众喜爱的广播节目，收听广播逐渐成为西班牙人民日常活动的一部分。

20世纪50年代，西班牙进入电视时代。随着电视技术的发展，西班牙电视台（Televisión Española，TVE）的播出时间逐渐延长，节目类型多样，内容日益丰富。60年代后，西班牙电视迎来其发展的黄金期，《每日电视新闻》《1号摄影棚》和《一、二、三……请再次回答》等王牌电视节目以及《让人无法入眠的故事》和《马丁内斯一家》等家喻户晓的国产电视剧为西班牙电视台赢得了众多忠实观众。

当然，与欧美发达的国家相比，同一时期的西班牙工业化程度仍旧较低，教育水平相对落后。严峻的国内经济形势以及国际社会对弗朗哥政权的孤立等诸多因素造成西班牙广播电视业发展相对缓慢，基础设施建设落后，广播和电视的普及率、节目质量以及传播能力与欧美国家相比仍旧差距较大。

第一节　内战期间的新闻传播

三年内战将西班牙社会分裂成两个敌对的阵营，双方激烈的战事以及德、意、苏联和以国际纵队为代表的各国民主力量的参与使内战成为这一时期西班牙最重大的事件，也成为新闻报刊集中关注的对象。

一、西班牙内战

1936 年 7 月 17 日，驻扎在摩洛哥的西班牙军队发动政变。次日早晨，共和国政府通过广播宣布叛乱失败，然而，叛乱军队并未被彻底镇压，反而不断向其他地区蔓延。叛军成立"国民防御委员会"（Junta de Defensa Nacional），自称"国民军"。希特勒政府派出运输机帮助国民军顺利渡过直布罗陀海峡，向半岛其他地区节节进攻，并直逼马德里，共和政府被迫迁往瓦伦西亚。

早在内战爆发前，西班牙共产党建立了工农反法西斯民兵（Milicias Antifascistas Obreras y Campesinas）。内战爆发后，工农反法西斯民兵组成不同的队伍与法西斯力量进行斗争，其中一支 10 万人的兵团——第五民兵团（Quinto Regimiento de Milicias Populares）——在马德里保卫战中发挥了重要的作用，成为共和军的重要代表。1936 年，纳粹德国举办奥运会，为了抵制纳粹德国，法英美等国决定于 1936 年 7 月在巴塞罗那召开人民奥运会（Olimpiada Popular）。然而，西班牙内战爆发，人民奥运会被迫取消，前往巴塞罗那参加比赛的 200 余名外国运动员和记者自愿留下来，参加反对法西斯的战斗。① 面对德意等法西斯国家对国民军的支持，英法签订"不干涉"协议，实施绥靖政策，置身事外。在英法的倡议下，包括德意在内的欧洲国家集体签订不干涉协议并成立"不干涉委员会"，但是德意两国仍旧向叛军提供军火和战时物资。共和国政府多次申请国联的保护，对德意法西斯的干涉提出抗议，国联熟视无睹。1936 年 8 月，苏联改变策略，决定向西班牙共和国政府提供武器和战略物资。此外，在共产国际的号召下，来自全世界 53 个国家的 4 万余名志愿者奔赴西班牙②，组建著名的"国际纵队"，加入捍卫西班牙共和国的战斗，其中包括美国著名作家欧内斯特·米勒·海明威（Ernest Miller Hemingway）、英国记者和作家乔治·奥威尔（George Orwell）和加拿大共产党员诺尔曼·白求恩（Norman Bethune）等人。1946 年，乔治·奥威尔回顾当年的经历时曾写道："西班牙战争以及 1936 至 1937 年发生的其他事件改变了一切。从那时起，我就清楚了我的使命何在。1936 年后，我认真书写的每一行文字都直接或间接地表达了我反对极权主义、支持我所理解的民主社会主义的立场。"③

西班牙著名画家巴勃罗·毕加索（Pablo Picasso）的壁画《格尔尼卡》（Guernica），该画以内战中德国空军的秃鹰军团对西班牙北部小镇格尔尼卡进行猛烈轰炸为背景。

西班牙内战被视为第二次世界大战的前奏，是世界民主力量与德意法西斯势力的一次全面较量，德意和苏联在西班牙战场使用了坦克、飞机和轰炸机等新式武器对军事及民事目标进行轰炸，西班牙内战也因而成为欧洲强国试验新式武器和新战术的战场。在内战中，军

---

① Renn, Simone. "Las Brigadas Internacionales, el mayor acto de solidaridad internacional en la historia." *La Política*, 14 de abril de 2017. http://www.la-politica.com/brigadas-internacionales/.

② 赵国新:《英国志愿军与西班牙内战》，载《国际论坛》2014 年第 1 期，第 21 至 25 页。

③ Renn, Simone. "Las Brigadas Internacionales, el mayor acto de solidaridad internacional en la historia." *La Política*, 14 de abril de 2017. http://www.la-politica.com/brigadas-internacionales/.

事优势明显且得到德意援助的国民军逐渐占据上风，1938年的特鲁埃尔战役（batalla de Teruel）后，共和军节节溃败。1939年1月，国民军攻克巴塞罗那；3月，马德里沦陷；4月，内战正式结束，第二共和国解体，西班牙进入弗朗哥独裁统治时期。

二、内战期间的新闻传播

据统计，内战爆发后支持共和政府的报刊达到1400份，而支持国民军的报刊为1125份。① 支持共和国的报刊有《蓝色猴子》（*El Mono Azul*）、《民兵》（*Milicia Popular*），等。内战爆发后，1936年7月20日，共和国政府宣布征用在马德里发行的《阿贝赛报》《Ya》《辩论》《现在》《未来的世纪》和《信息报》等右翼阵营的报刊。原属保守派阵营的《信息报》也被征用，成为社会党的官方报刊，但随着战争的结束以及弗朗哥政权的建立，该报再次回到右翼阵营。

内战爆发两天后，巴塞罗那的《先锋报》被加泰罗尼亚政府接管，在CNT和UGT的控制下，《先锋报》成为加泰罗尼亚自治政府和共和派的报刊，而其原来的所有者戈多家族则流亡日内瓦等地，直到内战结束后才回国再次接管报刊。内战爆发后，以何塞普·玛丽亚·萨加拉·伊·普拉纳（Josep Maria Sagarra i Plana）、阿古斯蒂·森特列斯（Agustí Centelles）等为代表的《先锋派》的记者深入战争第一线，用图片的形式将战争记录下来。②

政治上坚持保守路线、支持君主制的《阿贝赛报》在第二共和国期间多次被勒令暂停发行。1936年7月25日，新《阿贝赛报》开始发行，其头版印有"共和国万岁！"几个醒目的大字，并写到"今天，这份报纸进入一个新

---

① García Benabarre, Elena. *Periodismo y política: el caso de ABC durante la Guerra Civil Española (1936—1939)*. Universidad de Sevilla, Sevilla, 2017:21.

② Sánchez Vigil, Juan Miguel. "El suplemento de 'Notas Gráficas' del diario *La Vanguardia* durante la Guerra Civil Española: contenido y autores." *Revista Photo & Document*o, 2016, 2:1–14.

1936 年 7 月 31 日加上副标题《左翼共和派的日报》的《阿贝赛报》。

时期。"①7 月 31 日后，报刊开始加上副标题《左翼共和派的日报》出版，即以《阿贝赛报——左翼共和派的日报》(ABC-Diario Republicano de Izquierdas)为名称发行，成为共和政府进行战斗动员的宣传员。由于 UGT 的图片印刷工人以及插图画家的加入，大大提高了《阿贝赛报》的图片新闻质量，高品质的图片新闻为共和国呐喊助威，歌颂劳动者，抨击叛军，谴责国际法西斯主义。②据统计，内战期间马德里版的《阿贝赛报》的图片新闻占全部新闻总数的 38%。③早在 1928 年，《阿贝赛报》推出了塞维利亚地方版的报纸。然而，内战爆发后，塞维利亚被国民军占领，该报也继续奉行其保守的政治路线，成为国民军的坚定支持者。当共和国政府宣布征用马德里《阿贝赛报》后，塞维利亚版的《阿贝赛报》在其头版印上"西班牙万岁！"几个大字，宣布与马德里《阿贝赛报》正式决裂，投入国民军阵营。

在内战中，广播新闻拥有的巨大时效性优势得以充分体现出来，其传播地位在内战中得到进一步的巩固。为了赢得舆论支持，鼓舞士气，交战双方纷纷利用广播宣传其立场，电波战成为西班牙内战的另一战场。在战争的关键性时刻，无线电波将前线的消息第一时间传递给人们，通过广播电台发布战事消息或者发表领导人的重要演讲成为这一时期新闻与宣传的常态。1936 年，阿萨尼亚就任总统之后，立即通过联合电台发表演说，进行政治宣传以赢取民心。7 月 17 日，驻摩洛哥的西班牙军队发动叛乱，在叛军尚未被镇压

---

① García Benabarre, Elena. *Periodismo y política: el caso de ABC durante la Guerra Civil Española (1936—1939)*. Universidad de Sevilla, Sevilla, 2017:22.

② Maestre, Antonio. "Cuando 'ABC' era rojo y republicano." *Lamarea*, 16 de marzo de 2014. https://www.lamarea.com/2014/03/16/cuando-el-abc-era-rojo-y-republicano/.

③ García Benabarre, Elena. *Periodismo y política: el caso de ABC durante la Guerra Civil Española (1936—1939)*. Universidad de Sevilla, Sevilla, 2017:32.

下去的情况下，为了抢占舆论先机，共和国政府于次日凌晨通过广播宣布叛乱已被剿灭。联合广播电台在内战中始终站在第一线，由此而声名大振。那时，联合广播电台开始每天晚上九点播出节目《前线的扬声器》（Altavoz del frente），并通过装甲车将广播设备和新闻记者带到前线，将前线的战事新闻传达给听众。

占据广播电台和印刷厂同样是国民军抢夺传播资源的重要方式。休达广播电台（Radio Ceuta）和塞维利亚广播电台（Radio Sevilla）先后被国民军占领。1933年成立的卡斯蒂利亚广播电台（Radio Castilla）是国民军的重要电台，国民军的许多重要的战事消息都通过该电台得以发布。此外，在纳粹德国的支持下，国民军在萨拉曼卡创建西班牙国家广播电台（Radio Nacional de España，RNE），电台于1937年1月19日正式开播，成为弗朗哥政权在内战期间和内战结束后的重要宣传工具，与从属于"国民运动报刊网"的纸质出版物一起服务于弗朗哥政权。第二次世界大战爆发后，西班牙国家广播电台和弗朗哥政府的其他宣传工具一样，成为德、意法西斯政权在西班牙进行政治宣传的工具。

第二节 弗朗哥时期的新闻传播

一、弗朗哥政权建立

1933年，里维拉之子何塞·安东尼奥·普里姆·德·里维拉（José Antonio Primo de Rivera）建立法西斯政党——西班牙长枪党（Falange Española），并在1934年将西班牙长枪党与国家工团主义进攻委员会（Juntas de Ofensiva Nacional-Sindicalista，JONS）合并。内战爆发后，长枪党再次易名，称"西班牙传统派长枪党和国家工团主义进攻委员会"（Falange Española Tradicionalista y de las Juntas de Ofensiva Nacional Sindicalista，FET y las

JONS），弗朗哥成为长枪党领袖。弗朗哥专制政权建立之后，在教会、军队和长枪党的支持下，弗朗哥本人集所有的权力于一身，由他任命的亲信把持政府各部门要职，排除异己以巩固独裁统治。为了剥夺其他党派发展空间，弗朗哥政府宣布除长枪党之外的一切政党为非法党派。此后，弗朗哥建立西班牙工会组织（Organización Sindical Española, OSE），并宣布它为唯一合法工会，借此对左翼政党和工人组织进行迫害和镇压，无数人被处决、逮捕或流放。

为了彻底推翻共和国、打击异己，弗朗哥政府自内战尚未结束时便陆续颁布一系列法律条令，如《国家中央管理法》(Ley de la administración central del Estado)、《劳动法》(Fuero del trabajo)、《政治责任法》(Ley de responsabilidades políticas)、《镇压共济会和共产主义法》(Ley para la Represión de la Masonería y el Comunismo)，等等。其中，《政治责任法》追溯内战中共和国支持者的责任，并成立专门的政治责任法庭进行审理和裁定处罚方式。此外，独裁政府取缔在内战中支持共和政府的加泰罗尼亚的自治权，禁止在公共文件和私人谈话中使用加泰罗尼亚语。与此同时，为了在思想上钳制异己，政府取缔言论和出版自由，规定所有媒体都必须经过政府的审查方能刊登新闻，自此，大批文人流亡海外，西班牙文化陷入万马齐喑的低谷。

第二次世界全面爆发后，弗朗哥宣布西班牙持绝对中立的立场。1940年后，随着德意轴心国在欧洲战场的节节胜利，弗朗哥政府的立场由中立转为不交战政策，占领了摩洛哥的丹吉尔（Tánger）。此后，弗朗哥政府与希特勒签订秘密协议，决定派出约5万人的"蓝色师团"和"西班牙人军团"加入德军入侵苏联的战斗。①

"二战"结束后，由于弗朗哥政府在内战和"二战"中与德意两国的密切联系被曝光，西班牙的专制政权遭到国际社会的孤立。1945年，西班牙申请加入联合国的请求遭到拒绝，继而在联合国的建议下，相关国家先后召

---

① 倪学德：《论纳粹德国对西班牙内战的干涉》，载《历史教学问题》2012年第5期，第70-74页。

回驻马德里的大使，对弗朗哥领导下的西班牙实施外交孤立。为了寻求国际社会的支持，弗朗哥政权与梵蒂冈签订协议，并宣布反对共产主义，试图取悦于在战后对苏联进行遏制的英美诸国。此外，在国内，弗朗哥政府先后颁布《西班牙人基本权利法》（*Fuero de los españoles*）、《全名公决法》（*Ley del referéndum nacional*）、《国家元首继承法》（*Ley de Sucesión en la Jefatura del Estado*）等法令。上述法律并未从根本上改变西班牙专制制度的本质，但是表明了弗朗哥政权进行民主和自由化改革的姿态。

20世纪50年代后，随着冷战的升级，出于战略需要，美英等国开始拉拢西班牙。在1950年召开的联合国大会上，在美国的支持下，联合国宣布废除对西班牙的制裁。随着各国驻西大使的回归，西班牙与各国的外交关系逐渐正常化，重新回到国际主流政治秩序之中。1953年，西班牙与美国签订《马德里条约》（*Pacto de Madrid*），根据该条约，美国将在西

1959，艾森豪威尔参观位于马德里附近托雷洪·德·阿尔多斯（Torrejón de Ardoz）的空军军事基地，图片来自埃菲社记者海梅·帕托（Jaime Pato）。[①]

班牙建立四个军事基地，而西班牙也将得到美国的经济和军事援助。1959年，美国总统艾森豪威尔访问西班牙。随着国际社会对西班牙态度的改变，西班牙得以进入联合国的特别机构，并于1955年最终被接纳为联合国成员。[①]

从国内经济发展来看，内战彻底摧毁了西班牙的经济基础，工业发展陷入停滞，第二次世界大战以及战后国际社会的孤立则使国内经济局势进一步恶化。面对经济危机，弗朗哥政府实行自给自足的经济政策，由国家控制物价，实行"配给制"。但是，经济形势并未因此而好转，农业产量大幅度下降，饥

[①] "21 de diciembre de 1959.- El presidente Eisenhower visita España." http://75aniversario.efe.com/noticias/21-de-diciembre-de-1959-el-presidente-eisenhower-visita-espana/.

荒频发，城市基本生活物资不足，通货膨胀严重，人民生活十分艰难。20 世纪 40 年代后期，西班牙推行经济自由化改革，允许粮食等产品进口，同时任命来自天主教"主业团"（Opus Dei）的人员加入政府部门，担任部长及其他高官职位，他们被称为"技术官僚"。50 年代末 60 年代初，由技术官僚主导的经济稳定计划和发展计划陆续出炉，西班牙开启工业结构改革，促进农业和旅游业发展，并加大引进外国投资力度。经济计划的施行带来了 60 年代后西班牙经济的快速发展，工业化进程加快，对外贸易和旅游业发展迅速，人口稳步增加，西班牙社会开始迈入现代化阶段。这一时期，西班牙国民生产总值年均增长 6.4%，经济增长率一度是欧共体国家同期增长率的两倍。[①] 然而，1973 年后，全球经济危机爆发，西班牙也被卷入其中，通货膨胀严重，失业率上升，西班牙经济与欧美经济同步进入滞胀时期。

在政治上，独裁统治的危机一直存在，即便在经济快速增长的 20 世纪 60 年代也不例外。50 年代后，各地的罢工、抗议和示威活动此起彼伏，地方民族主义复苏，警民冲突不断，独裁政权受到来自各方面政治势力的质疑，政权的合法性遭到日益严峻的挑战。1959 年，恐怖组织埃塔（ETA）建立，此后不断在西班牙境内制造暴力事件。20 世纪 70 年代后，埃塔的恐怖活动达到顶峰，刺杀活动带来了大量伤亡，政府最终对其进行政治和军事镇压。[②] 1975 年，民主过渡前夕，政府颁布了《反恐怖主义法案》（Ley anti-terrorista），控制恐怖活动的同时，加强了对于工会组织和新闻媒体的管控。

1962 年，在阿斯图里亚斯爆发工人大罢工，罢工起初由矿场工人发起，随后快速向其他行业扩散，政府宣布阿斯图里亚斯等地进入紧急状态。同年 6 月 5 日至 6 日，正当德国慕尼黑举行第四次欧洲行动组织大会之时，来自西班牙国内外的百余名反对弗朗哥政权的抗议者号召集会，出席者几乎包括除共产党之外的所有政治派别，会议的主要议题是反对西班牙加入欧洲共同体，

---

① ［英］雷蒙德·卡尔著、潘诚译：《西班牙史》，上海：东方出版中心，2009 年，第 266 页。
② García de Cortázar, Fernando. *Historia de España. De Atapuerca al euro*. Barcelona: Planeta, 2002:280.

并希望欧洲国家向西班牙政府施加压力。长枪党的官方报《向上报》称此次会议为"慕尼黑勾结"。6月9日，弗朗哥政府颁布法令，宣布将《西班牙人基本权利法》中关于公民居住自由的规定暂停两年，部分与会者被逮捕，或流亡国外。① 慕尼黑会议触及了弗朗哥政府紧张的神经，因而引发了政府的激烈反应。

同年7月，政府宣布设立副首相一职，并任命曼努埃尔·弗拉加·伊里瓦内（Manuel Fraga Iribarne）为新的信息和旅游部部长，因而慕尼黑会议也被认为是弗朗哥集权开始出现松动的重要事件。1974年，西班牙共产党的领导人圣地亚哥·卡里略（Santiago Carrillo）和拉斐尔·卡尔沃·赛雷尔（Rafael Calvo Serer）在巴黎建立了西班牙民主委员会（Junta Democrática de España），委员会的主要诉求包括言论和出版自由、工会组织和政治党派合法化以及集会和罢工等权利，西班牙民主委员会逐渐成为弗朗哥统治后期推动西班牙社会民主转型的另一重要政治力量。

在海外，摩洛哥于1956年独立，独立后的摩洛哥开始与西班牙争夺西属撒哈拉伊夫尼地区（Ifni）的控制权，战争的结果是弗朗哥政府被迫承认伊夫尼地区的独立。此后，1968年10月，在联合国的压力下，西班牙被迫承认西属赤道几内亚独立。1974年，葡萄牙萨拉查独裁政权被推翻，西班牙国内要求民主化的呼声日益强烈。

面对一系列国内外压力，弗朗哥政权逐渐开始向民主化过渡，先后颁布了《妇女政治、职业和劳动权利法》（Ley sobre derechos políticos, profesionales y laborales de la mujer）、《新闻与出版法》（Ley de prensa e imprenta）、《教育总法》（Ley general de educación）、《宗教自由法》（Libertad religiosa）等法律，对社会生活的方方面面制定可资依凭的规则。此外，弗朗哥指定波旁王朝的胡安·卡洛斯（Juan Carlos de Borbón）为其继承人，使西班牙的民主化事业

---

① "El contubernio de Munich." La Vanguardia. 5 de junio, 2012. https://www.lavanguardia.com/hemeroteca/20120605/54303390132/contubernio-munich-politica-oposicion-antifranquista-movimiento-europeo.html.

在他死后水到渠成，也为西班牙的君主立宪制政体做出了安排。1973 年，在担任国家元首和政府首相三十多年后，弗朗哥宣布辞去政府首相的职务，由路易斯·卡雷罗·布兰科（Luis Carrero Blanco）接任，同年 12 月，卡雷罗·布兰科被埃塔组织暗杀，国内政治危机再次激化。

二、弗朗哥时期的新闻传播

1938 年，内战尚未结束之时，在内务部长拉蒙·赛拉诺·苏涅尔（Ramón Serrano Suñer）的提议下，弗朗哥政府颁布了《新闻与出版法》（Ley de Prensa e Imprenta），明确规定新闻媒体的功能在于"将人民的呼声传达给政府，并将政府的命令和方针传达给人民。"[1] 以此为纲，独裁政府开始了严格的新闻管控，不仅禁止一切支持左翼政党的新闻报刊发行，而且控制报刊版面数量，规定所有新闻报刊必须由政府任命负责人，政府可以命令报刊加入歌颂专制政府的宣传性标语或者文章。此外，规定 1939 年后所有报刊记者必须持有政府登记局颁发的记者证。根据这一规定，获得记者证的前提是向登记局告知申请人在 1936 年之前从服务的报刊以及本人的政治倾向，这意味着曾服务于共和派报刊的记者将被排除在外。

报刊法庭、政治责任法庭以及军事法庭等机构成为内战结束后弗朗哥政府实行政治清洗的重要工具，百余名记者遭到弗朗哥政府报复，其中，至少 20 余名马德里记者被判处死刑，其中包括哈维尔·布埃诺（Javier Bueno），他曾在共和国时期担任《呼音》《坩埚》《光明—共和国日报》和《光明》（Claridad）等报的负责人，并曾任马德里报业协会和记者职业团体的领导人。[2]

独裁政府还成立报刊和宣传司，负责出版和宣传事宜。1941 年以后，报

---

[1] Fuentes, Juan Francisco & J. Fernández Sebastián. *Historia del periodismo español*. Madrid: Editorial Síntesis, 1998:270.

[2] Sánchez Camacho, Almudena. "La depuración de prensa en el franquismo." *Cuadernos de periodistas: revista de la Asociación de la Prensa de Madrid*, 2007, 9:77–81.

刊和宣传司被划归新成立的信息和旅游部管辖。报刊和宣传司收编了 40 多份新闻报刊，使它们为弗朗哥政权服务，被称为"国民运动报刊网"。1941 年，政府设立了官方新闻学校（Escuela Oficial de Periodismo），学校直接受报刊和宣传司领导，同时规定所有学校学员必须是长枪党成员。1951 年，政府建立信息部，负责出版和宣传的相关事务。

20 世纪 60 年代后，面对国际和国内压力，弗朗哥政府被迫施行改革，新闻管制有所放松。1966 年，时任信息和旅游部部长曼努埃尔·弗拉加颁布新的《新闻与出版法》，取消了 1938 年《新闻与出版法》中的事先审查制度，规定新闻报刊可以自由地任命报刊负责人。当然，新闻管制并未彻底终结，弗朗哥政府对违背出版规定的惩罚措施仍旧严苛，但新的《新闻与出版法》在一定程度上推动了新闻报刊业的复苏。

弗朗哥统治的末期，民主化已成为西班牙政治发展的大势所趋，也是西班牙以正面形象被国际社会所接纳的前提，因而政府在媒介的管控方面也开始逐渐松动，媒介市场的多样化趋势有所增强。

（一）报刊

在严格的新闻管制之下，西班牙的报刊市场进行了重新洗牌，以国民运动报刊网为主的官方报刊大行其道。据统计，1943 年，西班牙发行的 111 份日报中，37 份属于国民运动报刊网。1945 年，国民运动报刊网的发行量占西班牙全国报刊总发行量的 41.2%。[①] 第二次世界大战期间，包括国民运动报刊网和右翼报刊在内的很多重要报刊都为纳粹德国服务。《阿贝赛报》为德国驻马德里大使馆开辟了"来自柏林的信"的专栏，专门刊登反犹太主义内容，而《信息报》则完全被德国驻马德里使馆所控制，成为这一时期德国纳粹在

---

① Fuentes, Juan Francisco & J. Fernández Sebastián. *Historia del periodismo español*. Madrid: Editorial Síntesis, 1998:254.

西班牙宣扬反犹太主义的重要帮凶。20世纪60年代后，随着《新闻与出版法》的颁布，新的非官方报刊陆续诞生，官方报刊的发行量和影响力逐渐下降。1970年，官方报刊发行量为全部报刊发行量的26%，与1945年的41.2%相比，下降了15.2%，[①]

弗朗哥统治时期，属于国民运动网的官方报刊包括《向上报》、《人民》(*Pueblo*)、《马卡报》(*Marca*)和《国家团结报》(*Solidaridad Nacional*)等。1935年，长枪党的建立者何塞·安东尼奥·德·里维拉创办《向上报》，并将其作为长枪党的官方报刊。1939年3月29日，国民军进入马德里的当天，在原《太阳报》和《呼声》的印刷车间开始印刷《向上报》。20世纪60年代后，随着新的《新闻与出版法》的颁布，官方报刊式微，《向上报》的发行量也随之减少，1970年该报的发行量降至不足1.9万份。[②] 弗朗哥政权晚期，《向上报》成为反对民主的顽固堡垒，随着弗朗哥政权的结束，作为其官方报刊的《向上报》于1979年6月17日正式停刊。

和《向上报》发展轨迹几乎同步的还有《人民》和《国家团结报》。《人民》是西班牙劳工组织的官方报刊，也是国民运动报刊中的重要代表。1940年，在马德里原共和派报刊《光明》的印刷车间开始印刷《人民》。60年代后，《人民》进行了版面和内容改革，成为继《先锋报》和《阿贝赛报》之后发行量第三的全国性日报。《人民》于1984年停刊。《国家团结报》于1939年在位于巴塞罗那的原《工人团结》的印刷车间开始印刷，并随着弗朗哥政权的消亡而退出历史舞台。

同样属于国民运动报刊网的还有体育报《马卡报》，该报于1938年在圣塞巴斯蒂安创刊，1940年1月前往马德里。《马卡报》发行之初为周报，1942年11月后改为每日发行。《马卡报》是弗朗哥时期发行量最大、读者最多的报纸。1944年后，《马卡报》推出专门报道斗牛新闻的副刊——《斗牛场》(*El*

[①] Davara Torreqo, Francisco Javier. "Los periódicos españoles en el tardo franquismo. Consecuencias de la nueva ley de prensa." *Revista Comunicación y Hombre*, 2005, 1:134.

[②] 同上。

Ruedo），在斗牛文化兴盛的西班牙受到斗牛爱好者的青睐。1964年，在马德里举行的欧洲杯决赛中，西班牙国家队战胜了苏联国家队，这也是西班牙第一次在重大的国际足球赛事中取得冠军。第二天，《马卡报》在头版刊登了夺冠的消息和图片，当天的报纸发行量超过50万份。[①] 弗朗哥去世后，《马卡报》不断进行内容和版面的革新，如今该报已经成为西班牙最大的体育报纸，同时也是西班牙发行量最高的付费报纸。

1964年6月22日发行的《马卡报》，头版刊登了西班牙战胜苏联赢得欧洲杯冠军的消息。

弗朗哥时期，非国民运动报刊网的出版物，除了创刊于内战前的《阿贝赛报》《先锋报》《Ya》和《信息报》外，还有内战和独裁统治期间创办的《马德里》（*Madrid*）、《阿尔卡萨尔》（*El Alcázar*）、《胜利》（*Triunfo*）等报。1939年3月，《阿贝赛报》的创始人托尔夸托·卢卡·德·特纳的儿子回到马德里，重新接手《阿贝赛报》。1965年，该报的平均发行量达到20万份[②]，成为这一时期销量最多的报纸之一。独裁政权建立后，戈多家族恢复对《先锋报》的控制权。为了获得发行许可，报刊改名为《西班牙先锋报》（*La Vanguardia Española*），并接受政府任命的报刊经理。20世纪60年代至70年代初，《先锋报》的发行量始终维持在20万份左右。[③] 作为加泰罗尼亚地区的重要报纸，《先锋报》90%的发行量集中在这一地区，而其中仅巴塞罗那一地便集中了该报80%的发行量。创立于第二共和国时期的《Ya》属于天主教出版社的日报，内战期间被共和派征用。战争结束后，《Ya》

---

① Linares, Miguel Ángel. *Sesenta años con* Marca. Diario, 1999: 224. 转引自 Marrone Otero, Jesús María. "La importancia de la portada en las ventas del diario *Marca*." Tesis doctoral de la Universidad Complutense de Madrid, octubre, 2009:59.

② Davara Torreqo, Francisco Javier. "Los periódicos españoles en el tardo franquismo. Consecuencias de la nueva ley de prensa." *Revista Comunicación y Hombre*, 2005, 1:138.

③ 同上，139.

成为弗朗哥时期的重要报纸,70 年代后该报的发行量一度接近 17 万份。①

《马德里》晚报创立于 1939 年 6 月,1966 年后,天主教主业团(Opus Dei)的重要成员拉斐尔·卡尔沃·赛雷尔获得《马德里》的控制权,以米格尔·安赫尔·阿吉拉尔(Miguel Ángel Aguilar)和何塞·奥内托(José Oneto)为代表的支持民主改革的记者加入其中。在弗朗哥政权末期,《马德里》屡屡挑战独裁政权,因而屡遭查禁:1967 年,《马德里》上发表了一篇报道大学生骚乱的文章,遭到公共秩序法庭的制裁;1968 年,在卡尔沃·赛雷尔本人撰写的一篇文章中,将弗朗哥与法国的戴高乐进行对比,并指出随着经济、社会结构和民主观念的发展,独裁政权将难以适应新的历史条件,旧政权应当退出历史舞台。② 由于与政府的摩擦不断,《马德里》被政府下令关闭。1971 年 11 月 25 日,该报在最后一期上向读者告别,而卡尔沃·赛雷尔则因为公开批评政府而流亡法国。由于《马德里》敢于批评弗朗哥独裁政权,该报成为争取和捍卫新闻自由的象征。卡尔沃·赛雷尔去世后,马德里日报基金会(Fundación Diario Madrid)建立,并于 1999 年起向战斗在新闻战线的优秀工作者颁发奖项——卡尔沃·赛雷尔奖(Premio Calvo Serer)。后来该奖改名马德里日报新闻奖(Premio de periodismo Diario Madrid),成为继奥尔特加·伊加塞特新闻奖(Premio Ortega y Gasset)之后西班牙最重要的新闻奖之一。

《阿尔卡萨尔》诞生于内战中著名的托莱多阿尔卡萨尔要塞的围城战中,当时共和军围困据守在要塞里的国民军长达 70 多天。正是在此次围城中,被围困的弗朗哥支持者创办了《阿尔卡萨尔》报。

1971 年 11 月 25 日《马德里》晚报的告别号

---

① Davara Torreqo, Francisco Javier. "Los periódicos españoles en el tardo franquismo. Consecuencias de la nueva ley de prensa". *Revista Comunicación y Hombre*, 2005, 1:138.

② 文章全文请见马德里日报基金网页:http://diariomadrid.net/index.php/retirarse-a-tiempo-no-al-general-de-gaulle-editorial-30-de-mayo-de-1968。

内战结束后，该报转至马德里发行。20 世纪 60 年代后，报刊进行了版面改革，增加对国际新闻的报道，并融入社会、文化和娱乐新闻，使得报纸的发行量增加。

弗朗哥时期，地方性的右翼报刊还有《阿贝赛报》的塞维利亚地方版、《西班牙邮报》、《环球新闻报》(Noticiero Universal) 等。其中，塞维利亚的《阿贝赛报》是安达卢西亚地区重要的地方性报刊。在加泰罗尼亚，主要的地方性报纸是《加泰罗尼亚邮报》(El Correo Catalán) 以及《巴塞罗那日报》等。20 世纪 60 年代后，巴塞罗那陆续发行《远程快报》(Tele-Express)、《女性日报》(Diario Femenino) 等新的报刊。在巴斯克地区，早在 1910 年，来自伊瓦拉家族的三兄弟［费尔南多·伊瓦拉（Fernando Ybarra）、加夫列尔·伊瓦拉（Gabriel Ybarra）和埃米利奥·伊瓦拉（Emilio Ybarra）］创办了《巴斯克人民》(El Pueblo Vasco)。1937 年，西班牙传统派长枪党和国家工团主义进攻委员会（FET y las JONS）创办《西班牙邮报》。1938 年，弗朗哥政权以限制地方政府的报刊数量为由，将《巴斯克人民》强行并入《西班牙邮报》，并以《西班牙邮报—巴斯克人民》(El Correo Español-El Pueblo Vasco) 为报名出版。在伊瓦拉家族的经营下，《西班牙邮报—巴斯克人民》发展迅速，并在 20 世纪 80 年代后逐渐成为巴斯克地区重要的报业集团——邮报集团（Grupo Correo），为 21 世纪初博森托集团（Grupo Vocento）的建立奠定了基础。

与这一时期右翼阵营的政治报刊和新闻类报刊相比，大众娱乐类报刊对独裁政权不构成威胁，因而获得较大发展。《TBO》延续了前一时期的成功，并带动了儿童画报的快速发展。《现在》报的创始人路易斯·蒙铁尔创办了《阿斯报》(As)，该报成为西班牙第二大体育报。此外，不属于国民运动报刊网的幽默画报还有《机关枪》(La Ametralladora)、《鹌鹑》(La Codorniz) 等。《机关枪》创办于内战期间，该刊代表了这一时期画报类报刊的最高水准，广受读者欢迎。1941 年《机关枪》停刊后，汇集了原《机关枪》创作团队主要成员的《鹌鹑》开始发行，因而该刊也被认为是《机关枪》的继承者。由于遭受到严格的新闻管制，《鹌鹑》被多次处以罚款或勒令停刊，最终于 1978 年停刊。

（二）通讯社

早在1835年，法国建立了世界上第一家通讯社——哈瓦斯社。1865年，西班牙人尼罗·玛丽亚·法布拉（Nilo María Fabra）建立了"通讯记者中心"（Centro de Corresponsales），向各大报刊提供新闻服务，这是西班牙历史上最早的通讯社[①]，同时也是西班牙埃菲通讯社（Agencia EFE）的前身。1870年后，该社得到了法国哈瓦斯社和英国路透社的经济资助，从而获得快速发展。1919年，"通讯记者中心"改名为"法布拉通讯社"（Agencia Fabra），哈瓦斯通讯社成为其股东之一。经过通讯记者中心和法布拉通讯社数十年的新闻实践后，一个更系统、更专业化的新闻机构酝酿诞生。1939年，苏涅尔在原法布拉社的基础上，在布尔戈斯建立埃菲社新闻社，《Ya》日报的负责人比森特·加列戈（Vicente Gállego）成为埃菲社第一任负责人。同年，埃菲社加入联合新闻通讯社（Agencias Aliadas），并设立不同的新闻资讯服务部门，包括国内新闻、国际新闻（主要为欧洲新闻）、新闻图片和体育新闻等不同部门。弗朗哥时期，埃菲社成为政府的官方新闻社，政府为此免去埃菲社的债务，并为埃菲社提供资金支持。

1940年6月，埃菲社总部迁至马德里，其巴塞罗那分社也于同年建立，并陆续在塞维利亚、加利西亚以及拉美各国建立分社，布宜诺斯艾利斯成为埃菲社的第一个美洲分社，埃菲社的美洲业务由此开启。1972年，埃菲社联合美洲的新闻机构建立了中美新闻社（Agencia Centroamericana de Noticias，ACAN），将总部设在巴拿马。

欧洲社（Europa Press）是这一时期成立的西班牙私营新闻社，建立于1953年。在弗朗哥独裁统治期间，埃菲社的垄断地位以及政府的新闻管制使

[①] 早期建立通讯社的尝试包括前文提到的圣塔·安娜侯爵的《亲笔信》（*La Carta Autógrafa*），然而，其通讯形式比较简陋，并未形成通讯网络，因而一般认为法布拉社是西班牙第一家通讯社。

欧洲社面临重重困难，与政府矛盾不断。1975 年 11 月 20 日清晨 4 点 58 分，弗朗哥去世一个小时后，持续关注弗朗哥病情并一直驻守在医院外的欧洲社记者率先向世界发布弗朗哥去世的消息，成为欧洲社历史上最重要的成就之一，1976 年，欧洲社被授予国家新闻奖（Premio nacional de periodismo）。①

（三）广播

弗朗哥统治时期，内战中快速崛起的广播业得到发展的良机，广播作为西班牙大众传播媒介领头者的地位得到进一步巩固，西班牙广播业迎来其黄金发展期，广播电台数量、听众数量以及收音机人均拥有量都快速增长。与报刊传播相比，广播对于听众文化水平的要求相对较低。在广大的农村地区，虽然文盲率较高，但口头和集体传播传统悠久，因而广播深受欢迎，广播深入到西班牙人民生活的方方面面，成为弗朗哥统治初期和中期最具影响力的大众传播形态。这一时期，经历了从电子管到晶体管半导体，从短波、中波发射器再到调频电台的变迁，无线电通信技术逐步成熟，广播信号稳定，广播节目栏目化，形式也愈加多样，节目时间加长。如果说在前一时期，城市中产阶级和知识分子群体是广播的主要听众人群，而进入 20 世纪 40 年代后，广播开始进入社会底层。据统计，1939 年，西班牙政府发放的收音机许可证不足 50 万，然而这一数字在 1960 年已经超过 260 万。② 根据西班牙舆论研究所（Instituto de la Opinión Pública）的统计，50 年代中期，收听广播已经成为西班牙人民的重要休闲生活方式之一，平均 51% 的人表示每天会收听广播，广播听众人数超过报刊读者人数③，广播成为战后初期西班牙最主要的大众传

---

① "'Franco ha muerto, Franco ha muerto, Franco ha muerto': historia de la primicia". http://www.europapress.es/nacional/noticia-franco-muerto-franco-muerto-franco-muerto-historia-primiciamundial-europa-press-20151120045632.html.

② Gómez García, Salvador & J. Cabeza. "Oír la radio en España. Aproximación a las audiencias radiofónicas durante el primer franquismo（1939—1959）." *Historia Crítica*, 2013, 50:112.

③ 同上：121.

播媒介。

在政治高压之下，广播电台选择了规避政治性内容，以无伤大雅粉饰太平的娱乐节目作为立台之本，广播电台成为大众娱乐的工具。娱乐文化的勃兴将宣传变得"非政治化"，从根本上讲，这是统治阶级为了树立其文化霸权而对知识分子阶层实现了驯化，并在此基础上用娱乐化的信息占据人们的思想领域，对民众实行了信息麻醉，使其没有精力思考严肃的社会政治问题，由此达到巩固其统治的目的。此外，独裁统治时期，女性被剥夺进入职场的权力，女性听众的增加也成为这一时期娱乐类广播节目发展的巨大推动力。

鉴于广播对宣传的推动作用，内战双方对广播进行了激烈的争夺。战争结束后，弗朗哥政权迅速对广播电台进行管制。1939年10月6日，弗朗哥政府颁布法令，规定所有广播电台的节目必须接受政府审查，并明确规定西班牙国家广播电台（RNE）是唯一具有新闻采编权的广播电台，而其他所有公共和私人广播电台口头播放的新闻——称为"报告"（el parte）——必须与国家广播电台的新闻内容保持一致，否则将被吊销许可证。[1]1939年的广播法令一直延续到1966年，成为这一时期广播管制的主要依据。随着各地广播电台的陆续建立，弗朗哥政府建立了国民运动电台网（Red de Emisoras del Movimiento）、蓝色广播网（Cadena Azul de Radiodifusión）和工会电台网（Cadena de Emisoras Sindicales），划归国家新闻和宣传司管理，以便政府对各级电台进行统一管理。此外，弗朗哥政权建立后开始加强中央集权统治，地方分裂主义思潮受到压制，中央政府还加强了对地方广播网络的管制，收回加泰罗尼亚和巴斯克等地在第二共和国时期获得的自治权，并限制地方性语言在行政、教育和媒体等公共领域的使用，前一时期已经开播的加泰罗尼亚语的广播节目被取消。

西班牙国家广播电台凭借其垄断地位成为弗朗哥时期最重要的广播电台，

---

[1] Bustamante, Enrique. *Radio y televisión en España. Historia de una asignatura pendiente de la democracia*. Barcelona: Editorial Gedisa, 2006:25-26.

在政府资金支持下，RNE 在广播技术上一直占据领先地位，其无线广播覆盖西班牙全境并延伸至其他欧洲国家。随着国际社会对西班牙态度的逐渐转变，西班牙媒体也开始逐步加入各大国际媒体组织，1955 年，RNE 得以进入欧盟广播联盟（Unión Europea de Radiodifusión）。60 年代后，随着新闻管制的逐渐放松，西班牙广播业重新洗牌。

1940 年，联合广播电台正式改名为 SER 广播网（Cadena SER），并陆续收购马德里电台、巴塞罗那电台在内的其他电台，成为这一时期最有影响力的私营广播网。鉴于 RNE 在新闻广播领域的垄断地位无法撼动，SER 广播网另辟蹊径，在娱乐节目上获得领先地位。SER 旗下的广播电台推出广播剧、体育赛事、小说连播等深受听众欢迎的节目，如《周末马队》（Cabalgata de fin de semana）、《埃莱娜·弗朗西斯的诊所》（El consultorio de Elena Francis）、《女管家罗莎》（Ama Rosa）和《体育旋转木马》（Carrusel deportivo）等。其中，1951 年开播的《周末马队》是最受欢迎的广播节目之一，每周六晚播出，节目内容多样，包括音乐、采访、体育新闻、文学和电影评论等，成为这一时期的明星节目，收听率远远高于同时期其他电台的同类节目。《周末马队》的首任主持人鲍比·德格拉内（Bobby Deglané）是弗朗哥时期的最为知名广播主播之一，深受听众喜爱。安东尼奥·冈萨雷斯·卡尔德龙（Antonio González Calderón）也是这一时期 SER 电台的明星主播，其主持的节目《空中剧院》（Teatro del aire）、《SER 台的清晨》（Matinal SER）都受到听众的欢迎。1954 年，鲍比·德格拉内和安东尼奥·冈萨雷斯·卡尔德龙一起被授予第一届西班牙声波奖（Premio Ondas），以表彰他们对西班牙广播业发展所做出的巨大贡献。

SER 广播网的王牌广播剧《女管家罗莎》也是这一时期倍受欢迎的广播节目之一，节

鲍比·德格拉内

目围绕一名叫罗莎的寡妇的凄苦生活展开，情节跌宕起伏，令人同情，该剧成为20世纪50年代西班牙最著名的广播剧之一，其故事于60年代被改编成电影搬上银幕。

20世纪50年代以后，越来越多的私营电台获得广播许可。在农村地区，广播电台陆续建立起来。1957年，西班牙社会传播主教委员会（Comisión Episcopal de Medios de Comunicación Social）建立西班牙人民电波网（Cadena de Ondas Populares Españolas，COPE），播放宗教类的广播节目，向各教区传播。COPE广播网的电波深入到农村地区，成为这一时期最重要的广播网之一，同时也是弗朗哥政权重要的宣传工具。

此外，面对国际社会的孤立，弗朗哥政府于1945年在马德里建立了西班牙第一个对外广播电台，用英语和西班牙语两种语言向国外播音，以此争取国际社会的关注。20世纪70年代，RNE在托莱多建立了新的西班牙对外广播电台（Radio Exterior de España，REE），面向世界各地推出西班牙语广播节目。

20世纪60年代后，面对国际社会的压力和国内改革的呼声，弗朗哥政权对广播电台的管制逐渐放松，1966年颁布的《新闻与出版法》推动了新闻广播业的发展。与此同时，电视的出现对广播业带来冲击，声音和图像结合的传播形式使电视的优越性迅速凸显，这也成为70年代后广播与电视联盟的原动力之一。利用政府开始允许私营电台播放新闻类节目的机会，SER广播网于1972年创办了新闻类节目《25点钟》（*Hora 25*），成为突破RNE的新闻广播垄断地位的标志性事件，也是西班牙广播业迈向新时期的分水岭。

（四）电视

20世纪40年代后，欧美国家先后出现了新的传播媒介形态：电视传播。与英法等欧洲国家相比，西班牙的电视基础设施建设要缓慢很多，直至50年代中期后西班牙才进入电视时代。1956年10月28日，西班牙电视台（TVE）的节目在马德里正式开播，宣告了西班牙大众传播电视时代的诞生。创立之初，西班牙电视台由信息和旅游部之下的广播和电视总局（Dirección General de Radiodifusión y Televisión）管辖。20世纪60年代，政府推出经济发展计划的时候，制定了广告和新闻职业法规等，加强对电视媒体的管理：1965年，政府颁布法令，取消电视机购置税，以此推动电视业的发展；次年，曼努埃尔·弗拉加负责制定的新《新闻与出版法》颁布。

作为弗朗哥政府的官方媒体，西班牙电视台是弗朗哥政府发布重要消息的工具，无论在新闻节目里，还是在一般电视片中，意识形态宣传无处不在。1968年，西班牙原本选派参加欧洲电视网（Eurovisión）歌曲比赛的胡安·曼努埃尔·塞拉特（Juan Manuel Serrat）表示他只会在比赛中用加泰罗尼亚语演唱，因而西班牙电视台宣布取消塞拉特的参赛资格，禁止其参加电视台的节目录制，并严禁电台和电视台播放塞拉特的歌曲。[①]

1. 电视的萌芽

西班牙电视台开播之初，全部工作人员和记者不足50人，电视台仅有一个摄影棚，拍摄设备十分简陋。10月28日开播当天，正值西班牙宗教节日基督国王日（Cristo Rey），也是长枪党建立23周年的前夕。当晚6点，电视台举行了开幕仪式，时任信息和旅游部部长加夫列尔·阿里亚斯·萨尔加多（Gabriel Arias Salgado）发表电视演说，指出西班牙电视台将坚持天主教教义和国民运动的崇高理想。随后，电视台播放了歌颂弗朗哥个人形象以及国民军英勇事迹的新闻纪录片"NO-DO"[②]，然后播出了合唱、舞蹈以及交响乐等现场表演，最后以西班牙国歌作为结束。开播当晚，西班牙电视台的节目信号仅覆盖电视台周边半径60公里以内的地区（600台电视机），且信号传输质量差，声音传输严重滞后，导致阿里亚斯部长在开幕式讲话中不停地重复。

[①] Bustamante, Enrique. *Radio y televisión en España. Historia de una asignatura pendiente de la democracia*. Barcelona: Editorial Gedisa, 2006:46.

[②] 1942年，弗朗哥政府规定所有电影放映前必须播放持续10分钟左右的新闻纪录片，其内容主要是歌颂弗朗哥个人形象或表扬国民军的英勇事迹等。西班牙电视建立后，"NO-DO"也被引进，成为弗朗哥政府进行新闻管制的重要手段。"NO-DO"一直延续到1981年。

1956年10月28日，西班牙电视台开播当天的舞蹈表演。②

1959年，西班牙电视台启用位于巴塞罗那的电视制作棚，并在60年代以后逐渐向萨拉戈萨、毕尔巴鄂和瓦伦西亚等重要城市扩展。①

由于早期的电视机价格昂贵，基础设施滞后，电视台成立后的几年中，只有马德里附近才能收看电视节目。电视台开播之初，节目时长有限，每天仅播出3小时，此后，虽然节目时长逐渐增加，但在相当长一段时间内，节目只在下午和晚上播出，而且周一电视台停播进行机器检修。由于没有录像设备，开播初期所有的电视节目都是现场直播，这也导致早期的电视节目没有留存。1957年，电视台引进了第一套移动拍摄设备PYE，首先用于马德里圣伊西德罗斗牛节的比赛以及足球比赛等体育赛事的转播。20世纪50年代末、60年代初，西班牙电视台引进录像设备，提高了电视节目的制作质量，并由此诞生了一些明星电视节目。劳拉·瓦伦苏埃拉（Laura Valenzuela）、赫苏斯·阿尔瓦雷斯（Jesús Álvarez）、布兰卡·阿尔瓦雷斯（Blanca Álvarez）、马蒂亚斯·普拉茨（Matías Prats）、费德里科·加略（Federico Gallo）等早期电视节目的主持人，逐渐成为著名电视主持人。

在成立之初，西班牙电视台设置了名为《最新消息》（*Últimas noticias*）的栏目，由播音员以朗读的方式将当日报刊所刊登的重要新闻播报出来，虽然节目时间短暂，但这被认为是西班牙电视新闻节目的萌芽。西班牙电视台开播第二年，《每日电视新闻》（*Telediario*）开播，开播初期，节目主要播出《国家官方公报》和官方机构发布的法令、政策、重大新闻以及政府的重要活动等，以服务于弗朗哥政府的政治宣传。戴维·库韦多（David Cubedo）和赫苏斯·阿尔瓦雷斯等人，成为最早被西班牙观众熟悉的电视新闻播音员。1968年，西班牙电视新闻引入首位女性新闻播音员布兰卡·加拉（Blanca

---

① "Década de los 50", *RTVE*, 10 de enero, 2006. http://www.rtve.es/tve/50_aniversario/decada_50_50anyos.htm.

② 同上。

Gala)。①

早期的电视新闻全部由新闻播报员朗读,此后逐渐加入图片配合朗读。这一时期,电视上播出的新闻图片主要提供方为 NO-DO 新闻片、美国哥伦比亚广播公司和美联社提供的图片新闻。1959 年,美国艾森豪威尔总统访问西班牙,这成为西班牙融入国际社会的重要标志。为此,西班牙电视台进行了大量的报道和宣传,并通过欧洲电视网将新闻画面向全欧洲观众播出。20 世纪 60 年代中期以后,西班牙电视台向外国选派特派记者,先后在纽约、柏林、伦敦、布鲁塞尔和维也纳等地建立记者站,由此西班牙电视台的通信网络逐渐搭建起来②,并开始自主采编用于本台新闻和其他节目制作的新闻素材。

蒂克·梅迪纳(Tico Medina)和亚勒［Yale,原名费利佩·纳瓦罗(Felipe Navarro)］主持的《电视上的马德里》(Tele-Madrid),是西班牙电视台第一个采访类电视节目,也是这一时期的明星节目之一。在进入电视台之前,蒂克和亚勒都曾经在报刊和广播台工作,有丰富的新闻工作经验。两人将采访与新闻报道融为一体,虽然《电视上的马德里》收视并不高,但是却是电视采访类新闻节目的先驱。后来,两人陆续合作了《山脉,海……或者一无所有》(Sierra, mar,...o nada)等访谈类节目。

严格的管制使电视必须服务于政府宣传。与同一时期的广播节目一样,音乐、舞蹈、文化竞赛、斗牛、足球比赛、儿童节目以及天气预报等文化和生活服务类节目是当时电视节目主要内容。以《菲利普时刻》(La hora Philips)、《大检阅》

西班牙早期电视节目主持人蒂克·梅迪纳和亚勒

---

① Morales, Sonia. "1957—1958: El primer año de TVE". *RTVE*, 29 de junio, 2017. http://www.rtve.es/rtve/20170629/programacion-primeros-anos-tve/1573400.shtml.

② "Telediario, historia de una imagen." *RTVE*, 6 de diciembre, 1996. https://elpais.com/diario/1996/12/06/ agenda/849826804_850215.html.

（Gran parada）和《高保真音阶》（Escala en HI FI）等为代表的音乐栏目，是西班牙电视业最早的明星节目。其中，《菲利普时刻》由荷兰菲利普公司赞助，深受观众喜欢，成为西班牙音乐类电视节目的源头。据统计，1958 年，该节目收视率达到 9.9%，远超过同一时期的《每日电视新闻》（8.9%）和同一时期的电视剧《电视与罗德里格斯一家》（Los Tele-Rodríguez）(7.0%)。① 1961 年，著名的音乐节目《高保真音阶》开播，该节目利用电视回放技术，将当时流行的歌曲进行演绎，成为这一时期最受欢迎的音乐节目，并被授予声波奖最佳音乐电视节目奖。②

20 世纪 50 年代末，西班牙电视台开启了本土电视片的制作。1957 年开播的《电视罗德里格斯一家》被认为是西班牙第一部本土制作电视剧。60 年代以后，西班牙电视台陆续制作了《让人无法入眠的故事》（Historias para no dormir）、《马丁内斯一家》（La casa de los Martínez）以及《村庄纪事》（Crónicas de un Pueblo）等电视剧。纳西索·伊瓦涅斯·赛拉多尔（Narciso Ibáñez Serrador）制作的恐怖系列剧《让人无法入眠的故事》是这一时期最成功的本土电视剧集，其中的《沥青》（El Asfalto）在 1966 年摩纳哥蒙特卡洛国际电视节上获得金女神最佳剧本奖。1968 年，伊瓦涅斯制作的《轻浮的故事》（Historias de la frivolidad）再次获得蒙特卡洛电视节金女神最佳制作奖。除了制作本土电视剧，西班牙电视台也陆续引进了《交通巡逻队》（Patrulla de tráfico）、《犯罪身份》（Identificación criminal）、《我爱你，露西》（Te quiero, Lucy）和《佩里·梅森》（Perry Mason）等美国电视剧，深受观众喜爱。

1959 年 2 月 15 日晚上，在伯纳乌球场举行了皇家马德里和巴塞罗那两家足球俱乐部之间的比赛，处于试播阶段的西班牙电视台巴塞罗那制作中心播出了此次比赛。比赛播出前夕，巴塞罗那出现了电视抢购热潮，商店里的电

---

① "Historia de TVE." Ministerio de Educación, Cultura y Deporte. http://tv_mav.cnice.mec.es/siglo/50/loaded_movies/guias/01_red/01_pdfs/30_primeros_anyos.pdf:15.

② Aniorte, Carmen. "'Escala en Hi-Fi', el origen del videoclip made in Spain." *El Español*, 7 de noviembre, 2015. https://www.elespanol.com/bluper/noticias/escala-en-hi-fi-origen-videoclip-made-in-spain.

视机被抢购一空，连橱窗里的样品都被卖出。虽然当晚的直播现场播出事故不断，观众未能欣赏到整场比赛，但是却开启了西班牙体育电视的先河，体育节目成为西班牙长盛不衰的电视节目类型，而西班牙足球甲级联赛也成为最受欢迎的体

1960 年西班牙电视台转播的比利时国王博度安一世的婚礼①

育节目之一。1960 年 12 月 15 日，比利时国王博度安一世迎娶西班牙人法维奥拉·德·莫拉·伊·阿拉贡（Fabiola de Mora y Aragón），这场王室婚礼通过欧洲电视网在西班牙电视台进行转播。这一天，无数西班牙人聚集在家里、咖啡馆甚至是商店橱窗的电视机前收看这场世纪婚礼，这也成为 20 世纪 60 年代西班牙电视史上的另一重大事件。①

2. 电视业的黄金时期

20 世纪 60 年代后，电视技术不断进步，广告收入增加，新的制作中心陆续启用，节目播出时间持续增加，节目类型日益多样，内容也越来越丰富，电视逐渐成为主要的大众媒体，对报刊和广播的地位构成挑战。从 60 年代中期开始，电视的社会影响力和经济效益超过报刊、电影和广播媒体。② 根据西班牙舆情监控公司（Oficina de la Justificación de la Difusión，OJD）的统计，60 年代中期，在人口超过 50 万的大城市，电视机的拥有量为 51%；在人口少于 50 万的中等城市，电视机的拥有量为 39%；而在人口少于 1 万人的小城市，电视机的拥有量为 30%。③ 截至 1970 年，西班牙的电视机拥有量突破 400 万台，这一数字在弗朗哥去世前夕达到 570 万台，电视观众达到全国

---

① 图片来源：http://img.rtve.es/v/2893734/。

② Palacio, Manuel. "Cincuenta años de televisión en España." *Medios de Comunicación*, 2006, 6:316-318.

③ 同上：316。

人口的 57%。①

1964 年,西班牙电视台启用新的摄影棚,弗朗哥本人亲自主持了开幕仪式。此后,西班牙电视台在新的摄影棚推出了经典的舞台剧节目《1 号摄影棚》(Estudio 1),诸如洛佩·费利克斯·德·维加·卡皮奥(Lope Félix de Vega Carpio)、蒂尔索·德·莫利纳(Tirso de Molina)、佩德罗·卡尔德隆·德拉·巴尔卡(Pedro Calderón de la Barca)、威廉·莎士比亚(William Shakespeare)以及奥斯卡·王尔德(Oscar Wilde)等欧美著名剧作家的经典作品纷纷被搬上电视。1965 至 1984 年,《1 号摄影棚》拍摄了近 20 年,成为西班牙电视史上深受观众喜爱的电视节目之一。②

1966 年,西班牙电视台二台(TVE2)开播,电视台开播之初名为 UHF 台(Ultra High Frequency "特高频率"),电视二台逐渐发展为专业的文化频道。③1971 年,西班牙电视台的北方区域中心(Centro Regional del Norte)在巴斯克的毕尔巴鄂开播,最初仅制作和播出一些宣传地方传统文化的节目,随着新闻生产能力的增强,巴斯克电视台逐渐引入新闻类的节目,节目内容和形式也日益多样化。

1969 年,经过前期的试验阶段后,西班牙电视台开始采用 PAL 制式模拟信号传输,彩色电视逐渐走进千家万户,西班牙电视迈入彩色电视时代。④20 世纪 70 年代以后,新摄影棚的建设、彩色电视信号系统的引进和电视机的普及,推动了电视节目的进一步多样化。1970 年,《每日电视新闻》推出晚间新闻栏目《24 小时》(24 horas)。1973 年,佩德罗·埃尔基西亚(Pedro

---

① Bustamante, Enrique. *Radio y televisión en España. Historia de una asignatura pendiente de la democracia*. Barcelona: Editorial Gedisa, 2006:51.

② Ruiz de Elvira, Álvaro, P. "20 programas que han marcado los 60 años de TVE." *El País*, 7 de noviembre, 2016. https://elpais.com/elpais/2016/10/27/fotorrelato/1477564957_399210.html#foto_gal_3.

③ Morales, Sonia. "15 de noviembre de 1966 nace la UHF, la Segunda Cadena." *RTVE*, 3 de agosto, 2017. http://www.rtve.es/rtve/20170803/nace-uhf-segunda-cadena/1591985.shtml.

④ "Década de los 70." RTVE, 10 de enero de 2006. http://www.rtve.es/tve/50_aniversario/decada_70_50 anyos.htm.

Erquicia）制作和主持的新闻栏目《每周新闻报道》（Informe Semanal）开播，该节目聚集了一批专业的新闻记者，每周一期，节目对热点话题进行深度报道，内容涵盖政治、经济、外交和文化等多个领域。截至2018年，《每周新闻报道》栏目已经播出45年之久，成为西班牙电视台在播出时间上仅短于《每日电视新闻》的电视节目。

在娱乐节目方面，1972年，西班牙电视台制作了王牌竞赛节目《一、二、三……请再次回答》，节目以其新颖的形式深受广大电视观众欢迎，并被英德等欧洲国家的电视节目效仿，而其早期的主持人基科·莱德加德（Kiko Ledgard）也获奖无数。《一、二、三……请再次回答》在电视屏幕上活跃了30多年，于2004年正式停播。

第九章 民主西班牙时期的新闻传播

CHAPTER 9

在弗朗哥统治后期，西班牙国内已经开始出现民主化转型的趋势，政府先后颁布一系列法律条令，推动西班牙经济的开放和社会的转型。1975年，弗朗哥去世，西班牙民主过渡阶段正式开启；次年，新政府通过《政治改革法》(*Ley para la reforma política*)，宣布解散弗朗哥时期的议会，并召开制宪会议；1978年，新《宪法》颁布，为西班牙民主制度的建立奠定了法律基础，也标志着西班牙从独裁政权到民主化的过渡基本完成。然而，民主化的道路并非一帆风顺，旧政权的支持者们仍伺机反扑。1981年，反对派发动军事政变，政府和军方迅速做出反应，挫败了政变阴谋，新生的民主政权得到进一步巩固，民主化成为定势。

在传播领域，20世纪60年代后，新闻管制的松动促进了新闻业的复苏，媒体上开始出现多元化的声音，为政治改革奠定了基础。随着1978年《宪法》的颁布，相关的行业法律法规也陆续出台，媒体业的立法体系进一步完善，作为公民基本权利的新闻和出版自由得到保障，西班牙传播业进入真正的繁荣期。第一，新闻自由不断拓展，打破了官方媒体对新闻生产和流通过程的垄断，独裁统治时期的新闻"逃避主义"也逐渐被摒弃，越来越多质疑政府和权威主义的声音得以在媒体上呈现。第二，民主制度的确立为言论和出版自由提供了保障，新闻传播业的职业化进程获得快速发展，传播手段和传播内容日趋多样化与精细化。第三，经济的繁荣促进了西班牙传媒业的新发展，企业化经营获得快速发展，媒体市场竞争机制的不断健全推动了传媒业的集团化发展，单一媒体形式逐渐被多媒体的传媒集团所取代。第四，20世纪末，因特网将西班牙传媒带入网络时代，作为传统媒体的报刊、广播和电视受到数字技术的巨大冲击，由此产生分化，固守原有模式的媒体不断式微并日益陷入困境，而一部分媒体抓住技术革新的历史机遇，主动创新，脱颖而出，在社会生活各个方面的影响力不断提升。

在西班牙民主转型和民主时期的所有重大事件中，都可以看到媒介的影子，政治改革法的颁布、共产党的合法化、制宪会议的召开、阿道弗·苏亚雷斯当选为政府首相、民主《宪法》的制定和颁布、1981年的军事政变以及工人社会党赢得选举胜利等诸多政治、经济以及其他领域内的重大变革，都离不开媒介的推动，西班牙的社会生活媒介化进程日益加速。

第一节　民主西班牙的建立

1975 年 11 月，弗朗哥去世。依照《国家元首继承法》，胡安·卡洛斯成为国家元首。11 月 22 日，胡安·卡洛斯登基，称胡安·卡洛斯一世。①1976 年，政府宣布对政治犯实行大赦。在同年底举行的全民公投中，94% 的西班牙人选择支持议会提交的《政治改革法》。《政治改革法》提议进行政治制度改革，举行议会选举，这标志着弗朗哥独裁政权即将解体。1978 年，议会正式通过《宪法》，宣布废除弗朗哥时期的各项基本法，明确提出"主权在民"，确立西班牙的政体为君主立宪制，并规定西班牙公民的各项基本权利和义务，明确行政、司法和立法的权力分立，议会由参议院和众议院组成，同时建立自治大区，规定自治大区的地方权力。1978 年民主《宪法》的颁布标志着西班牙完成了从独裁政权到民主化的过渡，民主西班牙正式建立。

1976 年，曼努埃尔·弗拉加创建右翼政党联盟——人民联盟（Alianza Popular），1989 年后，人民联盟正式更名为人民党（Partido Popular），并逐渐发展成为当今西班牙政坛重要的政治党派。1977 年 4 月，苏亚雷斯政府宣布西班牙共产党合法化，而作为回应，西班牙共产党表示将放弃建立共和国的

---

① 胡安·卡洛斯国王与媒体的关系很密切，他喜欢收集报纸上刊登的关于王室成员的漫画和笑话，并将它们保存在一个专门的收藏夹中，而且会打电话给一些媒体索取关于王室成员的漫画。除此以外，胡安·卡洛斯国王也喜欢摆弄手机、电子记事本等现代化的高科技产品。从年轻时起，他就是无线电爱好者。在无线电爱好者的圈里，人们不知道他是国王，他所用的无线电代码是 EAOJC，许多无线电爱好者都曾与国王通过无线电进行过交流却并不知道他的真实身份。

目标。①1977年6月，西班牙在时隔41年后再次举行议会选举，自1969年起担任西班牙广播和电视总局局长的阿道弗·苏亚雷斯（Adolfo Suárez）代表的中央民主联盟（Unión de Centro Democrático，UCD）在选举中获胜，苏亚雷斯成为首相。

在1982年举行的议会选举中，工人社会党赢得绝对多数选票，费利佩·冈萨雷斯·马克斯（Felipe González Márquez）当选为政府首相，中央民主联盟遭受重创，宣告解散。此后，工人社会党执政14年。在1996年的大选中，人民党赢得大选，何塞·玛丽亚·阿斯纳尔（José María Aznar）成为西班牙首相，西班牙从此进入两党轮流执政的时期。在工人社会党和人民党轮流执政期间，政府先后推出一系列政治和经济改革方案，以巩固民主政体并维护社会稳定，推动工业的转型和贸易的发展，带来了20世纪80年代以后西班牙的经济繁荣。

西班牙的民主政权萌芽于弗朗哥政权，是以和平的方式实现民主过渡的典型。然而，由于一系列民主化改革措施对保守势力产生了直接威胁，加之20世纪70年代末的经济危机导致西班牙社会不稳定，中央民主联盟内部矛盾激化，苏亚雷斯政府的统治也受到威胁。70年代后，被称为"地堡"（Búnker）的极右分子运动，通过舆论宣传、暗杀和密谋政变等方式，阻止改革，为西班牙民主建设设置障碍。1981年，苏亚雷斯宣布辞去首相和中央民主联盟主席的职务，国王推荐中央联盟的莱奥波尔多·卡尔沃-索特洛（Leopoldo Calvo-Sotelo）接替苏亚雷斯担任政府首相。

1981年2月23日傍晚，西班牙议会举行第二轮投票选举卡尔沃-索特洛为政府首相之时，安东尼奥·特赫罗·莫利纳（Antonio Tejero Molina）中校率领240名国民警卫队士兵冲进议会大楼，将苏亚雷斯、卡尔沃-索特洛以及在场的所有议员共300多人绑架。当时，还在议会大厦工作的SER广播

---

① Juliana, Enric. "El día que el Partido Comunista dijo sí a la Monarquía." *La Vanguardia*, 8 de junio, 2014. https://www.lavanguardia.com/politica/20140608/54408780625/dia-partido-comunista-dijo-si-monarquia-enric-juliana.html.

电台技术人员马里亚诺·雷维利亚（Mariano Revilla）趁叛军不备将大厦内电台的麦克风保持打开状态，电台主播拉斐尔·路易斯·迪亚斯（Rafael Luis Díaz）等人压低嗓音，通过小声说话的方式及时将半圆形大厅里发生的全部情况直接实况播出。从国民警卫队冲进议会大厅那一刻起，无数西

1981年2月23日军事政变当晚，埃菲社摄像记曼努埃尔·佩雷斯·巴里奥佩德罗（Manuel Pérez Barriopedro）在议会大楼现场拍摄的照片。①

班牙听众通过收音机实时见证这桩袭击国会事件的详细报道。随着政变进程的发展，人们甚至听到断断续续的枪声从广播里传出，SER网的电波直播了政变的全过程。被绑架的议员中有一位正好带着一台袖珍式半导体收音机，这成为了解外界情况的唯一来源。收音机递到前任副首相马托雷利手里，他可以利用自己的偏僻座位收听消息，把消息轻声传播开。当特赫罗中校从广播中听到政变主要领导人米兰斯中将投降的文告，惊呆了，只好缴械投降。这次事件可以算是媒介塑造政治进程的一个十分生动的案例。①

　　政变发生时，胡安·卡洛斯国王在办公室里边听广播一边批阅文件，在广播播报国会表决新首相任命的实况时响起了枪声和特赫罗中校大声咆哮的声音。见此情形，卡洛斯国王当机立断，决定以自己的权威，号召全国民众护卫得来不易的民主政权。当晚10点多钟，随着占领电视台的叛乱装甲部队撤出电视台，西班牙电视台的摄像小组受命立即赶往王宫。11点50分，国王身着上将军衔的草绿色军装，端坐在自己的办公室里。国王镇定自若，以洪亮而威严的声音向全国发表讲话，他说："我在此谨向西班牙人民发表如下简要讲话：面临如此非常之情势，我望全体民众保持平静且相信国家公器。在此我向全民宣布，我已令陆海空三军司令遵守如下指示：虑及议会大厦中所发生

---

　　① 图片来源：https://www.efe.com/efe/espana/comunicacion/las-fotos-del-23-f-de-efe-compartidas-con-los-usuarios-en-google/50000095-2847730。

1981年2月24日凌晨,卡洛斯国王通过电视台向全国发表讲话。

之情形,为避免任何可能造成之混乱,我确认已令行政当局携参谋长联席会采取任何必要之举措,在现行之法律框架内维持宪法之尊严。如需采取任何必要之军事举措,必先获得参谋长联席会议之许可。王室乃国家稳定与团结之象征,彼将无法容忍任何实体企图以暴力之手段破坏宪法之民主进程,实因宪法乃全西班牙人民以全民公决之形式所批准。"[①] 国王的讲话于2月24日凌晨1点23分在电视台和广播电台同时向全国播出,国王镇定的面容以及洪亮而坚定的嗓音稳定了民心。与此同时,海梅·米兰斯·德尔·博什(Jaime Milans del Bosch)中将率领军队占领叛乱中心瓦伦西亚,占领当地电台,宣布瓦伦西亚进入紧急状态。随后不久,特赫罗等二十几个政变主谋被判处监禁,民主西班牙顺利挺过了军事政变的考验,民主制度由此得到进一步巩固。

进入民主阶段后,西班牙积极参加国际组织,参与国际事务,努力融入国际社会:1986年,西班牙加入欧洲经济共同体和北大西洋公约组织;1993年加入欧盟;1999年加入欧元区。除此之外,西班牙多次举办世界性的活动,向世界各国展示民主化发展过程中的西班牙新貌:1992年,在安达卢西亚自治大区的首府塞维利亚举行了世界博览会;同年,第二十五届奥运会在加泰罗尼亚首府巴塞罗那举行。由此,一个政治上民主、经济上发达且具有文化特色的西班牙进入了全世界人民的视野。

政治的民主化和经济的发展推动了文化的进步。20世纪70年代末期,在马德里出现了著名的文化运动——"马德里喧嚣"(movida madrileña),这是独裁统治结束后西班牙人民渴望打破禁锢,追求民主、自由和现代化的呼声。

---

① McLaren, Lauren. *Constructing democracy in Southern Europe: a comparative analysis of Italy, Spain, and Turkey*. London: Routledge, 2008:210.

马德里喧嚣主张引进欧美流行文化,并对本土的音乐、电影、文学和绘画等艺术形式进行革新,而广播、电视和报刊则成为新时期流行文化的主要传播途径。电影导演佩德罗·阿尔莫多瓦尔(Pedro Almodóvar)和费尔南多·特鲁埃瓦(Fernando Trueba)、歌手阿拉斯卡［Alaska,原名玛丽亚·奥尔维多·加拉·霍瓦(María Olvido Gara Jova)］、服装设计师阿加塔·鲁伊斯·德拉·普拉达(Ágatha Ruiz de la Prada)等人是马德里喧嚣的主要代表人物。

在文学上,内战结束后的沉寂逐渐被打破,越来越多的文学作品勇于反映现实、揭露社会弊端。民主制度建立后,大批流亡海外的文人和知识分子陆续返回国内。"27年一代"的诗人比森特·阿历桑德勒(Vicente Aleixandre)在内战和独裁统治期间坚持创作,他的散文诗是20世纪下半叶西班牙进步诗歌的代表。1977年,阿历桑德勒被授予诺贝尔文学奖。1989年,西班牙著名作家卡米洛·何塞·塞拉(Camilo José Cela)获得诺贝尔文学奖。塞拉在独裁统治期间坚持创作,他的《帕斯夸尔·杜阿尔特一家》(*La familia de Pascual Duarte*)、《为两位死者演奏的玛祖卡舞曲》(*Mazurca para dos muertos*)和《蜂巢》(*La colmena*)等作品,不仅结构新颖,叙述手法独特,而且敢于揭露西班牙社会现实,具有重要的社会意义。此外,一大批出生于1930年后的作家开始活跃于文坛,为西班牙文学吹来一股新风,其中的代表人物有路易斯·戈伊蒂索洛(Luis Goytisolo)、哈维尔·马里亚斯(Javier Marías)、爱德华多·门多萨(Eduardo Mendoza)和阿图罗·佩雷斯-雷韦特(Arturo Pérez-Reverte)等。

第二节　报刊业的发展

弗朗哥统治的后期,面对国内外压力,政府被迫施行政治改革,新闻管制开始逐步放松。1966年颁布的《新闻与出版法》取消新闻的事先审查,允许新闻报刊可以自主任命报刊负责人。虽然《新闻与出版法》并未完全取缔新闻管制,各种对于媒体的惩罚措施仍然如高悬的利剑,多数媒体不敢轻易越界,但是报刊业的复苏迹象已经非常明显。正如西班牙的民主道路并非一帆风顺,新闻自由的确立也并不是一朝一夕就得以实现的。《马德里》在内的自由报刊在这一时期屡屡遭受新闻管制并最终被取缔,而《国家报》(*El País*)和《16日报》(*Diario 16*)的出版申请也不断被推迟。据统计,1966至1969年,针对报刊的法律指控达到619件,1969至1975年,指控达到713件,部分报刊因此被勒令暂停或关门。[①]显然,这一时期新闻管制的惯性仍在发挥作用。

1977年4月,政府颁布《关于言论自由的王室敕令》(*Real Decreto sobre Libertad de Expresión*),明确提出保障言论自由,正式取消新闻管制措施,取缔公共秩序法庭、国民运动总秘书处和工会组织,弗朗哥政权的舆论管理机构逐步退出历史舞台。1978年《宪法》的第二十条明确规定,承认并保障公民的言论和出版自由等人权,新闻自由最终被确立为西班牙公民的基本权利。

20世纪70年代后,政治民主化改革使得右翼阵营的报刊遭遇经营困难。1975至1984年,全国共有60份报刊停止发行,其中25份属于原国民运动网的报刊。[②]1977年,政府颁布法令,将国民运动报刊网改名为"国家社会传播媒体"(Medios de Comunicación Social del Estado),划归信息和旅游部管理,后改为由文化部管理。80年代以后,政府对该媒体组织旗下的报刊和电台进行私有化和公开拍卖,原国民运动媒体实际上被解散。

在民主过渡阶段,《人民》和《向上报》等右翼报刊反对政治改革,蜕变成"地堡"组织的宣传工具。1936年开始发行的《阿尔卡萨尔》是弗朗哥独

---

① Terrón Montero, Javier. *La prensa en España durante el régimen de Franco. Un intento en análisis político*. Centro de Investigaciones Sociológicas, 1981:206-207. 转引自 Bustamante, Enrique. *Radio y televisión en España. Historia de una asignatura pendiente de la democracia*. Barcelona: Editorial Gedisa, 2006:36, 42.

② Zugasti Azagra, Ricardo. "El papel de la prensa en la construcción de la democracia española. De la muerte de Franco a la Constitución de 1978." *CONfines de relaciones internacionales y ciencia política*, 2008, 7:55.

裁统治末期倡导民主改革的报刊，然而，该报在 70 年代后被"地堡"组织所控制，因而也成为右翼阵营的帮手。① 作为弗朗哥时期重要的报刊，《信息报》《Ya》和《先锋报》虽然仍旧属于保守阵营，但在新的形势下并不完全反对改革。在 1977 年的议会选举中，《人民》加入中央民主联盟的阵营，而《阿贝赛报》和《Ya》则选择支持曼努埃尔·弗拉加的人民联盟，并主张人民联盟和中央民主联盟建立竞选联盟。②1981 年 2 月军事政变前夕，在《阿尔卡萨尔》和《阿贝赛报》上刊登了右翼势力的煽动性文章，为政变推波助澜，成为弗朗哥主义政权最后的宣传工具。

20 世纪 70 年代以后，以"缄默团体"（Grupo Tácito）为代表的知识分子群体在《Ya》等多家报刊发表文章，宣传自由和民主思想，呼吁结束独裁统治，实现国家的政治民主化。"缄默团体"既有从独裁政权阵营内部分化出的成员，也包括独裁体制的批判者，这一团体发出的声音产生了重要的社会影响，为民主过渡时期中央民主联盟提出的主要政治理念奠定了基础，其重要成员阿道弗·苏亚雷斯之后成为政府首相，进一步将缄默团体的政治理念在治国实践中进行贯彻。③

进入民主时期后，由于无法适应新的形势，《向上报》《信息报》《人民》《阿尔卡萨尔》和《Ya》等弗朗哥时期的重要报刊先后停刊。《阿贝赛报》和《先锋报》虽然发行至今，但在民主过渡阶段其发行量也曾一路下滑。进入民主时期后，曾任职于《先锋报》和埃菲社等媒体的路易斯·玛丽亚·安松（Luis María Ansón）被任命为《阿贝赛报》负责人。在他的带领下，《阿贝赛报》吸引了原右翼阵营报刊的读者，发行量逐步上升，成为新时期西班牙重要的新闻类报刊之一。自 1999 年 7 月 20 日起，《阿贝赛报》进行了版面扩充，但是

---

① Rodríguez Jiménez, José Luis. "La prensa de extrema derecha en la transición del franquismo a la democracia（1973—1982）." *El Argonauta español*, 2012, 9: http://journals.openedition.org/argonauta/1421.

② Farias Batlle, Pedro. "La prensa y las transiciones políticas a la democracia." *Comunicar*, 1999, 13:71—77.

③ Davara Torreqo, Francisco Javier. "Los periódicos españoles en el tardo franquismo. Consecuencias de la nueva ley de prensa." *Revista Comunicación y Hombre*, 2005, 1:140.

仍保留其标志性的中缝装订的传统，并在头版以图文并茂的形式发布各种广告信息或彩票号码，而从第三版开始刊登国内外政治、军事和经济新闻，最后是体育新闻以及演出信息等。1998年，安松创办《理性报》（*La Razón*），该报是继《国家报》《世界报》《阿贝赛报》等报纸外的另一份重要的全国发行的报纸。

在弗朗哥政府晚期，特别是新的《新闻和出版法》颁布后，《马德里》和《胜利》等独立报刊开始走向独裁统治的对立面。由于和政府之间产生了摩擦，《马德里》于1971年被迫停刊。《胜利》杂志创办于1946年，最初为戏剧类的周刊，1962年后改为新闻类报刊。进入民主过渡阶段后，《胜利》汇聚了这一时期西班牙知识界的重要代表，成为反对弗朗哥政权的另一重要纸质出版物。然而，进入民主时期后，受到新报刊的冲击，《胜利》遭遇经济危机，最终于1980年停刊。

弗朗哥去世后，拥护民主改革和呼吁推翻独裁政权的报刊逐步突破新闻管制和"国民运动"报刊的重重包围，涌现了一大批新报刊。据统计，1984年，全国共发行约115份新闻报刊，其中一半的报刊创办于1975年之后。[①] 这一时期，何塞·奥尔特加·波托诺斯（José Ortega Spottorno）筹备建立当今西班牙的第一大报《国家报》，1976年5月4日，《国家报》正式发行。该报采用照相排版和彩色印刷等最先进技术，而其高质量的新闻报道水准、先进的新闻理念、丰富的内容以及多样的新闻呈现形式使其成为新时期报刊的代表。《国家报》承袭了《太阳报》的独立精神，自诞生之初便坚定地站在旧体制的对立面，以拥护民主制度、捍卫公民自由和推动西班牙社会革新为主要目标。1981年的军事政变发生后，《国家报》在第一时间站出来，在胡安·卡洛斯一世国王发表公开电视演讲之前，出版政变专号，并在首页以醒目的标题发表社论《国家报，与宪法同在》（*El País, con la Constitución*），号召西班牙人民

---

① Zugasti Azagra, Ricardo. "El papel de la prensa en la construcción de la democracia española. De la muerte de Franco a la Constitución de 1978." *CONfines de relaciones internacionales y ciencia política*, 2008, 7:55.

支持民主政权，谴责军事政变的发动者。在 1977 年的选举中，《国家报》选择支持工人社会党（PSOE）等左翼政党。随着 PSOE 赢得选举的胜利并成为执政党，《国家报》的地位也得到进一步巩固。如今，《国家报》已经成为西班牙影响力最大、发行量最高的新闻类报刊，是西班牙报刊业的行业标杆。

后弗朗哥时期，继《国家报》之后诞生的民主报刊是由《改革 16》（Cambio 16）的创办人胡安·托马斯·德·萨拉斯（Juan Tomás de Salas）于 1976 年开办的《16 日报》。20 世纪 80 年代以后，在佩德

1981 年 2 月 23 日政变发生当晚，《国家报》推出的特别号。

罗·何塞·拉米雷斯（Pedro José Ramírez）的领导下，《16 日报》获得快速发展，逐步改用彩色印刷，并推出周日儿童专刊《小人国》（Gente Pequeña）。《16 日报》的销量一路上升，并以该报为基础建立了名为"16 集团"（Grupo 16）的媒体集团。作为民主过渡阶段的第二大报纸，《16 日报》坚持独立的政治理念，全面记录并积极参与了全民公投、议会选举以及 1981 年政变失败等重大事件。在政变时期，该报旗帜鲜明地捍卫新生的民主政权，并揭露了名为"银河行动"（Operación Galaxia）的政变阴谋。1987 年，《16 日报》对反埃塔的"自由反恐组织"（Grupos Antiterroristas de Liberación，GAL）进行跟踪报道，披露了该组织与冈萨雷斯政府之间存在千丝万缕的联系。然而，由于该案牵涉多名政府高官，这导致托马斯·德·萨拉斯与何塞·拉米雷斯之间在媒介理念上产生尖锐的矛盾，最终，何塞·拉米雷斯被辞退。

几个月后，何塞·拉米雷斯和其他原《16 日报》的记者一起创办《二十一世纪世界报》（El Mundo del Siglo XXI），后更名为《世界报》（El Mundo），并逐步发展壮大，成为当前西班牙发行量排名第二的新闻类报纸。创立之初，《世界

报》在揭露工人社会党政府的腐败方面做出了重要贡献，为人民党在1996年的选举中顺利击败工人社会党奠定了民意基础。1995年，《世界报》网络版正式开通，并成立了专门管理网络报刊的世界互动公司（Mundinteractivos S.A.）。

鉴于20世纪初爆发的全国记者总罢工给社会生产所带来的巨大冲击，为了保障新闻记者在星期日的休息权，政府规定除了各省报刊协会的《星期一官方报》（Hoja Oficial del Lunes）之外，其他报刊不得在星期一发行，这一政策从1904年一直延续到民主西班牙时期。20世纪80年代后，随着新闻自由和报刊业自身的发展，向读者提供最及时的新闻资讯成为新闻从业者追逐的重要目标，在此背景下，星期日工作禁令逐渐变得不合时宜。1980年，《16日报》率先打破这一规定，推出周一版报刊。1982年，政府正式取消星期一禁令，继《16日报》之后，《国家报》和《先锋报》等报也纷纷在星期一出版，各地的《星期一官方报》逐渐退出历史舞台。①

1934年9月24日由马德里报刊协会（Asociación de la Prensa）发行的《星期一官方报》。

除了以上新闻类报刊的发展，新闻业的整体发展也推动了报刊出版物的多样化。《国家报》在创办后便推出各种形式的周末文化和娱乐专刊，其中包括《国家报周刊》（El País Semanal）、《小国家》（El Pequeño País）等，在丰富报刊内容的同时也满足了读者多样化的信息需求，扩大了读者群，奠定了《国家报》在西班牙出版行业的领袖地位。《国家报周刊》上刊载的西班牙著名漫画家卡洛斯·罗梅乌（Carlos Romeu）的"小米格尔"（Miguelito）系列漫画，成为这一时期家喻户晓的漫画作品。除此以外，《国家报周刊》引进比利时著名画家贝约的"蓝精灵"系列漫画，影响颇大。1978年3月3日，著

---

① Clavero Martín, Vicente. "El periódico sin interrupciones. Un análisis del aprovechamiento de los quioscos digitales como instrumento para mantener el contacto con los lectores los 365 días del año." In R. Mancinas-Chávez（coord.）*Actas del I Congreso Internacional Comunicación y Pensamiento. Comunicracia y Desarrollo Social*, Sevilla: Ediciones Egregius, 2016:234.

名的经济日报《五日报》（Cinco Días）创刊，每周发行5期。《五日报》以报道经济新闻为主，但是在创办之初仍旧保留了传统政治报刊的形式，在经济新闻报道之外仍旧穿插部分时政新闻。随着办报经验的不断积累和定位的不断明确，《五日报》逐步向专业的经济报刊过渡，成为西班牙经济日报的代表。

从地方报刊的发展来看，弗朗哥独裁统治期间，由于加泰罗尼亚和巴斯克等地失去了在第二共和国期间获得的地方自治权，地方文化也遭到独裁政府打压。进入民主时期后，地方民族主义得以复苏，新闻和出版自由的恢复促进了地方新闻报刊的快速发展。在加泰罗尼亚地区，发行最悠久的报纸《先锋报》是弗朗哥时期最重要的报纸之一。民主时期，《先锋报》报社引入先进的印刷和出版技术，并对出版流程进行了改造，进一步巩固了其在加泰罗尼亚地区的领先地位。1995年，《先锋报》推出了网络版，并在2011年推出西班牙语和加泰罗尼亚语的双语版报纸。诞生于新时期的加泰罗尼亚地区的报刊还包括《国家报》的巴萨罗那地方版、《加泰罗尼亚报》（El Periódico de Catalunya）、《今日报》（Avui）、《朋特报》（El Punt）以及《加泰罗尼亚快讯》（Catalunya Express）等。其中，《加泰罗尼亚报》创办于1978年，1997年该报推出加泰罗尼亚版，是现今加泰罗尼亚地区的重要报纸之一。2016至2017年担任加泰罗尼亚地区领导人并单方面宣布加泰罗尼亚独立的查尔斯·普伊格蒙特（Charles Puigdemont），在其从政前曾任职于《今日报》和《朋特报》，并曾出任《朋特报》主编。《今日报》创办于1976年，是西班牙内战后第一份采用加泰罗尼亚语出版的报纸。1995年4月1日，《今日报》率先推出电子报，成为全国第一个推出电子报的纸质媒体。虽然加泰罗尼亚地方政府为《今日报》投入了大量资金，但是该报一直负债累累，发行陷入困境。《朋特报》于1979年在加泰罗尼亚的赫罗纳创办。2011年，《今日报》与《朋特报》合并，并更名为《朋特今日报》（El Punt Avui），合并后的报纸依旧得到加泰罗尼亚地方政府的支持，是目前加泰罗尼亚地区地方民族主义的主要报纸之一。

在巴斯克地区，20世纪70年代后，随着《北方公报》和《西班牙之声》（La Voz de España）等在前一时期占据销量前列的报刊停止发行，邮报集团旗下的《西班牙邮报—巴斯克人民》和《巴斯克日报》的销量迅速攀升，成为巴斯克地区的销量第一的报纸。80年代后，《西班牙邮报—巴斯克人民》改名为《邮报》(*El Correo*)。2000年，《邮报》推出独立的电子报《数字邮报》(*El Correo Digital*)，《数字邮报》网站逐渐发展为巴斯克地区访问量最高的门户网站。同加泰罗尼亚地区一样，进入民主时期后，被压制的巴斯克地方民族主义逐渐复苏，出现了民族主义报纸《德亚报》(*Deia*)和《埃金报》(*Egin*)。①《德亚报》被认为是巴斯克民族主义党的官方报纸，该报也是巴斯克地区第一份引进彩色排版的地方报。《德亚报》在版面设计上承袭了《国家报》，而在内容上也更加贴近本地读者的阅读兴趣。

地方政府权力的恢复带来了地方民族语言的复兴，催生了新的或者重新印刷的巴斯克语言研究杂志，如《巴斯克报》(*Euskararen Berripapera*)、《胡里奥·德·乌尔基霍研讨会年刊》(*Anuario del Seminario Julio de Urquijo*)。此外，新的文化类报刊和专业类报刊也开始涌现，前者以《噢！巴斯克》(*Oh!Euzkadi*)等报刊为代表，专业类期刊包括《巴斯克研究国际期刊》(*Revista Internacional de los Estudios Vascos*)、《学科报》(*Cuadernos de Sección*)、《巴斯克律师杂志》(*Euskal Herriko Legelarien Aldizkaria*)以及《巴斯克新闻与媒体》(*Euskonews & Media*)等。20世纪80年代后，在巴斯克的蒙特拉贡等地先后出现了报业联盟和集团，如多媒体的戈耶纳集团（Goiena Komunikazio Zerbitzuak）、伊特萨集团（Goierri Hitza）等。②

第三节 通讯社的发展

进入民主时期后，埃菲社逐渐由原弗朗哥政府的官方新闻社向西班牙第

---

① Díaz Noci, Javier. "Historia del periodismos vasco（1600—2010）." *Mediatika: Cuadernos de comunicación*, 2012, 13:202.

② 同上：208-209.

一大综合性通讯社过渡。1977年后，埃菲社开始对旗下各个频道采编的新闻进行统一署名，并在同年设置了埃菲社新闻奖（Premio Efe de Periodismo）。1984年，埃菲社联合法国的法新社、德国的德新社、意大利的安莎社、荷兰的ANP通讯社以及比利时通讯社，建立欧洲第一家图片新闻社——欧洲新闻图片社（European Pressphoto Agency）。

20世纪80年代，埃菲社加快技术改革，并推出西班牙语新闻数据库和图片新闻库，开通卫星信号传输渠道和图文新闻的服务，建立埃菲社基金会（Fundación EFE），以推动技术研发、新闻研究以及人才培养。90年代后，埃菲社进一步向精准化的信息服务方向发展，一方面，拓宽信息服务的语言覆盖面，在原有的西语、英语和法语新闻的基础上，增加了阿拉伯语和葡萄牙语的新闻服务；另一方面，根据信息细分原则，陆续建立农业分社（Efeagro）、经济分社（Efecom）、环境分社（Efeverde）以及旅游分社（Efetur）等相关主题分社。

由于埃菲社在西语新闻传播中的卓越贡献，1995年，埃菲社被授予西班牙阿斯图里亚斯亲王传播和人文奖（Premio Príncipe de Asturias）。

第四节　广播的发展

进入民主过渡时期后，西班牙的广播管制逐渐放开，调频电台数量逐渐增加，无线电传播质量得到优化，广播信号得以传播到更多的地区，推动了广播电台数量和广播听众的增长，西班牙广播业进入新的发展阶段。20世纪70年代，政府颁布一系列法令，广播电台的相关规章制度逐步完善：1976年，《临时调频技术方案》（*Plan técnico transitorio de FM*）通过；次年，《关于言论自由的王室敕令》给予广播节目言论自由，并取消RNE的垄断地位；1980年，政府颁布《广播与电视法》（*Estatuto de radio y televisión*），允许各自治大区建立地方广播台和电视台，加泰罗尼亚、加利西亚和巴斯克等地的地方电台和电视台得以迅速发展和壮大；1989 年，新的广播管理条令出台，允许各个城市建立电台。由此，由公共电台、私人电台、国家电台、自治区电台和城市电台构成的西班牙现代广播传播格局逐步完善。

20 世纪 80 年代，SER 广播网在短短的几年间新开播了 50 家电台，在收听率上成功登顶。截至 1988 年，SER 广播网旗下共拥有 150 家电台，其中包括 53 家中波电台和 97 家调频电台。[①]

1974 年，国民运动电台网、蓝色广播网与工会电台网合并，成立西班牙广播网（Radiocadena Española，RCE）。1980 年后，西班牙广播网被并入新成立的西班牙公共实体广播电视公司（Ente Público Radiotelevisión，RTVE），并转型建立西班牙广播四台（Radio 4），旗下包括 24 家自治大区的地方广播电台，成为继 SER 广播网和西班牙国家广播电台之后收听率最高的广播网。20 世纪 90 年代后，由于收听率持续走低，广告收入不振，经营困难，广播四台旗下的电台陆续关停，目前只有加泰罗尼亚的广播四台（Ràdio 4）仍旧在运营。

1982 年，由《先锋报》《阿贝赛报》、欧洲社和泽塔集团出资，曼努埃尔·马丁·费兰德（Manuel Martín Ferrand）建立了天线三台广播台（Antena 3 Radio），这是西班牙第一家私人广播电台，也是第一家综合调频广播电台。1984 年，天线三台收购了八十电台（Radio 80）。天线三台在开播后获得很大成功，根据西班牙传媒研究协会（Asociación para la Investigación de Medios de Comunicación，AIMC）所做的大众传媒调查（Estudio General de Medios，EGM）的数据来看，1992 年，天线三台的听众人数超过 300 万，比 SER 广播网的听众总人数还多，成为收听率最高的西班牙广播电台。1992 年，普利萨集团（Grupo PRISA）收购天线三台广播台，然而由于该项收购被宣布非法，天线三台改组为专业的古典音乐电台，并更名为交响乐广播天线三台（Sinfo Radio Antena 3）。

[①] Conde, Fernando. "Una reciente historia de la radio de España." Madrid: Cimop, 2005:105. http://www.cimop.com/docs/articulos/unahistoriareciente100429.pdf.

1989 年，西班牙全国盲人组织（Organización Nacional de Ciegos Españoles, ONCE）建立了零波段电台（Onda Cero），成为西班牙广播谱系中的另一重要电台。1999 年，零波段电台被西班牙电信公司（Telefónica）收购，并与旗下的天线三台电视台（Antena 3 Televisión）合并。

作为 20 世纪上半叶的重要传播工具，广播电台在西班牙的民主过渡阶段发挥了重要作用。[①]1981 年 2 月 23 日，在议会大楼发生的政变中，SER 广播台的记者悄然地进行现场直播，国王和全国人民得以知悉政变的全过程，在某种程度上坚定了西班牙民众对于民主道路的决心，对政变的和平解决起到了推动作用。因而，1981 年的政变之夜经常被称为"无线电之夜"，也被视为西班牙广播电台迈入新闻化时代的标志性事件。

公共电台和私人电台纷纷推出各类新闻广播节目，分布在各个时段的广播及时发布新闻和评论，其传播新闻的作用超过当时的报刊和电视。广播新闻的代表性的栏目有 RNE 的《八点钟的西班牙》（*España a las 8*）和 SER 广播网的《25 点钟》（*Hora 25*）等。此外，广播节目的类型也逐步多元化。1973 年 7 月 1 日，RNE 的著名主持人路易斯·德尔·奥尔莫·马罗特（Luis del Olmo Marote）开始主持电台"杂志"（magazin）类节目《从海岸到海岸》（*De costa a costa*），该节目后来改名《主角》（*Protagonistas*），其播放时间一直延续到 2013 年 12 月，成为西班牙广播史上最长寿的广播节目，同时也被视为"杂志"类广播节目的先驱。该节目的首任主持人奥尔莫后来离开国家广播电台，先后担任 COPE 广播网以及零波段电台主持人，并最终创办朋多广播电台（Punto Radio）。

恩卡纳西翁·桑切斯（Encarnación Sánchez）是这一时期另一著名电台主持人，其主持的广播节目《夜晚的恩卡纳》（*Encarna de noche*）广受听众欢迎。该节目先后在观海广播电台（Radio Miramar）、马德里之声广播台（La

---

① "La noche de los transistores." *El País*, 25 de febrero, 1981. https://elpais.com/diario/1981/02/25/ultima/351 903601_850215.html.

著名广播和电视主持人恩卡纳西翁·桑切斯

Voz de Madrid）、西班牙电台和COPE电台播出。1984年，恩卡纳西翁在COPE电台开播新节目《恩卡纳直播》（Directamente Encarna），并很快成为下午时段的王牌广播节目。

天线三台的何塞·玛丽亚·加西亚（José María García）是著名的体育广播主持人，他主持的体育节目《零点的超级加西亚》（Supergarcía en la hora cero）深受听众喜欢。1992年，天线三台被普利萨集团收购后，何塞·玛丽亚·加西亚带着《零点的超级加西亚》加入COPE广播网，并在2000年后转入零波段电台。《零点的超级加西亚》深受听众喜欢，是这一时期最知名的足球广播节目之一，在很长时间占据同时段收听率的首位。

专业电台的建立是新时期西班牙广播业的另一重要变化，其中的标志性事件是1988年40音乐广播网（Cadena 40）的建立。40音乐广播网的名称来源于SER广播网旗下所属的马德里电台的一档音乐节目——《40主打歌》（Los 40 principales）。该节目于1966年开始播出，每周播出一次，内容为推荐流行歌曲进行打榜，然后选出排行第一的歌曲。开播之初，节目时长仅2个小时，然而其清新、时尚以及不拘一格的风格代表了新时期广播节目的发展趋势，也迎合了民主时期西班牙流行文化的发展趋势，因而深受广播听众，特别是受到年轻人的喜爱，其节目的播出时间也不断延长。随着调频信号发射器和广播接收器的增加，节目通过调频电台播出。

《40主打歌》的走红使得一大批新生代歌手成为家喻户晓的明星，许多打榜歌曲通过无线电广播在西班牙和西语国家甚至全世界传播。《40主打歌》的巨大成功使其从SER网独立出来，从一档广播节目逐渐成长为独立的专业音乐电台，即40广播网（Cadena 40），这也成为新时期西班牙专业广播网发展的标志性事件。40广播网建立后，迅速发展为最受欢迎的专业电台，而其多档节目和多名主持人也均被授予西班牙国家广播奖。

第五节 电视的发展

进入民主过渡阶段后,随着电视机的普及和节目内容的日益丰富,电视观众人数迅速增加,不少家庭开始拥有两台电视机。1994 年,西班牙电视观众平均每天看电视时间达到 210 分钟。[①]

在拉斐尔·安松(Rafael Ansón)的领导下,西班牙电视台无论在节目内容还是节目形式方面,都经历了不同程度的变革。电视台积极参与国内外重大事件的报道,例如胡安·卡洛斯一世的登基演讲、《政治改革法》等重要政策法规的颁布、全民公投和民主选举、苏亚雷斯担任政府首相、1978 年《宪法》的颁布以及 1981 年军事政变等重大事件,西班牙电视台都积极参与其中,为宣传民主观念,引导公众舆论,顺利实现民主过渡起到了重要的推动作用。

1976 年,在西班牙电视台建台 20 周年之际,胡安·卡洛斯国王夫妇参观了西班牙电视台。次年,原来受信息部管辖的西班牙电视台转由文化部管理。1980 年 1 月 10 日,政府颁布《广播与电视法》,将西班牙国家广播电视台、Cadena 广播网和西班牙电视台合并,改称西班牙公共实体广播电视公司,2007 年后更名为西班牙广播电视集团(Corporación de Radio y Televisión Española, RTVE)。1982 年,高达 232 米的西班牙电视塔(Torrespaña)投入使用。

1981 年 2 月 23 日政变当晚,西班牙电视台被支持政变的装甲部队占领,电视台被迫改变原定的节目安排,国家广播电台也被迫播放军队进行曲。然而,华金·阿罗萨梅纳(Joaquín Arozamena)主持的电视二台的新闻节目在

[①] "Las televisiones parivadas cumplen 20 años en España." *ABC*, 3 de marzo, 2010. http://www.abc.es/20100125/historia-/televisiones-privadas-espana-aniversario-201001251201.html.

第一时间将政变的新闻向全世界播出。① 与此同时，在议会大厦内的西班牙电视台工作人员将政变现场的部分场景拍摄下来。次日凌晨，西班牙电视台一台播出了胡安·卡洛斯国王向全国人民的讲话，新闻播报员何塞·伊格纳西奥·加维隆多（José Ignacio Gabilondo）和维多利亚·普雷戈（Victoria Prego）向全国电视观众播报了叛军从瓦伦西亚和议会大楼撤出的消息。

1986 年 1 月 13 日，早上 7 点半，西班牙电视台推出早间电视节目《早安》（*Buenos Días*），由此，西班牙电视台的每天节目时长已达到 20 小时以上。1976 年，何塞·路易斯·巴尔文（José Luis Balbín）制作并主持的节目《答案》（*La Clave*）在电视二台开播。该节目每期邀请嘉宾对某一热点话题进行讨论，其内容涉及共产党的合法化、流产合法化以及就业危机等在弗朗哥时期的"禁忌"话题，成为民主过渡阶段西班牙电视台打造新形象、推动民主进步的重要节目。②1994 年，西班牙电视二台推出了全新的新闻节目《二台新闻》（*La 2 noticias*）。该节目由弗兰·略伦特（Fran Llorente）领导的团队制作，在节目内容和形式上都意图创新，寻求在千篇一律的新闻话题之外令普通民众感兴趣的新闻点，内容涵盖政治、经济、社会以及文化等诸多方面，努力贴近普通观众的日常生活。从主持形式来看，主持人不再西装革履地坐在电视机前，而是身着便装，面对观众侃侃而谈，这一形象和其新颖的新闻内容一样深入人心，成为电视二台的经典新闻节目。1997 年 9 月 15 日，西班牙电视台一台推出了卫星全新闻频道"24 小时"（24 horas）。目前，24 小时频道的电视节目可以从 RTVE 和地面数字电视两个渠道观看。

除了电视新闻频道和节目的革新，电视片的制作也开始呈现新气象。1976 年，《库罗·希门尼斯》（*Curro Jiménez*）和《蓝色夏天》（*Verano Azul*）

---

① "Joaquín Arozamena:'Se ha dicho que TVE sólo informó del 23-F con Gabilondo, no es cierto, nosotros, nosotros lo hicimos dos horas antes'.", Periodistadigital, 30 de enero, 2013. http://www.periodistadigital.com/periodismo/tv/2013/01/30/arozamena-verdad-historia-oficial-de-tve-el-23-f-viene-decir-bajamos-pantalones-dijimos-nada-cuando-contamos-informativo.shtml.

② "Década de los 70." RTVE, 10 de enero de 2006. http://www.rtve.es/tve/50_aniversario/decada_70_50 anyos.htm.

等传播民主、自由观念的新时代电视剧相继开播。在文化节目方面,《玻璃球》(La Bola de Cristal)、《黄金时代》(La Edad de Oro)和《大都市》(Metrópolis)等节目是这一时期的重要代表,其中,帕洛马·查莫罗(Paloma Chamorro)主持的《黄金时代》是马德里喧嚣文化运动的重要阵地之一,这一时期的许多流行歌曲通过该节目走进千家万户。

伴随民主《宪法》对地方自治权的认可,议会通过了建立地方广播台和电视台的法案,一大批地方电视台陆续建立起来。1982年,巴斯克广播电视台(Euscak Irrati Telebista,EITB)成立,使用巴斯克语和西班牙语双语播出。1983年,EITB旗下的巴斯克电视台开播。次年,加泰罗尼亚电视三台(TV3)、加利西亚电视台(TVGa)、安达卢西亚的南方频道(Canal Sur)、马德里电视台(Telemadrid)和瓦伦西亚的第九频道(Canal 9)等主要地方电台陆续建立起来。1989年,巴斯克电视联合会(Federación de Televisiones del País Vasco)成立。同年,地方电视和广播电台联合建立了自治大区广播和电视机构联盟(Federación de Organismos de Radio y Televisión Autonómicos,FORTA)。20世纪90年代后,更多的地方电视台建立起来,如加那利电视台(Televisión Canaria)、卡斯蒂利亚—拉曼卡电视台(Castilla-La Mancha Televisión,CMT)和阿拉贡电视台(Aragón Televisión)等。

私人电视台的建立是民主时期西班牙广播电视业的新现象。1988年,政府颁布了《私人电视台法》,宣布开放电视市场,发放私人电台许可证。次年,天线三台电视台(Antena 3 Televisión)、电视五台(Telecinco)和Canal+电视台(Canal+)三家电视台获得政府许可,打破了公共电视台的垄断局面,而这三家电视台也成为20世纪末至21世纪初西班牙电视领域的重要代表。[1] 其中,电视五台和天线三台在开播之初只在马德里和巴塞罗那播出,播出时间也仅限于下午和晚上。20世纪90年代中期后,这两家电视台的收视率一路飙

---

[1] "Las televisiones parivadas cumplen 20 años en España." ABC, 3 de marzo, 2010. http://www.abc.es/201 00125/historia-/televisiones-privadas-espana-aniversario-201001251201.html.

升，并在新世纪之初成为电视一台的重要竞争对手。时至今日，电视五台和天线三台的收视率已经超过电视一台，成为收视率分别排行第一和第二的电视频道。与电视五台和天线三台不同的是，Canal+电视台致力于打造付费卫星电视频道，成为西班牙第一个付费电视频道。

第十章 网络时代西班牙的新闻传播
CHAPTER 10

　　进入21世纪后，新的传播方式、新的内容需求和新的传媒格局给新时期西班牙的传播业带来新气象。随着网络基础设施建设的不断完善和电脑普及率的提高，网上阅读逐渐成为西班牙人获取信息的重要方式，而信息的全球化发展也激发了人们实时获取信息的需求，反过来推动移动互联网的快速发展。在新闻传播领域，由于新媒体的冲击以及经济危机等多重因素的作用，报纸和杂志的读者市场占有率整体呈下降趋势，纸媒市场整体呈现萎缩趋势。为了适应数字化传播技术发展的需求，报刊媒体积极推进报刊数字化改革和业务转型，对受众的信息需求进行精细分析，推动专业化和分众化发展，以更好地吸引阅读习惯和口味日益多样化的读者群体。纸质出版物陆续推出电子版、网络版和面向移动终端的应用，并利用图像、视频等多媒体手段进行整合式传播。

　　在广电领域，调频电台逐渐成为西班牙广播电台发展的主流，地面数字电视（TDT）、卫星电视、网络、手机和平板终端也迅速加入电子媒体的大潮，新时期的电视传播方式也从最初单一的无线电视过渡到有线电视、卫星电视以及网络电视的多平台同时发展的阶段。从行业规制来看，广电领域的传媒政策也进一步完善。《国家广播与电视法》(*Ley de la Radio y la Televisión de Titularidad Estatal*)、《试听传媒总法》(*Ley General de la Comunicación Audiovisual*)、《电信法》(*Código de las Telecomunciones*) 以及《电视内容自律与保护儿童法规》(*Código de Autorregulación sobre Contenidos Televisivos e Infancia*) 等一系列相关法律法规出台，对新闻从业者的职业道德、新闻报道的内容（保护妇女、青少年等）、广告（诸如烟草广告）以及行业竞争等方面均进行了详细规定。

报刊和广电媒体纷纷进军互联网领域，推动了传媒行业自身的业务扩张与整合，而传媒领域规制政策的放松也促进了大型多媒体集团的建立。媒介之间的合作与竞争、集团之间的兼并和收购以及外国传媒集团的加入，这些都为传媒产业带来新的发展机遇，也使西班牙的媒介谱系更加复杂。

第一节　报刊和出版业

在新时期，西班牙报刊业的读者和市场占有率整体呈下降趋势。据西班牙舆情监控公司（Oficina de la Justificación de la Difusión，OJD）的统计，2017年，全部日报的读者总数为1500万，与2016年相比下降了3.2%，而杂志的读者数量相比2016年同期下降1%。从日报读者数量来看，2017年4月至2018年3月，体育日报《马卡报》每日读者的数量遥遥领先，紧随其后的分别是《国家报》《阿斯报》《世界报》《先锋报》《加利西亚之声》（*La Voz de Galicia*）、《阿贝赛报》《加泰罗尼亚报》《世界体育报》和《体育报》。①

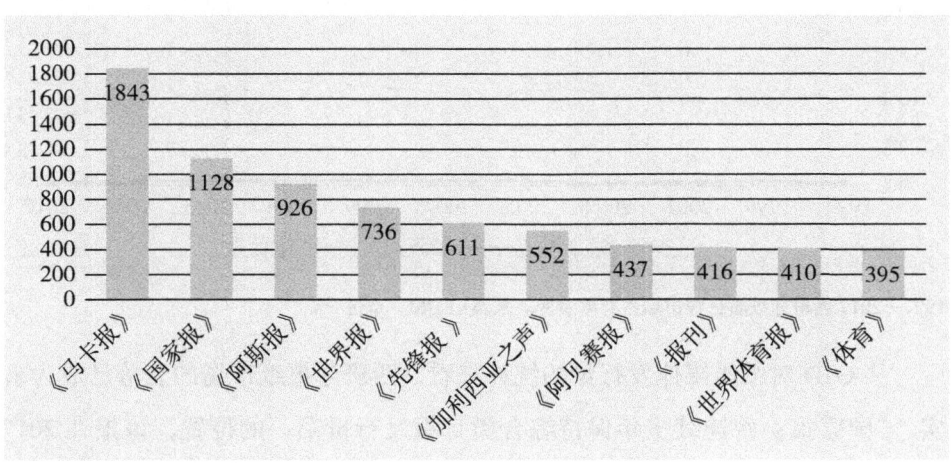

2017—2018 每日读者数量排名前十位的日报。来源：EGM，单位：千人

---

① Asociación para la Investigación de Medios de Comunicación. "EGM. Resumen General: año móvil abril 2017 a marzo 2018." 2018:8.

从日报的市场占有率来看，互联网的发展导致纸媒受众不断流失，越来越多的读者开始更多地选择网络作为其信息的主要来源。根据西班牙传媒研究协会对 1997 至 2017 年日报消费情况的统计，2008 年之前，综合类报刊的占有率呈上升趋势，且平均上升幅度超过 30%，2006 年和 2008 年达到峰值；2008 年后，综合类日报的消费则呈直线下降趋势，到 2017 年跌至谷底，仅为 21.2%。与此形成对照的是经济类报刊的发展，其市场占有率长期徘徊在 0.4% 至 0.7% 之间，并无多大的变化幅度。从体育报刊的市场占有率来看，2013 年前，体育类日报的市场占有率变化不大，但此后急剧下跌，2017 年跌至 7.7%。[①] 综合类日报读者群的下降趋势远超经济类和体育类报刊的下降趋势，这在某种程度上表明人们对于经济类报刊的消费需求变化不大，这部分读者群体相对固定。

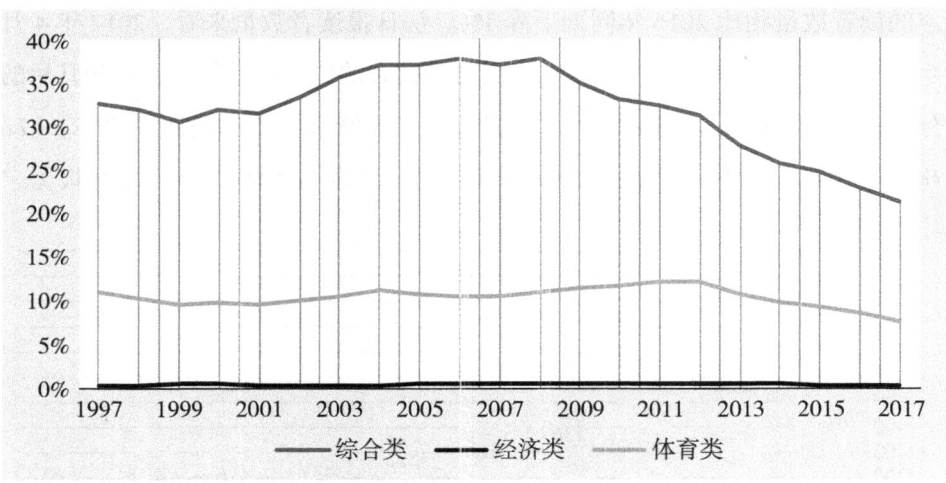

1997—2017 西班牙纸质日报市场占有率演变。来源：EGM，单位：%

从 OJD 对纸质媒体发行量的统计来看，西班牙报纸市场的衰落已成为事实。《国家报》曾连续多年保持综合类日报发行量第一的位置，该报在 2017 年的每日平均发行量为 22.6 万份，平均流通量（实际销售 + 订阅，即扣除滞

---

① Asociación para la Investigación de Medios de Comunicación. "EGM. Marco General de los Medios en España 2018." 2018:44.

销量之后真正到达读者手中的报纸份数）为17.5万份，相比2016年同期减少3.5%。继《国家报》之后，读者数量排名第二位的综合类新闻日报是《世界报》，2017年平均发行量为14.1万份，平均流通量为9.7万份。2018年以后，报刊发行下降的趋势进一步明显。2018年5月，排名前六的综合性日报该月的平均流通总量为54.1万份，相比2017年5月下降了10.4%。其中，《国家报》的平均日流通量为16万份，相比2017年同期下降了8.5%；《先锋报》的平均发行量为10万份，下降9.4%；《世界报》的平均流通量为8.9万份，下降了6.7%；紧随其后的是《阿贝赛报》，平均流通量为7.4万册，下降了6.9%；《理性报》的平均流通量为6.08万份，下降了16.3%；流通量排名第六的日报《加泰罗尼亚报》的平均流通量为6.03万份，下降了19.6%。①

作为欧洲的体育强国，西班牙拥有大量的体育爱好者。虽然许多体育迷已经开始选择网络作为信息主要来源，但是体育大报可以提供更多的深度分析，因而仍然拥有较为庞大的读者群体。在全国每日读者数量排名前十位的报刊中，四份为体育类报纸，分别是《马卡报》《阿斯报》《世界体育报》和《体育报》。OJD的统计显示，2017年1至12月，《马卡报》的平均每日发行量为18.4万份，平均流通量为12.6万份；《阿斯报》的平均每日发行量为15.6万份，平均流通量为11.2万份；《世界体育报》的平均每日发行量为7.4万份，平均流通量为4.9万份；《体育报》的平均发行量为7.2万份，平均流通量为4.3万份。

从杂志的发行来看，2001至2017年，每日读者数量排名前五位的杂志分别是《快》（*Pronto*）、《你好！》（*¡Hola!*）、《读书》（*Lecturas*）、《10分钟》（*Diez Minutos*）和《星期》（*Semana*）。② 从OJD的统计来看，纸质杂志的整体销量和市场占有率也呈持续下降趋势。2017年1至12月，排名第一位的《快》总

---

① Cano, Fernando. "*El País* registró su mínimo histórico de ventas en el último mes de Antonio Caño." *El Español*, 26 de junio, 2018. https://www.elespanol.com/economia/medios/20180626/pais-registro-minimo-historico-ventas-antonio-cano/317968773_0.html.

② "EGM: Sólo 'Corazón TVE', 'Tiempo' y 'Love' aumentan sus lectores entre las revistas semanales", *prnoticias*, 20 de abril, 2017. https://prnoticias.com/prensa/egm-prensa/20161914-egm-revistas-semanales-prime ra-ola-2017.

发行量为85万册，其市场占有率从2001年的9.8%跌至2017年的6.5%，降幅达到三分之一；排名第二的《你好！》发行量为50万份，市场占有率也从2001年的6.6%降到2017年的5.0%。在杂志市场占据前十位的杂志中，除了《星期四》(El Jueves)，其余全部为八卦杂志或女性杂志，这表明女性读者是纸介杂志的重要读者群体。巴塞罗那发行的政治漫画《星期四》创办于1977年，是民主过渡时期涌现的诸多政治漫画出版物中唯一仍在发行的幸存者。①

综合性报刊出版副刊是西班牙报刊的主要特色之一，其中，博森托集团(Grupo Vocento)的副刊《15周刊》(XL Semanal)在各大报系发行的副刊中一枝独秀。1987年，旗下拥有《阿贝赛报》以及COPE广播网等媒体的博森托集团创办了《周末副刊》(Suplemento Semanal)，副刊在每周日与博森托集团的综合类日报同步发行。2008年后，副刊改名为《15周刊》，目前该刊已成为西班牙销量最高的日报副刊。OJD的统计显示，2017年，《15周刊》的发行量高达77万份，远高于排名第二的副刊《今日女性》(Mujer Hoy)，后者的发行量为68万份。2017年，《国家报》的《国家报周刊》发行量为25万份，名列第三。

面对日益严峻的竞争和新媒体带来的冲击，传统报纸和杂志纷纷以改革求生存，调整报刊的定位并实施灵活的价格政策。以《国家报》为例，新世纪后，该报进行了版面调整，以更好地吸引年轻的受众群体。同时，实行以价格换销量的策略，将报刊价格下调，从每份2欧元降低至1.3欧元。当报纸内容不断丰富，报纸档次提高以后，再次对价格实行调整。2015年后，《国家报》持续调高价格，目前该报的价格已经达到每份2.8欧元，而其发行量并未在价格抬升后明显下降，这表明灵活的定价政策具有很好的市场适应性。此外，2007年10月21日，该报将其报刊副标题从《早间独立日报》(Diario independiene de la mañana)更改为《环球西班牙语报刊》(El periódico global

---

① "EGM: Sólo 'Corazón TVE', 'Tiempo' y 'Love' aumentan sus lectores entre las revistas semanales", *prnoticias*, 20 de abril, 2017. https://prnoticias.com/prensa/egm-prensa/20161914-egm-revistas-semanales-prime ra-ola-2017.

en español)。2013 年 11 月 27 日，报纸再次更改副标题，改为《环球报》(*El periódico global*)。副标题的变迁映射了新时期《国家报》自身定位的演变，从国内第一日报到全球西班牙语报刊，再到世界重要报刊，体现出其国际化的抱负。

为了实现新的定位，照顾更加多样化的阅读群体，《国家报》根据西班牙各地不同的文化特质，推出了包括安达卢西亚、加泰罗尼亚、瓦伦西亚、马德里、巴斯克和加利西亚等地方版的报刊。同时，《国家报》将发行范围扩大到以西班牙语

2013 年 11 月 27 日，《国家报》正式采用《环球报》作为副标题。

为官方语言的拉美地区。2013 年 3 月，美洲版《国家报》发行，旨在进一步提升报刊对于拉丁美洲读者的精准传播。与此同时，该报的周末副刊也进行了变革，创办或更新了多份专业类副刊：2011 年，推出全新的时尚周刊《S 时尚》(*Smoda*)；2013 年，引进英国著名时尚和女性杂志《图标》(*Icon*)；2014 年，推出社会类月刊《好生活》(*Buena Vida*)，等等。目前，《国家报》的周末副刊涵盖文化、经济、旅游和体育等多个领域，精细化和专业化的办报哲学使其更好地吸引日益多样化的年轻读者群体。

免费报刊的出现是 20 世纪末报刊类型的多样化的重要表现之一。1995 年，第一份免费报刊——瑞典的《地铁报》(*Metro*)——出现后，免费报刊迅速向全球多个国家和地区扩散。2000 年，《地铁报》的西班牙版开始发行，报刊在地铁站等公共场所免费发放。免费报内容上与小报对战，渠道上主打地铁及其他重要交通工具，尤其吸引从不看报并觉得看报麻烦的年轻人。免费报纸从内容设置上具有四个鲜明特征：首先，政治新闻较少，因为年轻人不喜欢政治；第二，不设社论栏，因为年轻人讨厌把观点强加给他们；第三、体育和娱乐版非常突出，一般占三分之一；第四，几乎没有财经新闻，因为这个群体

的人不喜欢严肃认真的内容，他们花钱大方，但不擅长理财。

西班牙第一份本土免费报刊是 2000 年开始发行的《20 分钟》（*20 Minutos*）。创办之初，该报的标题为《马德里以及其他事情》（*Madrid y m@s*）。《20 分钟》最初只在马德里发行，此后推出了巴塞罗那、塞维利亚、萨拉戈萨、瓦伦西亚、阿利坎特、马拉加、格拉纳达以及科尔多瓦等地的地方版。根据西班牙舆情监控公司的统计数据，2017 年 7 月至 2018 年 6 月，《20 分钟》的日均发行量为 27.8 万份，远超付费报刊排名第一的《马卡报》的发行量。[①]

继《20 分钟》后，《什么！》（*Qué!*）、《活着》（*Viva*）以及《ADN》（*ADN*）等免费报相继发行，然而，单独依靠广告维持报刊发行和运营的机制在新媒体的冲击下也面临困境，免费报刊在 2009 年后均遭遇不同程度的危机。2005 年 1 月 17 日，雷科莱托斯集团（Grupo Recoletos）创办了《什么！》，此后报纸财政陷入危机，几易其手，先后被博森托集团和管理集团（Grupo Gestiona）收购。由于运营困难，2012 年，《什么！》停止发行纸质版，只保留了电子版。2006 年，行星集团旗下的零页出版社（Editorial Página Cero）推出《ADN》报，成为免费报刊迅速发展时期另一份重要报刊。2011 年该报面临经营困难，停止纸质版的发行，也关闭了网页版，只保留了在哥伦比亚的同名免费报刊和其网站 diarioadn.co。

从 EGM 的统计显示，2002 至 2008 年，免费报刊在西班牙报刊业的影响力持续上升。2009 年以后，随着《地铁报》等报刊退出西班牙市场，免费报刊的影响力急剧下降。与 2008 年 10.8% 的市场份额相比，2017 年免费报刊的消费仅为 1.8%。[②] 2012 年后，仍旧保持发行的免费报刊只剩《20 分钟》、《生活》（安达卢西亚地区发行）以及加泰罗尼亚语的地方报纸《更多报》（*Diari*

[①] Chinchetru, Antonio & J. F. Lamata. "Prensa gratuita española: del cielo al infierno en una década." Periodista Digital, 26 de diciembre, 2011. http://www.periodistadigital.com/periodismo/prensa/2011/12/26/20-minutos-adn-ahora-anson-planeta-vocento-metro-madrid-y-mas-escolar.shtml.

[②] Asociación para la Investigación de Medios de Comunicación. "EGM. Marco General de los Medios en España 2018." 2018:44.

Més）等几家了。

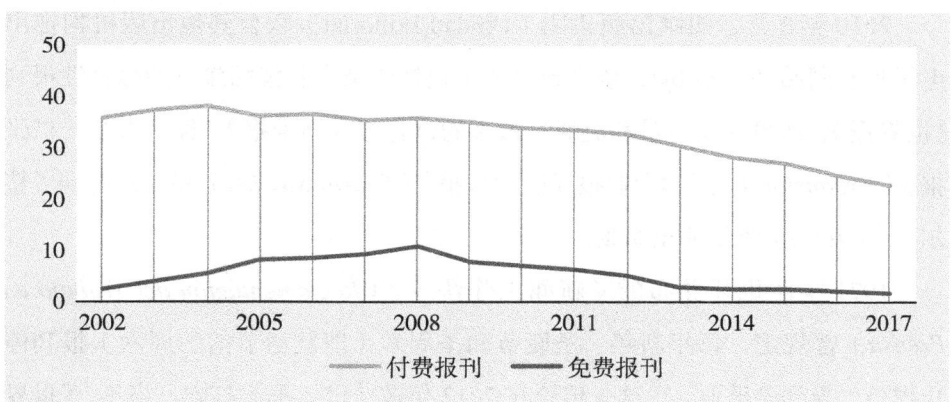

2002—2017 付费和免费报刊的市场占有率演变。来源：EGM，单位：%

  互联网和数字传播技术的发展为传统媒体带来了新的发展动力，报刊业纷纷进行数字化改革，以应对订户基础日益下滑的颓势。一般来讲，传统纸质媒体进入新媒体时代经历了四个阶段：电子报刊阶段、超链接阶段、多媒体阶段和移动终端阶段。[①]与欧美其他国家一样，20 世纪末，西班牙的传统报刊纷纷设立网站，进入电子报刊阶段。加泰罗尼亚的《今日报》于 1995 年 4 月 1 日推出电子报刊，成为西班牙第一个推出电子报的纸质媒体。西班牙报业的翘楚《国家报》是西班牙第二份推出电子版的报刊，该报的电子期刊于 1996 年推出。

  进入新世纪后，《国家报》主页推出付费阅读纸版资源的方式，2007 年后，《国家报》取消付费阅读纸质版报刊的方式，向读者全部开放其纸质报刊的内容，而其订户的特殊权利则体现在可以在线阅读《国家报》旗下诸多副刊并可以便捷地使用网站的多媒体资源。[②]2012 年，《国家报》网页开辟面向墨西哥用户的页面，次年，推出面向巴西的葡语版网站，并在巴西圣保罗设立编辑部。2014 年 10 月，《国家报》网页推出加泰罗尼亚语版面。2015 年 9 月，《国家报》和谷歌公司合作，推出面向手机终端的内容格式。2017 年，《五日报》网站宣

---

  ① 姚雪痕：《网络报纸是否会取代传统报纸？》，载《中华读书报》2000 年 06 月 21 日。
  ② "ELPAÍS.com abre sus archivos." *El País*, 23 de octubre, 2007. https://elpais.com/diario/2007/10/23/radiotv/1193090403_850215.html

布与《国家报》经济版面合作，力图打造西班牙最大的经济和企业管理类网站。

2010年3月，团结出版集团（Unidad Editorial）联合其他出版机构推出电子报刊网站平台 Orbyt，该平台集成了包括团结出版集团旗下的综合性报刊《世界报》、西班牙发行量和流通量最多的体育报《马卡报》、经济报纸《扩张报》（*Expansión*）、医学专业报《医学日报》（*Diario Médico*）和女性期刊《特尔瓦》（*Telva*）等纸质出版物。

1971年西班牙颁布的《新闻工作法令》（*Reglamentación del Trabajo en Prensa*）曾规定，每年新年、圣诞节和圣周六（即复活节前的周六）报刊停止发行，报刊亭歇业。① 这一传统在2012年被《世界报》打破。当年，《世界报》通过 Orbyt 平台实现了全年不间断发行。② 2011年，《国家报》联合其他报纸和杂志创办了电子报刊网站 Kiosko y Más，向订购用户推出纸质报刊的电子版。2012年，Kiosko y Más 网站已涵盖300余份报刊的电子报，成为西班牙最大的电子报刊网站。③

2010年，《阿斯报》率先推出面向安卓系统的应用，成为西班牙第一个推出手机应用的体育报刊。2011年，《阿斯报》在社交网站"脸书"（Facebook）上的粉丝数量超过15万人，成为西班牙在社交媒体上最受欢迎的报纸媒体。2013年，《阿斯报》网站推出专门面向美洲用户的页面，并在2015年后推出哥伦比亚版、智利版和墨西哥版的网站。

根据 EGM 对西班牙媒体的跟踪调查，2000 至 2017 年，纸质版报刊的读者持续下降，而通过互联网阅读报刊的人数持续增加；2016 年后，只阅读纸

---

① Clavero Martín, Vicente. "El periódico sin interrupciones. Un análisis del aprovechamiento de los quioscos digitales como instrumento para mantener el contacto con los lectores los 365 días del año." In R. Mancinas-Chávez（coord.）*Actas del I Congreso Internacional Comunicación y Pensamiento. Comunicracia y Desarrollo Social*, Sevilla: Ediciones Egregius, 2016: 233.

② "El Mundo se publicará los 366 días del año 2012." *EL MUNDO*, 28 de diciembre de 2011. https://www.elmundo.es/elmundo/2011/12/27/comunicacion/1325016804.html.

③ "Hitos." *Prisa*. https://www.prisa.com/es/datos/cronologia.

质版报刊的读者比例已经被只通过网络和采取两种形式的读者之和超过。[①]

2015年9月22日，曾担任《世界报》巴利阿里地区负责人和《马卡报》负责人的爱德华多·因达（Eduardo Inda）建立电子报刊《OK日报》（*OKdiario*），该报以其独特的报道视角和大胆的新闻风格而著称，其网站介绍栏上写着"没有人敢于披露的新闻，就在西班牙最大胆的电子日报上。"2016年4月，《OK日报》网站的独立用户已超过500万人次。

在出版印刷业，1958年，赫苏斯·德·波兰科（Jesús de Polanco）建立了桑蒂利亚纳出版社（Editorial Santillana）。20世纪70年代后，随着一系列改革法案的颁布以及政府对教育发展的大力推动，桑蒂利亚纳出版社获得学校教材的出版权，进入新的发展阶段。目前，桑蒂利亚纳出版社与《国家报》等媒体同属普利萨集团。2011年，该社推出电子书在线购物网站，并于同年推出面向亚马逊Kindle用户的西班牙语电子书。

此外，面对新媒体带来的冲击，传统的报刊业开始主动出击，开辟其他领域的业务。如2015年9月，《国家报》推出新的门户网站《视频国家报》（*El País Video*），丰富了其网络内容。2015年7月，《国家报》和电信运营商沃达丰（VODAFONE）合作，推出电子游戏平台One。而桑蒂利亚纳出版社在以文学书籍出版为主的基础上，进军在线培训领域，推出多个教学项目，如创办面向教学辅导服务的网站Edusfera和IT技术平台BeJob、开发儿童学习平板电脑"讲台"（Pupitre），等等。

第二节　新闻通讯社

进入新世纪，埃菲社成为世界上最大的西班牙语通讯社，同时也是世界

[①] Asociación para la Investigación de Medios de Comunicación. "EGM. Marco General de los Medios en España 2018." 2018:47.

第四大通讯社。目前，埃菲社的记者网络遍布全球120个国家超过180个城市，设有马德里、波哥大、开罗和里约热内卢四大编辑部，每年提供300多万条多语种新闻。①

新世纪，埃菲社进行了业务整合和扩张，旨在将新闻生产过程与目标受众精准地对接，提高新闻生产本地化的水平。2006年，埃菲社在开罗建立阿拉伯语新闻编辑部，次年，将美洲编辑部从迈阿密迁往哥伦比亚首都波哥大。2009年，正值埃菲社创建70周年之际，在伊朗首都德黑兰建立了常设通讯站，并开通加利西亚语的新闻服务。此外，2015年，埃菲社将对欧洲图片社的持股比例提高到49.9%，这一系列的操作是埃菲社全球性战略布局的大手笔，极大地拓展了埃菲社作为全球性大媒体的业务领域。

2006年，埃菲社启用新的图标。

在数字化领域，埃菲社网页于新世纪初开始运行，埃菲社在文本和图片数据库的基础上推出了视频新闻数据库。此外，埃菲社将其新闻服务进行细分，构建专业化的新闻网络，先后推出了各个领域的专业信息网站，包括环保网站Efeverde、健康网站Efesalud、旅游网站Efeturviajes、教育网站Efeescuela、科技网站Efefuturo、时尚网站Efeestilo、体育网站Practicodeporte等，以方便对各个专业领域的信息进行集成式管理和精准投放。2011年后，埃菲社推出了面向苹果和安卓系统移动终端的应用软件，进一步延伸了通讯社的投放能力。

在加强自身实力的同时，埃菲社也积极与多家机构和组织进行合作，拓展其业务链，进一步扩大其影响力。2005年，埃菲社、西班牙毕尔巴鄂比斯开亚银行（Banco Bilbao Vizcaya Argentaria）和西班牙皇家语言学院建立三方合作机制，设立紧急西班牙语基金会（Fundación del Español Urgente,

---

① "Quiénes somos." *Agencia EFE*. https://www.agenciaefe.es/conozca-efe/.

FUNDÉU），旨在推广西班牙语在媒体上的正确使用。2007年10月，在迈阿密举办的第63届泛美媒体联盟年会上，埃菲社宣布与西班牙电视台达成战略合作，建立西班牙电视台—埃菲社美洲台（TVEFE América）和西班牙电视台—埃菲社巴西台（TVEFE Brasil），瞄准拉美巨大的媒体市场，试图在拉美市场上为受众提供一种不同于盎格鲁-撒克逊文化的新视角。两家电视台分别用西班牙语和葡萄牙语进行播出，这也是埃菲社与西班牙电视台成立世界级媒体联盟并布局全球西语和葡语受众圈的重要举措。[①] 次年，埃菲社与美国道琼斯金融通讯社（Dow Jones Newswires）联手，在西班牙语的经济和金融新闻的内容服务上进行合作。

第三节　广播和电视业

一、广播

进入新世纪后，数字化技术革新使广电媒体实现了多媒体输出。根据EGM的统计，1997至2017年，电视稳居观众渗透率第一大媒体的宝座；2016年之前，广播的渗透率占据第二位，而此后，互联网的渗透率超过广播。1997年以后，SER广播网的覆盖率一直高居西班牙广播电台的首位，其听众数量超过ONDA Cero、COPE和Punto Radio的总和。2018年EGM第二轮调查显示，同属普利萨集团的SER广播网和40广播网的节目收听率在所有时段都占据领先地位，每日听众人数分别超过400万人和280万人，同时，作为专业的音乐广播网，40广播网也占据了音乐类广播收听率第一的位置。紧接在SER广播网和40广播网之后，占据收听率第三位的是COPE广播网，

[①] "Historia de la agencia EFE." *Agencia EFE*. http://www.agenciaefe.es/historia-de-efe/.

其每日听众人数达到 260 万。① 从广播节目的收听率来看，SER 广播网的多档节目都占据同类节目之首，如周一至周五播出的王牌节目《今日谈》(*Hoy por hoy*) 的收听人数超过 265 万人次，远远超过其他的广播节目，而在周末两天播出的节目《生活》(*A vivir*) 的收听人数超过 160 万人次，《体育旋转木马》的收听人数也超过 130 万。②

20 世纪 90 年代以后，更多的音乐专业电台建立起来，其中包括天线三台的欧莱广播台（Radio Olé）、SER 网的迪亚尔电台（Cadena Dial）和 M80 电台（M80 Radio）等。EGM 的媒体跟踪调查显示，1994 至 2017 年，综合类广播的整体覆盖率从 1997 年的 34.2% 下降到 2017 年的 27.9%，呈下降趋势，而专业广播的听众覆盖率则从 1997 年的 24.4% 上升到 2017 年的 36.2%。③ 2008 年，专业性广播电台的整体覆盖率超过综合性广播电台。

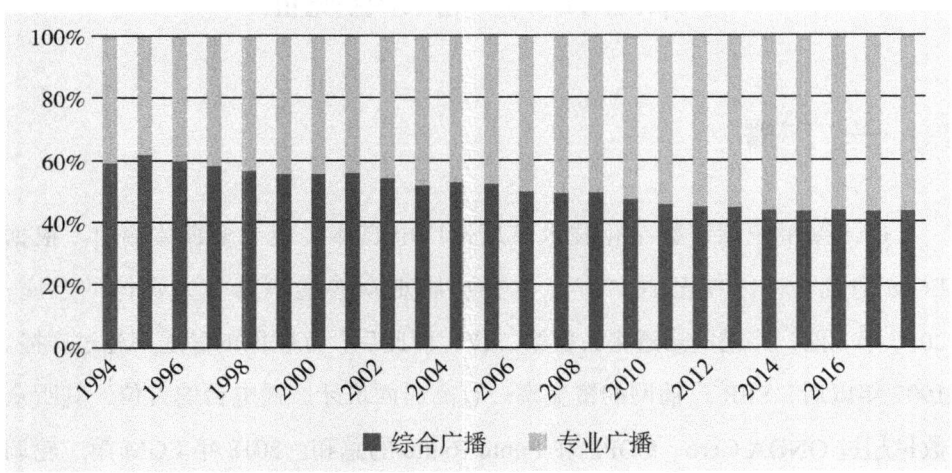

1994—2017 广播渗透率演变。来源：EGM，单位：%

40 音乐台是西班牙收听率最高的专业电台，收听率遥遥领先于国内同类

---

① "La SER consolida su liderazgo de la radio en España." *El País*, 27 de junio, 2018. https://elpais.com/politica/2018/06/27/actualidad/1530081462_907379.html.

② 同上。

③ Asociación para la Investigación de Medios de Comunicación. "EGM. Marco General de los Medios en España 2018." 2018:11.

媒体。王牌音乐排行榜、家喻户晓的音乐节目主持人以及技术的不断创新，是 40 音乐广播网取得成功的重要因素。早在 20 世纪 80 年代，40 音乐台便通过卫星信号输出广播节目。[①]2005 年，40 音乐台启用 TDT 信号输出广播节目。新世纪后，40 广播网逐渐走出国门，进入墨西哥、危地马拉、哥斯达黎加、哥伦比亚、阿根廷、智利、多米尼加和巴拉圭等国，如今，该广播网在包括西班牙在内的十多个国家播出。2016 年 5 月，该广播网正式将其名称由原来的 "Los 40 Principales" 改名为 "LOS40"，定位进一步国际化。此外，40 广播网依托其成熟的品牌，先后推出了 40 电视频道（40 TV）、40 杂志（*Revista 40*）以及 40 拉丁音乐频道（40 Latino）等，扩展广播网的覆盖范围，以实现品牌的全方位拓展。

二、电视

1999 年，西班牙政府向电视台发放地面数字电视许可证，并向商业电视发放数字电视许可证。2005 年，政府颁布新的法令，新的模拟信号频道电视六台（La Sexta）开播，Canal+ 正式改为电视四台（Cuatro）。2008 年，旗下拥有电视五台的西班牙 Mediaset 传媒推出了新的频道，并改名为电视七台（La Siete）。在专业频道的建设方面，1996 年天线三台集团（2013 年后更名为 Atresmedia 传媒集团）开通专业电视频道，包括电影频道、电视剧频道、纪录片频道、新闻频道等。因为专业化频道的受众市场尚未成型，因而其发展也经历了一番波折。虽然这些频道陆续停播，但奠定了天线三台在专业电视频道上的优势。2005 年以后，天线三台集团陆续建立专业电视频道，包括 Neox、Nova、Mega、Atreseries 等。2010 年后，西班牙完成了数字电视转型，

---

① "La SER emitirá en cadena por satélite a partir del próximo día 22." *El País*, 14 de septiembre, 1988. https://elpais.com/diario/1988/09/14/radiotv/590191202_850215.html.

这意味着所有的电视频道将通过数字化平台播出。①

新电视频道的开播和新媒体对传统广播电视的冲击造成 2001 年以后四大全国性的电视频道（电视一台、电视二台、天线三台和电视六台）覆盖率整体呈下降趋势。2017 年电视一台的收视率不足 2001 年的 50%。2004 年以后，西班牙电视五台和天线三台的覆盖率超过电视一台，排名第一和第二。2015 年后，电视五台宣布退出 EGM 收视率调查。② 根据凯度（Kantar IBOPE Media）的收视率跟踪调查数据，截至 2018 年，除了个别调查节点之外，电视五台的收视率一直高居西班牙电视台之首位，而在 EGM 排行榜上排名第一的电视台则长期为天线三台。

新世纪后，西班牙国家电视台进行了改组，加入 SEPI 成为其旗下的子公司，RTVE 的收入急剧下降，债务负担日益加重。③2009 年，萨帕特罗政府宣布取消西班牙国家电视台的所有收费广告，RTVE 旗下的所有电视频道只能播出政府新闻、选举宣传、公益宣传等内容，减少对体育赛事的播出，增加政府辩论等内容。④ 而为了弥补广告收入的损失，RTVE 将其营收进行多样化，收入主要由以下几部分构成：政府财政补助以及向私营电视台、收费电视台和电信运营商按其收入比例征收费用等。新规定在 2010 年以后正式执行。然而，这一政策遭到欧盟委员会、电信运营商以及私营电视台的反对。由于财政拨款和征税所得收入的不稳定，西班牙国家广播电视台的收益和收视率每况愈下。⑤

20 世纪 90 年代后，西班牙电视台先后实现了卫星信号、数字平台传

---

① Reyes Domínguez Lázaro, María de los. "La televisión en España, una visión retrospectiva tras la primera década del siglo XXI." *Razón y palabra*, 2010, 71:15. https://dialnet.unirioja.es/servlet/articulo?codigo=3791831.

② "Telecinco se retira del EGM." 25 de febrero, 2015, *ABC*. http://laguiatv.abc.es/noticias/20150225/abci-telecinco-retira-aimc-201502251330.html.

③ Jivkova Semova, Dimitrina. "RTVE sin publicidad: un modelo de financiación en estado de emergencia." *Vivat Academica*, 2011, 116:77.

④ Piña, Raúl. "La nueva financiación lleva a RTVE a perder más de 300 millones." *El Mundo*, 2013-3-28. http://www.elmundo.es/television/2014/03/28/53348ee7ca474114388b4580.html.

⑤ Jivkova Semova, Dimitrina. "RTVE sin publicidad: un modelo de financiación en estado de emergencia." *Vivat Academica*, 2011, 116:75–91.

输和 TDT 传输，并推出高清电视频道。此外，不断增加专业内容频道，包括体育频道（Teledeporte）、古典频道（Canal Clásico）、国际频道（TVE Internacional）、部族频道（Clan）等。

节目内容的革新是新时期电视改革的重点。以电视五台为例，开创之初，电视台便提出"你的屏幕朋友"（*Tu pantalla amiga*）的口号，力图树立亲民的媒体形象。20 世纪 90 年代以后，电视五台推出多档新节目，包括《今天晚上我们渡过密西西比河》（*Esta noche cruzamos el Mississippi*）、《不管三七二十一》（*Caiga quien caiga*，*CQC*）等电视真人秀。2000 年，五台引进荷兰真人秀节目《老大哥》（*Gran Hermano*），开辟了西班牙竞技类真人秀节目的先河。节目在其开播之初便掀起了收视热潮，第一季的决赛收视率高达 71%，成为自 1993 年以来收视率排名第三的电视节目，仅次于 2008 年欧洲杯八分之一决赛中西班牙淘汰意大利以及 2010 年世界杯决赛中西班牙击败荷兰队取得世界杯冠军的收视率。[①] 此后，电视五台的《幸存者》（*Supervivientes*）、《胜利行动》（*Operación Triunfo*）和《魅力酒店》（*Hotel Glam*）等真人秀节目相继热播，为电视台赢得大量观众。电视五台也推出以八卦和娱乐新闻等内容为主的电视脱口秀，其中《玫瑰酱》（*Salsa rosa*）、《周六甜蜜生活》（*Sábado Dolce Vita*）、《在你身旁》（*A tu lado*）、《这里有西红柿[②]》（*Aquí hay tomate*）等电视栏目成为此类节目的代表，其收视率同样可观。

然而，以窥探明星隐私为主要内容的节目风行，也使电视五台屡屡遭受指责，多档节目遭到投诉，并被指控侵犯他人隐私和违反《电视内容自律与保护儿童法规》而被处以罚款。电视五台的八卦电视节目也因此常常被冠以"电视垃圾"（Telebasura）的标签，该台旗下多档节目引发争议，受到业界和

---

① "Estos son los programas más vistos en televisión desde 1993." *ABC*, 30 de junio, 2018. https://www.abc.es/play/television/noticias/abci-estos-programas-mas-vistos-television-desde-1993-201806300359_noticia.html.

② "Aquí hay tomate" 在西班牙语中的字面含义是"这里有西红柿"，经常用于指八卦新闻、明星隐私等。

情景喜剧《医生一家》

受众的讨伐。在高收视率的真人秀节目《魅力酒店》播出结束时，电视五台曾公开表示这一节目的播出"是一个错误"。①

自20世纪末起，电视五台的情景喜剧吸引了大量的粉丝，其中《医生一家》（*Médico de familia*）、《放学之后》（*Al salidr de clase*）、《七条命》（*7 vidas*）和《塞拉诺一家》（*Los Serrano*）等电视剧，成为20世纪末和新世纪初西班牙电视荧幕的代表作。1995年开始播出的电视剧《医生一家》，共播出九季、119集，最高收视率超过60%。②情景喜剧《七条命》陪伴了一代西班牙观众走过七年，共播出15季、204集。

进入新世纪之后，一大批外国传媒集团进军西班牙电视市场，在收费电视频道与西班牙本土频道进行竞争。根据EGM对付费专业电视频道的统计数据，外国电视频道在频道数量和收视率上均占有优势，其中来自美国的付费电视频道占据绝大多数（11个频道）。排名前七的付费综合电视频道全部为美国的电视频道，其中福克斯频道占据第一，收视率远远超过其他频道。

在专业免费电视频道的覆盖方面，占据收视率前五位的分别是Atremedia集团的Neox频道、美国维亚康姆集团（Viacom）的派拉蒙电视频道

---

① "Tele 5 reconoce que ha sido un error emitir 'Hotel Glam'." *ABC*, 24 de junio, 2003. https://www.abc.es/hemeroteca/historico-24-06-2003/abc/Comunicacion/tele-5-reconoce-que-ha-sido-un-error-emitir-hotel-glam_190242.html.

② Morales, Víctor. "'Médico de familia', la serie más recordada de Telecinco, cmple 20 años." *Formulatv*, 12 de septiembre, 2015. https://www.formulatv.com/noticias/49191/medico-de-familia-serie-recordada-telecincio-cumple-20-anos/.

（Paramount Channel）、Atremedia 集团的 Nova 频道、Atremedia 集团的 Mega 频道和西班牙电视台 24 小时新闻频道（24 Horas TVE）。EGM 的统计显示，专业电视频道的整体覆盖率仅为 34.2%，其中，付费专业电视频道的整体覆盖率仍旧较小，2017 年只占市场份额的 9.9%，与 2008 的 7% 相比只增加了 2.9%，而 2017 年免费专业频道的覆盖率则较 2008 年的 4.6% 增加到 26.8%，几乎翻了 6 倍①，这表明在西班牙的电视市场，专业化的时代尚未到来。

在国内市场专业化发展裹足不前的同时，西班牙电视市场上出现了多家来自西班牙以外的电视网络，这些外来的媒体在西班牙电视市场占据了主导地位，也引起了本土电视公司的警惕。2015 年，西班牙电信公司收购 Canal+ 频道，并正式改名为 Movistar+ 频道，以此来加强与国外媒体进行竞争的实力。

第四节 互联网

进入新世纪后，西班牙网络发展迅速，网民数量和上网时间不断增加。根据 2018 年 7 月 EGM 的调查，西班牙人平均每日上网时间为 257 分钟，其中，通过 90% 的用户表示使用智能手机上网，76% 的人表示使用笔记本电脑上网，65% 的人表示使用台式电脑上网。②调查显示，1997 年只有 0.9% 的调查对象表示"前一天上过网"，而在 2018 年的 3 月，这一比例已经增加到 77.1%③，移动互联网已毫无争议地成为西班牙人信息消费的最主要形式。

从网民的人口构成来看，1997 年，表示前一天上过网的男性网民达

---

① Asociación para la Investigación de Medios de Comunicación. "EGM. Marco General de los Medios en España 2018." 2018:37.

② "Los internautas españoles pasan cerca de 4 horas y media al día conectados a la Red por motivos personales." *AIMC*, 12 de julio, 2018. https://www.aimc.es/blog/los-internautas-espanoles-pasan-cerca-4-horas-media-al-dia-conectados-la-red-motivos-personales/.

③ Asociación para la Investigación de Medios de Comunicación. "EGM. Audiencia de Internet." 2018, febrero/marzo:4.

到 77%，女性比例仅有 12%，然而这一比例在 2018 年分别达到 49.4% 和 50.6%①，女性网民使用互联网的比例已经开始超过男性网民。从网民年龄构成的演变来看，在 1997 年的调查中，青壮年是网络消费的主要人群：43.4% 的 25 岁至 34 岁的群体表示前一天浏览了网络，22.0% 的 35 岁至 44 岁的群体表示前一天浏览了网络，14.7% 的 20 岁至 24 岁的群体表示前一天浏览了网络，这三个群体占据了年龄群体排行榜的前三位，而 8.0% 的 45 岁至 54 岁的群体占据排行榜末位。2018 年 2 月至 3 月的调查显示，年龄群体排行榜发生了变化，第一位由 35 岁至 44 岁的群体（22.9%）占据，而第二位则由 45 岁至 54 岁（21.3%）的群体占据，排行第三位的群体为 25 岁至 34 岁的群体（16.6%），而 20 岁至 24 岁的群体则占据年龄排行榜的末位（8.5%）。②

从网民使用的上网渠道来看，平板电脑、智能手机和智能电视的使用呈上升趋势，其中，上升最快的当属通过智能手机上网的比例。2012 年，只有 31.6% 的调查者表示在前一个月使用智能手机上网，这一比例到 2018 年 3 月上升到 95.3%。③ 与之相比，通过笔记本和台式电脑的上网比例呈现不同程度的下降，通过台式电脑上网的网民比例下降最多，从 2012 年的 54% 下降到 2018 年的 36.5%④，凸显了移动数据网络的快速发展对人们上网习惯的影响。这一调查与上网地点的调查结果相互呼应，2018 年，67.8% 的调查者表示会在道路和交通工具上使用互联网。⑤

从西班牙网民的网站浏览来看，根据 2018 年 2 至 3 月 EGM 的统计⑥，美国视频共享网站 Youtube 的访问人数遥遥领先，月均访问人数超过 2400 万

---

① Asociación para la Investigación de Medios de Comunicación. "EGM. Audiencia de Internet." 2018, febrero/marzo:4.
② Asociación para la Investigación de Medios de Comunicación. "EGM. Audiencia de Internet." 2018, febrero/marzo:5.
③ 同上。
④ 同上。
⑤ Asociación para la Investigación de Medios de Comunicación. "EGM. Audiencia de Internet." 2018, febrero/marzo:8.
⑥ EGM 的网络访问统计并未纳入《世界报》网站以及西班牙电视五台网站等网站的流量。

人次，排名第二至第十的网站分别是《国家报》网站（590万）、社交媒体推特（Twitter）（464万）、《马卡报》网站（463万）、彩票网站 loteriasyapuestas（281万）、《阿斯报》网站（243万）、《先锋报》网站236万、天线三台网站（200万）、RTVE网站（195万）和《20分钟》网站（175万）。① 而按照美国ALEXA网站最新的流量排名来看，2019年2月，排名前十位的网站分别是谷歌全球（Google.com）、Youtube、谷歌西班牙（Google.es）、脸书、亚马逊西班牙（Amazon.es）、维基百科（wikipedia.org）、微软LIVE（live.com）、《OK日报》网站、推特和博客网站 Blogspot。从这个排名来看，唯一跻身前十强的本土网站是堪称新世纪电子报刊的黑马《OK日报》，随后是《国家报》，其网站流量排名位列第十一，《马卡报》网站位列第十四，《世界报》网站位列第十五。

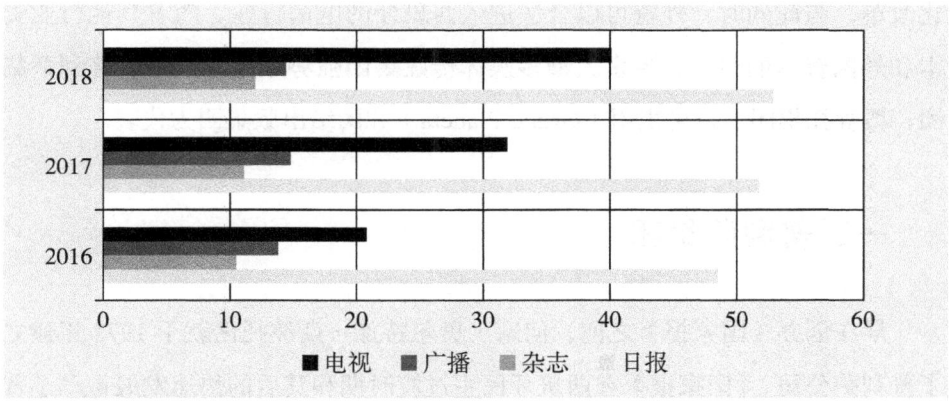

2016—2018 经由互联网的媒体接触率。来源：EGM，单位：%

西班牙传媒研究协会对1980年的传媒基本数据进行了跟踪调查。2018年第二次 EGM 的调查结果，2018年4至6月，西班牙人通过互联网获取传统媒体资源的人数持续增长，56%的用户选择通过智能手机收听广播节目，与2016年相比，增加了8.4%，选择通过台式或平板电脑的人数则下降了10%，选择通过平板电脑的人数也下降了2.1%。2018年，西班牙网络电

---

① Asociación para la Investigación de Medios de Comunicación. "EGM. Audiencia de Internet." 2018, octubre/noviembre:11.

视的使用量达到 22.6%，相比 2017 年的 15.9% 增加了 6.7%，相比 2016 年的 11.4% 增加了 11.2%，使用互联网收看电视的人数与 2016 年同时期相比几乎翻了两倍。①

第五节 多媒体集团的发展

报刊、出版、广播、电视以及网络的发展和竞争推动了传媒行业的业务扩张和整合，传媒业内部融合和并购趋势加强。1995 年后，西班牙政府开始对电信和媒体行业放松管制，以西班牙电信公司为代表的国有企业完成私有化改革，与此同时，外资可以合法进入西班牙的电信行业。随着其他行业资本和外国资本的引入，更多大型多媒体传媒集团强势崛起，其中以普利萨集团、博森托集团、行星集团（Grupo Planeta）和团结出版集团为代表。

一、普利萨集团

早在创办《国家报》之前，何塞·奥尔特加·斯波托诺就于 1972 年建立了普利萨公司。《国家报》在西班牙民主过渡时期和其后的快速发展带动了普利萨的壮大，而媒体行业的开放也进一步推动了普利萨的扩张，该公司先后收购印刷出版、广播、电视等多种介质的媒体，并在新世纪将业务覆盖到葡萄牙、美国、英国以及拉美等 23 个国家，成为西班牙规模最大、最具国际影响力的传媒集团。

在出版印刷领域，《国家报》早期的创办人之一赫苏斯·德·布兰科创办的桑蒂利亚纳出版社于 2000 年加入普利萨集团。如今，桑蒂利亚纳的出版业

---

① "La segunda Ola del EGM muestra la evolución del consumo de medios online de 2016—2018." *AIMC*, 27 de junio, 2018:3. https://www.aimc.es/blog/la-2a-ola-del-egm-muestra-la-evolucion-del-consumo-medios-online-2016-2018/.

务涵盖纸质书籍、电子书、教育、职业培训、文化活动组织、翻译和网购等多个领域,其合作伙伴包括联合国教科文组织、儿童基金会等国际组织,西班牙皇家语言学院、墨西哥国立自治大学、伊比利亚美洲大学等教育机构,美国西班牙语传播网络公司(Hispanic Communications Network)以及亚马逊等全球领先的电子书籍生产和销售公司,由此,桑蒂利亚纳出版社已经成长为全球最重要的西班牙语和葡萄牙语出版集团。

在报刊发行方面,普利萨不仅拥有《国家报》《阿斯报》以及《五日报》等知名报刊,而且持有法国《世界报》(Le Monde)17.69%的股份。2011年,《国家报》与美国的《新信使报》(Nuevo Herald)和赫芬顿邮报传媒集团(The Huffington Post Media Group)合作,进入美国市场。此外,普利萨集团与美国微软公司签订协议,通过《阿斯报》《五日报》《电影狂》以及电游网站MeirStation向微软的门户网站MSN提供相关内容。

进入新世纪后,普利萨集团进行了广播领域的业务调整,与戈多集团的广播业务进行整合,将两个集团旗下的SER广播网、天线三台和拉丁广播集团合并,建立新的普利萨广播网(Prisa Radio)。目前,普利萨广播网在全球13个国家拥有1200家广播电台,听众总数超过3900万。[1] 普利萨旗下的SER广播网和40广播网分别是综合类和专业广播的领头羊,而集团旗下的哥伦比亚蜗牛广播(Caracol Radio)以及智利的伊比利亚美洲广播智利台(Ibero Americana Radio Chile)均是当地收听率之首的广播电台,拥有众多忠实的听众。

在电视的发展方面,1989年普利萨电视台(Prisa TV,曾先后称作Sociedad Gestora de Canal+和Sogecable)成立,并率先推出付费电视频道Canal+,成为西班牙付费电视的先行者。1997年,普利萨电视台推出了西班牙第一个卫星电视平台——数字卫星电视台(Canal Satélite Digital)。进入新世纪后,普利萨先后与墨西哥传媒巨头特拉维萨和西班牙广播电视公司建立

---

[1] 康秋洁、刘大炜:《西班牙广播公司联播网德媒体融合之路》,载《国际广播》2017年第10期,第84—88页。

合作关系。2005 年后，普利萨购入占据葡萄牙广播市场 50% 市场份额的广播网——媒体资本集团广播电台（Grupo Media Capital Radios）和葡萄牙收视率最高的电视台 TVI，通过纵向兼并进一步完善了集团产业链。

在互联网领域，普利萨集团利用其多媒体的产业结构，不断进行数字化整合。2014 年，普利萨集团推出线上和手机中的广播网站 YESfm，将普利萨集团所有的广播节目上线。2016 年 4 月，普利萨集团推出面向手机终端的应用，将旗下主要报刊《国家报》《阿斯报》《五日报》和《赫芬顿邮报》的内容上线。与此同时，集团积极开拓新的网络业务，如推出创业网站 Mymajorcompany.es，提供艺术领域创业项目的资金支持；推出在线旅游信息网站 cadenaviajes.com，集在线评论、旅游产品、游客经验分享以及旅游记者报道于一体；推出购物网站 Planeo；等等。

由于扩张过度，普利萨集团背上沉重的债务负担，对此，集团通过业务重组和出售办公楼等多种形式，努力减轻债务压力。2009 年，美国店内广播网络有限责任公司（In-store Broadcasting Network, LLC）购入普利萨公司 4.5% 的股份；2010 年，美国自由收购控股公司（Liberty Acquisition Holding）提供 9 亿美元投资，之后追加 10 亿美元的投资，入股普利萨集团；同年，普利萨以 8000 万欧元的价格出售旗下的部分办公楼；2013 年，普利萨以 7200 万美元的价格将桑蒂利亚纳出版社旗下著名的阿尔法瓜拉出版社卖给企鹅兰登书屋；2015 年，集团以 7.07 亿美元的价格将 Canal+ 频道出售给西班牙电信公司。近年来，随着收益状况日益转好，普利萨集团的债务情况有所改善。2018 年 6 月公布的财务简报显示，2018 年上半年，普利萨集团的 EBITDA 利润（税息折旧及摊销前利润）增加了 13.5%，其中净收入增加 9%，增加利润较多的领域是电子书籍出版、教育和广播领域。与 2017 年同期相比，上半年普利萨集团的净债务为 9.73 亿欧元，比 2017 年的 14.22 亿欧元减少了 4.49 亿欧元。①

---

① "El Grupo PRISA eleva un 13,5% el ebitda comparable en el primer semestre." *El País*, 24 de julio, 2018. https://cincodias.elpais.com/cincodias/2018/07/24/companias/1532446294_604999.html.

二、博森托集团

20世纪下半叶，巴斯克地区的邮报集团逐渐壮大。20世纪80年代后，邮报集团陆续兼并若干报刊出版物，如桑坦德的《山区日报》（El Diario Montañés）、穆尔西亚的《真相报》（La Verdad）、巴达霍斯的《今日报》（Hoy）和格拉纳达的《理想报》（Ideal）等重要报刊，并在2000年推出了电视频道——电波六台（Onda 6）。2002年，邮报集团和旗下拥有《白与黑》和《阿贝赛报》等出版公司的西班牙报业集团（Prensa Española）合并，此后正式更名为博森托集团。2003年后，博森托集团与COPE广播网达成战略合作，双方在各自旗下的广播电台、日报等领域进行合作和内容共享。2009年，博森托关闭电波六台，并于次年正式推出地面数字式频道电视十台（La 10）。2012年，集团与美国维亚康姆集团签订协议，联合推出派拉蒙电视频道。[①]

如今，博森托集团的业务扩展到报刊、广播、电视、网络、影视制作等多个领域。在传统报刊领域，博森托、普利萨以及联合出版集团已然形成三足鼎立之势，博森托旗下代表性的出版物包括《阿贝赛报》《邮报》《15周刊》《巴斯克日报》《山区日报》等。根据OJD和EGM的统计，2017年，博森托集团旗下的纸质出版物发行总量220万份，占综合性报刊市场份额的24.7%。

三、行星集团

行星集团的前身是1949年在巴塞罗那建立的行星出版社（Editorial Planeta）。经过70年的发展，目前行星集团已经成长为集出版、报刊、广电

---

① Sánchez Tabernero, Alfonso. "Vocento: de un pequeño diario de Bilbao al primer grupo de prensa de España." *Bidebarrieta*, XVI, 2005,（16）:307–329.

和新媒体为一身的传媒集团,业务扩展到法国、葡萄牙和拉丁美洲。在出版领域,行星集团长期占据西班牙出版市场的第一位,同时也是法国第二大出版集团和世界第七大出版集团。行星集团旗下的出版公司超过170个,其中包括埃斯帕萨出版社(Editorial Espasa)、命运出版社(Editorial Destino)、塞伊克斯·巴拉尔出版社(Editorial Seix Barral)、帕伊多斯出版社(Ediciones Paidós)、德维斯托出版社(Ediciones Deusto)以及阿列尔出版社(Editorial Ariel)等知名出版社。

进入新世纪后,行星集团逐步开拓新的市场。如今,行星集团旗下拥有《理智报》和西班牙著名的"书籍之家"(Casa del Libro)连锁书店。此外,行星集团还与意大利德阿戈斯蒂尼出版社集团(De Agostini S.p.A.)和德国RTL集团(RTL Group)一起持有阿特雷斯梅地亚传媒公司(Atresmedia Corporación de Medios de Comunicación)的股份,因而旗下纳入了西班牙著名的天线三台电视台、电视六台、Neox电视台、Nova电视台、Mega电视台、Atreseries电视台和零波段广播电台等优质媒体。

四、团结出版集团

团结出版集团的基础是旗下拥有《世界报》的雷科莱托斯集团。2007年,意大利RCS传媒集团(RSC Media Group)以11亿欧元的价格收购了雷科莱托斯集团,从而建立团结出版集团。如今,团结出版集团旗下不仅拥有著名的综合性报刊《世界报》,还包括如今西班牙发行量和流通量最大的体育报《马卡报》、经济报《扩张报》、医学报《医学日报》和女性刊物《特尔瓦》等纸质出版物,其纸质报刊的总发行量一直名列前茅,是普利萨和博森托集团在报刊领域的重要竞争对手。如今,团结出版集团业务逐步扩展到广播电台、出版社、新闻学院以及教育培训等多个领域。

除了以上大型集团,基于传统报刊建立的戈多集团、泽塔集团(Grupo Zeta)和加利西亚之声公司(Corporación Voz de Galicia)以及在广电领域具有重要竞争力的梅地亚赛特西班牙传媒集团（Mediset España Comunicación）等，也在新时期纷纷开拓新的领域，不断推动行业内的融合和并购，以提高自身的竞争力。

参考文献

外文文献

Aguilera Povedano, Manuel & A. Durán Mañes. "El periodismo histórico: teoría y ténica de su uso en la prensa española." *Prismasocial*, 2014, 12:1–44.

Altabella, José. "Historia del periodismo español: Programa y fuentes." Documentación de las ciencias de la información, 1981, 11:11–52.

Álvaro, Carlos. "El tipógrafo imprimió 'El Sinodal de Aguilafuente'." *El Norte de Castilla*, 2016-11-20. https://www.elnortedecastilla.es/segovia/201611/20/juan-parix-invento-gutenberg20161120135154.html.

Anabitarte Urrutia, Olga. "Las Ferias de Medina del Campo." *Narria: Estudios de artes y costumbres populares*, 1981, 21:16–18.

Aniorte, Carmen. "'Escala en Hi-Fi', el origen del videoclip made in Spain." *El Español*, 7 de noviembre, 2015. https://www.elespanol.com/bluper/noticias/escala-en-hi-fi-origen-videoclip-made-in-spain.

Arias de Savvedra Alías, Inmaculada. "Las Sociedades Económicas de Amigos del País: proyecto y realidad en la España de la Ilustración." *Obradoiro de historia moderna*, 2012,

21:219–245.

Asociación para la Investigación de Medios de Comunicación. "EGM. Marco General de los Medios en España 2018." 2018.

— "EGM. Resumen General: año móvil abril 2017 a marzo 2018." 2018.

— "EGM. Audiencia de Internet." 2018, febrero/marzo.

— "EGM. Audiencia de Internet." 2018, octubre/noviembre.

Barranquero Carretero, Alejandro et. al. "Una experiencia ciudadana de reforma mediática. Los premios enfocados/desenfocados al periodismo en España." Commons, 2014, 2:57–77.

Barrera, Carlos. *Periodismo y franquismo. De la censura a la apertura*. Barcelona: Ediciones Internacionales Universitaria, 1995.

Bonillo Martínez, Ginés & O. Cruz Moya. "Poesía y prensa en la Almería del siglo XIX." *Revista de Humanidades y Ciencias Sociales del IEA*, 1999, 17:165–196.

Bonvin Faura, Marcos Andrés. "La prensa digital: lenguaje y características." Doctoral dissertation. Universidad de Granada, 2007.

Bustamante, Enrique. *Radio y televisión en España. Historia de una asignatura pendiente de la democracia*. Barcelona: Editorial Gedisa, 2006.

Cabanas, Sara. *Comunicaciones: Historia del teléfono*, Madrid, 2010. http://www.radionoticias.com/articulos/Historia-del-telefono.pdf.

Cal Martínez, María Rosa. "La *Gazeta de Madrid* y la Guerra de Sucesión." *Cuadernos Dieciochistas*, 2002, 3:35–56.

Calvo, Ángel. "Cataluña y la difusión del teléfono en España, 1877—1936." *Cuadernos de Historia Contemporánea*, 2007, 29:57–74.

Campo Urbano, Salustiano del. *La población de España*. Paris: C.I.C.R.E.D, 1975.

Cano, Fernando. "*El País* registró su mínimo histórico de ventas en el último mes de Antonio Caño." *El Español*, 26 de junio, 2018. https://www.elespanol.com/economia/medios/20180626/pais-registro-minimo-historico-ventas-antonio-cano/317968773_0.html.

Cantos Casenave, Marieta. "De *Delectare et Prodesse* y otros propósitos periodísticos: los casos de *La Pensadora Gaditana*（1763）, la *Academia de Ociosos*（1763）y el *Correo de Madrid* de los Ciegos（1786）." *Cuadernos de Ilustración y Romanticismo: Revista del Grupo de Estudios del siglo XVIII*, 1999,7:58. 55–74.

Carratalá, Adolfo. "De la redacción al juicio: la primera acción popular como explotación periodística del suceso criminal." *RiHC: Revista internacional de Historia de la Comunicación*, 2015, 5:1–16.

Cáseda Teresa, Jesús Fernando. "Polémicas, defensas y contradefensas de Juan José de Salazar y Ontiversos por la Corte." *Dieciocho: Hispanic enlightenmente*, 2011, 2:355–366.

Casero-Ripollés, Andreu. "El periodismo político en España: algunas características definitorias." En A. Casero-Ripollés: *Periodismo político en España: concepciones, tensiones y elecciones*, Tenerife: Sociedad Laitna de Comunicación social, 2012:19–46.

Cases, Victor. "*El Censor*: la prensa crítica en la Ilustración española." http://www.saavedrafajardo.org/Archivos/NOTAS/RES0063.pdf.

Castañón Díaz, Jesús. "*Poética del* Diario de los literatos de España." *Publicaciones de la Institución Tello Téllez de Meneses*, 1972:195–272.

Castellani, Jean Pierre. "Perspectivas del columnismo en la prensa española." *Olivar*, 2009, 12:69–77.

Chinchetru, Antonio & J. F. Lamata. "Prensa gratuita española: del cielo al infierno en una década." Periodista Digital, 26 de diciembre, 2011. http://www.periodistadigital.com/periodismo/prensa/2011/12/26/20-minutos-adn-ahora-anson-planeta-vocento-metro-madrid-y-mas-escolar.shtml.

Clavero Martín, Vicente. "El periódico sin interrupciones. Un análisis del aprovechamiento de los quioscos digitales como instrumento para mantener el contacto con los lectores los 365 días del año." In R. Mancinas-Chávez (coord.) *Actas del I Congreso Internacional Comunicación y Pensamiento. Comunicracia y Desarrollo Social*, Sevilla: Ediciones Egregius, 2016:232–247.

Cohnen, Fernando. "Las telecomunicaciones en la primera guerra del siglo XXI." *Antena de comunicación*, 2001, Diciembre:31–37.

—— "Historias de la radiodifusión española." *Antena de Telecomunicación*, 2008, Junio:74–78.

Conde, Fernando. "Una reciente historia de la radio de España." Madrid: Cimop, 2005. http://www.cimop.com/docs/articulos/unahistoriareciente100429.pdf.

Conde Naranjo, Esteban. "Floridablanca, 'protector de las letras, limosnero de literatos' ." *Res publica: revista de filosofía política*, 2009, 22:69–82.

Corcuera Atienza, Francisco Javier. "Nacionalismo y clases en la España de la Restauración." *Estudios de Historia Social*, 1984, 28–29:249–282.

Correa, Gustavo. "El sentido de lo hispánico en *El caballero encantado* de Pérez Galdós y la generación del 98". *Thesaurus*, 1963, 18:231-241.

Costa Fernández, Lluís. "Comunicación y propaganda durante la dictadura de Primo de Rivera（1923—1930）." *Historia y Comunicación Social*, 2013, 18:385-396.

Crespo Sánchez, Francisco Javier. "Un modelo de mujer en la prensa del Trienio Liberal: análisis a través del *Periódico de las Damas*". *El Argonauta español*, 30 de junio, 2014. http://argonauta.revues.org/2062; DOI:10.4000/argonauta.

Cruz Seoane, María & M. D. Sáiz. *Cuatro siglos del Periodismo en España. De los avisos a los periódicos digitales*. Madrid: Alianza Editorial, 2007.

Davara Torreqo, Francisco Javier. "Los periódicos españoles en el tardo franquismo. Consecuencias de la nueva ley de prensa." *Revista Comunicación y Hombre*, 2005, 1:131-147.

Desvois, Jean Michel. "El conservadurismo de Joaquín Costa." *Anales de la Fundación Joaquín Costa*, 1993, 10:7-22.

Díaz, Lorenzo. *La televisión en España*. Madrid: Alianza, 1994.

Díaz Noci, Javier. "Los inicios de la prensa vasca: primeros pasos y formas protoperiodísticas." *Revista internacional de los estudios vascos*, 1994, 2:245-276.

— "Sociedad y medios de comunicación en lengua vasca en el período de entreguerras（1919—1937）." *Anales de Historia Contemporánea*, 1995, 11:263-278.

— "El oficio de periodista en el siglo XVII: gaceteros, impresores y comerciantes." *PERIODÍSTICA*, 2001, 10:15-35.

— "Historia del periodismo en lengua vasca de los Estados Unidos: dos seminarios de Los Ángeles en el siglo XIX." *Zer: Revista de estudios de comunicación*, 2001, 10:1137-1102.

— "Gacetas españolas de los Países Bajos en el siglo XVII." *Ambitos: Revista internacional de comunicación,* 2004, 7-8:215-237.

— "Historia del periodismo vasco（1600—2010）." *Mediatika: Cuadernos de comunicación*, 2012, 13:11-259.

Díaz Nosty, Bernardo. *Libro negro del periodismo en España*. Madrid: Cátedra UNESCO de Comunicaciones-Universidad de Málaga/Asociación de la Prensa de Madrid, 2011.

Diezhandino Nieto, María Pilar. *Periodismo en la era de Internet. Claves para entender la situación actual de la información periodística en España*. Madrid: Editorial Ariel, 2007.

Edo Bolós, Concha. "Los periódicos de Madrid en 1898." *Estudios sobre el mensaje periodístico*, 1998, 4:39-61.

Eiroa, Matilde. "Historia y periodismo: interrelaciones entre disciplinas." *Historia y comunicación social*, 2014, 19:253-264.

Enguix, Salvador. *Periodismo político. Fundamentos, práctica y perspectivas*. Barcelona: Aldea Global, 2015.

Ertler, Klaus-Dieter. "*El duende especulativo sobre la vida civil* en la red europea de los espectadores." *Cuadernos de Ilustración y Romanticismo. Revista Digital del Grupo de Estudios del Siglo XVIII*, 2010, 6:1-14.

Escolano Benito, Agustín. "Elogio y revisión de Carlos III." *Historia de la educación: Revista interuniversitaria*, 1988, 7:7-18.

Espejo Cala, Carmen. "El impresor sevillano Juan Gómez de Blas y los Orígenes de la prensa periodística. La *Gazeta nueva de Sevilla*（1661—1667）." *Zer: Revista de estudios de comunicación*, 2008, 25:243-267.

Espinosa i Mirabet, Silvia. "Las primeras locutoras y la historia de la radio. El caso de Cataluña, 1924—1939." *Zer*, 16-31:109-127.

Ettinghausen, Henry. "Pellicer y la prensa de su tiempo." *Janus: estudios sobre el Siglo de Oro*, 2012, 1:55-87.

Farias Batlle, Pedro. "La prensa y las transiciones políticas a la democracia." *Comunicar*, 1999, 13:71-77.

Fernández Sanz, Juan José. "La penetración en España de los grupos multimedia alemanes." *Historia y comunicación social*, 1999, 4:219-242.

Flores Ruiz, Irene & M. L. Humanes. "Hábitos y consumes televisivos de la generación digital desde la perspectiva de los usos y gratificaciones." *Mediterrranan Journal of Comunication*, 2014, 1:137-155.

Freire López, Ana María. "Larra, redactor de *El Español*. Dos textos inéditos." *Epos. Revista de filología*, 1991, 7:571-576.

— "Prensa y creación literaria en el XVIII español." *Epos: Revista de filología*, 1995, 11:207-222.

Fuentes, Juan Francisco & J. Fernández Sebastián. *Historia del periodismo español*. Madrid: Editorial Síntesis, 1998.

Fundación Telefónica. *Periodismo en la era de Internet*. Madrid: Ariel, 2007.

Gálvez Martín, Rubén. "Conociendo lo que les interesa: percepciones de los espacios ultramarinos en la Corte de Madrid a través de la figura del Cronista de Corte, Luis Cabrera de Córdoba（1599—1614）." IV Encuentro Internacional de Jóvenes Investigadores en Historia Moderna, Universidad de Valladolid, 2015. https://ejihm2015.weebly.com/uploads/3/8/9/1/38911797/ejhim2015_g%C3%81lvez_mart%C3%8Dn_rub%C3%A9n.pdf.

Gámir Orueta, Agustín. "La industria cultural y los grupos multimedia en España." *Anales de geografía de la Universidad Complutense*, 2005, 25:179-202.

García Benabarre, Elena. *Periodismo y política: el caso de* ABC *durante la Guerra Civil Española*（1936—1939）. Universidad de Sevilla, Sevilla, 2017.

García de Castro, Mario. *La ficción televisiva popular. Una evolución de las series de televisión en España*. Barceona: Gedisa, 2002.

García de Cortázar, Fernando. *Historia de España. De Atapuerca al euro*. Barcelona: Planeta, 2002.

García Pérez, María. "Imprenta y censura en España desde el reinado de los Reyes Católicos a las Cortes de Cádiz: Un acercamiento a la legislación." *Boletín de la ANABAD*, 1998, 48, 2:197-204.

García Pinacho, María del Pilar. "De Quevedo a Peucer. *Grandes anales de quince días* y de *Relationibus Novellis*." *Acta poética*, 2011, 2:145-175.

García Santamaría, José Vicente. "Reorganización en los grupos multimedia españoles." *Observatorio*, 2011, 1:157-174.

Gelz, Andreas. "Prensa y tertulia: Interferencias mediales en la España del siglo XVIII." *Olivar*, 2009, 13:165-200.

Gil Gascón, Fátima & S. Gómez García. "Al oído de las mujeres españolas: las emisiones femeninas de la Radio Nacional de España durante el franquismo." *Estudios sobre el mensaje periodístico*, 2010, 16:131-143.

Gil González, Juan Carlos. "La crónica periodística. Evolución, desarrollo y nueva perspectiva: viaje desde la historia al periodismo interpretativo." *Global Media Journal*, 2004, 1:26-39.

Goff, Frederick. "The Postilla of Guillermus Parisiensis." *Gutenberg-Jahrbuch*, 1959:73-78.

Gómez García, Salvador & J. Cabeza. "Oír la radio en España. Aproximación a las audiencias radiofónicas durante el primer franquismo（1939—1959）." *Historia Crítica*, 2013, 50:104-131.

Gómez Gómez, Margarita. "Las imprentas oficiales. El caso del impresor del Consejo de

Indias." *Historia. Instituciones. Documentos*, 1995, 22:247-260.

Gómez Rivero, Ricardo & M. C. Palomeque López. "Los inicios de la revolución industrial en España: la fábrica de algodón de Sevilla（1833—1836）." *Revista del Ministerio de Trabajo y Asuntos Sociales*, 2003, 46:185-222.

González Clavero, María Victoria. "Agencia de noticias, su constante reinvención como estrategia para enfrentar la competencia." *Estudios sobre el mensaje periodístico*, 2016, 22:329-341.

González Gómez, Sara & X. Motilla Salas. "Iconografía de la modernización educativa en España en el contexto de la Ley General de Educación de 1970." *Historia y Memoria de la Educación*, 2018, 8:449-487.

González Portilla, Manuel. "Aspectos de la industrialización del País Vasco." *Ekonomia: Revista vasca de economía*, 1988, 9-10:173-188.

Guerrero Moreno, Rafael. "La prensa en la Segunda República: breve aproximación como contexto vital de don Diego Martínez Barrio." *ÁMBITOS*, 2002, 7-8:327-337.

Guillamet, Jaume. "Por una historia comparada del periodismo: factores de progreso y atraso." *Doxa Comunicación: revista interdisciplinar de estudios de comunicación y ciencias sociales*, 2003, 1:35-56.

Hernández Pérez, Antonio. *Documentación audiovisual: metodología para el análisis documental de la información periodística audiovisual*. Madrid: Universidad Complutense, 1992.

Herrero Curiel, Eva. *Periodistas y redes sociales en España del 11M al 15M（2004—2011）*. Tesis doctoral, Universidad Carlos III de Madrid, 2013.

Hibbis-Lissourgues, Solange. *Iglesia, prensa y sociedad en España, 1868—1904*. Alicante: Instituto Juan Gil-Albert, 1995.

Humanes, María Luisa. "La profesión periodística en España." *Zer: Revista de estudios de comunicación*, 1998, 4:137-1102.

Israel, Jonathan I. "España y Europa. Desde el Tratado de Münster a la Paz de los Pirineos, 1648—1659." *Pedralbes: Revista d'historia moderna*, 2009, 29:271-338.

Jivkova Semova, Dimitrina. "RTVE sin publicidad: un modelo de financiación en estado de emergencia." *Vivat Academica*, 2011, 116:75-91.

Jones, Daniel E. "Medios de comunicación deportivos. La situación española en el contexto internacional" . *Telos*, 38, 1994, 38: 101-108. http://sociedadinformacion.fundacion.telefonica.com/telos/anteriores/num_038/cuaderno_central5.html.

Juliá, Santos. "El león no quería pelea." *Aquella guerra nuestra con Estados Unidos. Prensa y opinión en 1898*. Madrid: Fundación Carlos de Amberes.

Juliana, Enric. "El día que el Partido Comunista dijo sí a la Monarquía." *La Vanguardia*, 8 de junio, 2014, https://www.lavanguardia.com/politica/20140608/54408780625/dia-partido-comunista-dijo-si-monarquia-enric-juliana.html.

Lapesa, Rafael. *Historia de la lengua española*. Madrid: Editorial Gredos, 2014.

Lavín de las Heras, Eva & J. Chivite Fernández. "Consecuencias de la manipulación fotográfica en las agencias: Associated Press, Reuters, France Presss, European Pressphoto Agency y EFE. El caso del fotoperiodismo de guerra." *Estudios sobre el mensaje periodístico*, 2015, 1:333–351.

Linares Columbié, Radamés, M. Patterson Hernández & L. Viciedo Tijera. "La información a través del tiempo." *ACIMED*, 2000, 8（3）:228–238.

López de Ramón, María. "Influencia del poder político en la libertad de prensa: la Guerra de Cuba（1895—1898）." *Revista jurídica*, 2016, 33:143–164.

López de Zuazo Algar, Antonio. "Pliegos sueltos, periódicos y fascículos." *Estudios sobre el Mensaje Periodístico*, 2003, 9:229–240.

Losada Goya, José Manuel. "El costumbrismo español y sus conexiones europeas." Agosto, 2013, https://www.researchgate.net/publication/255960285_EL_COSTUMBRISMO_ESPANOL_Y_SUS_CONEXIONES_EUROPEAS.

Lucas del Ser, Carmelo de. "Libertad de prensa y censura política en la España Liberal. El Leonés, Guía de los Pueblos（1842）." *Investigaciones Históricas Época Moderna Y Contemporánea*, 2001, 21:205–230.

Lynch, John. *Historia de España. Edad Moderna: Crisis y recuperación, 1598—1808*. Barcelona: Crítica, 2005.

Maestre, Antonio. "Cuando 'ABC' era rojo y republicano." *Lamarea*, 16 de marzo de 2014. https://www.lamarea.com/2014/03/16/cuando-el-abc-era-rojo-y-republicano/.

Marchante Fuente, Lara. "De la voz al texto: un viaje por la tertulia a través de *El Censor*." *Etudes romanes de Brno*, 2015, 2:209–221.

Marrone Otero, Jesús María. "La importancia de la portada en las ventas del diario *Marca*." Tesis doctoral de la Universidad Complutense de Madrid, octubre, 2009:59.

Martínez, Jesús Manuel. *Periodismo y periodistas en la Guerra Civil*. Madrid: Fundación

Banco Exterior, 1987.

McLaren, Lauren. *Constructing democracy in Southern Europe: a comparative analysis of Italy, Spain, and Turkey*. London: Routledge, 2008.

Montero, Enrique. "Luís Araquistáin y la propaganda aliada durante la Primera Guerra Mundial." *Estudios de Historia Socia*, 1983, 24–25:245–266.

Montes Fernández, Francisco José. "Historia de televisión española." *Anuario Jurídico y Económico Escurialense*, 2006, 39:637–696.

Montes, Melanie: "El abate Marchena（1768—1821）: un caso particular de traducción y censura." *1611: revista de historia de la traducción*, 2015, 9. http://www.traduccionliteraria.org/1611/art/montes.htm.

Morales, Sonia. "15 de noviembre de 1966 nace la UHF, la Segunda Cadena." *RTVE*, 3 de agosto, 2017. http://www.rtve.es/rtve/20170803/nace-uhf-segunda-cadena/1591985.shtml.

Morales, Víctor. "'Médico de familia', la serie más recordada de Telecinco, cmple 20 años." *Formulatv*, 12 de septiembre, 2015. https://www.formulatv.com/noticias/49191/medico-de-familia-serie-recordada-telecincio-cumple-20-anos/.

Moreno Peral, Issac. "La radio y la tecnología: breve historia y perspectivas." *Bit*, 2006, 158:46–49.

Morrow, Félix. "La Guerra Civil en España. Revolución y contrarrevolución en España." http://revolucionespanola.elmilitante.org/pdf/F_M.pdf.

Murelaga Ibarra, Jon. "Historia contextualizada de la radio española del franquismo（1940—1960）." *Historia y Comunicación Social*, 2009, 14:367–386.

Núñez Luque, María Teresa. "La prensa periódica en Barcelona en el siglo XVIII. Prensa erudita, gacetas y pronósticos." *Manuscrits: Revista d'història moderna*, 1988, 7:241–262.

Orío, Manuel. "Castelar y 'El Rasgo'". *Atlántico*, 16 de abril, 2014. http://www.atlantico.net/opinion/manuel-orio/castelar-y-rasgo/20140416112456414236.html.

Ortega Costales, José. "Delitos cometidos por medio de la publicidad." *Anuario de derecho penal y ciencias penales*, 1975, Tomo 28, Fasc/Mes 1:5–24.

Pagden, Anthony. *The fall of natural man: the American Indian and the origins of comparative ethnology*. Cambridge/Nueva York: Cambridge University Press, 1982.

Palacio, Manuel. "La historia en la televisión." *Cuadernos de la Academia*, 1999, 6:137–150.

——. "Cincuenta años de televisión en España." *Medios de comunicación*, 2006, 6:315–319.

Pascual Martínez, Pedro. "La pragmática y la industria editorial española en el reinado de Felipe II." In J. Martínez Millán: *Felipe II（1527—1598）: Europa y la monarquía católica*. Madrid: Parteluz, 1998, vol.4:403-424.

Pasino Alejandra. "Los escritos de Manuel J. Quintana y José M. Blanco White en el *Semanario Patriótico*（1808—1810）: sus aportes a la construcción del lenguaje político del primer liberalismo español." *Anuario del Centro de Estudios Históricos" Prof. Carlos S. A. Segreti"*, 2010, 10:343-363.

Pérez Galdós, Benito. *El crimen de la calle Fuencarral*: *El crimen del cura Galeote*. Madrid: Lengua de Trapo, 2002.

Pérez Martínez, José Emilio. "Mujeres en la radio española del siglo XX（1924—1989）." *ARENA*, enero-junio, 2016:35-58.

Pérez Monguino, Fernando. "El renacer de 'El Conciso'." *El País*, 21, septiembre, 2005. https://elpais.com/diario/2005/09/21/andalucia/1127254956_850215.html.

Pérez, Ramón. "Cien años del *TBO*." Noticias 24, 5 de enero, 2017. http://www.noticias24digital.com/opinion/ramon-perez/cien-anos-tbo/20170105090624001154.html.

Pérez Varela, Fidel. "Los inicios la radio en Europa: 1921—1930." *Razón y palabra*, 2015, 90. http://www.razonypalabra.org.mx/N/N90/Varia/37_Perez_V90.pdf.

Pinyol Vidal, Josep. "1898, el año de descolonización a través de las ilustraciones de la prensa madrileña y barcelonesa." Ponencia para X Congreso Centroamericano de Historia, UNAN, 2010.

Piña, Raúl. "La nueva financiación lleva a RTVE a perder más de 300 millones." *El Mundo*, 2013-3-28. http://www.elmundo.es/television/2014/03/28/53348ee7ca474114388b4580.html.

Piquerez Díez, Antonio J. "El 'rey Intruso' y la *Gazeta de Madrid*: la construcción de un mito, 1808—1810." *El Argonauta español*, 2009, 6. https://journals.openedition.org/argonauta/713.

Pizarroso Quintero, Alejandro. *De la acta nueva a Canal plus: Breve historia de los medios de comunicación en España*. Madrid: Editorial Complutense, 1992.

"El periodismo en el primer tercio del siglo XX." *ARBOR: Pensamiento y Cultura*, 2010, Extra 186:45-54.

Ramos Garrido, Estrella. "El recorrido histórico en la legislación española hacia el reconocimiento de la libertad de imprenta en las Cortes de Cádiz." *Revista de Sociales y Jurídicos*,

2009, EXTR 5:38–50.

Redondo García, Marta María. *El sensacionalismo y su penetración en el sistema mediático español*. Tesis doctoral, Universidad de Valladolid, 2011.

Renn, Simone. "Las Brigadas Internacionales, el mayor acto de solidaridad internacional en la historia." *La Política*, 14 de abril de 2017. http://www.la-politica.com/brigadas-internaciona les/.

Revello, José Torre. "Algunos libros de música traídos a América en el siglo XVI." *Revista Interamericana De Bibliografía Review of Interamerican Bibliography*, 1957, 7:372–380.

Reyes, Antonio de los. "La prensa murciana en el siglo XIX: una aproximación." *Anales de Historia Contemporánea*, 1996, 12:343–368.

Reyes Domínguez Lázaro, María de los. "La televisión en España, una visión retrospectiva tras la primera década del siglo XXI." *Razón y palabra*, 2010, 71:15. https://dialnet.unirioja.es/servlet/articulo?codigo=3791831.

Rodríguez Cárcela, Rosa. "Las fuentes informativas en el periodismo de sucesos. Análisis en la prensa escrita." *Correspondencia & Análisis*, 2016, 6:197–218.

Rodríguez Gómez, Eduardo Francisco. "El Periodismo de Investigación impreso en España（2005—2012）: periodistas de investigación, sus trabajos y características principales." Textual&Visual Media, 2012, 5:259–286.

Rodríguez Infiesta, Víctor. "La distribución de la prensa diaria en los inicios del siglo XX: el espacio asturiano." *Zer*, 2008, 13–25:269–286.

Rodríguez Jiménez, José Luis. "La prensa de extrema derecha en la transición del franquismo a la democracia（1973—1982）." *El Argonauta español*, 2012, 9. http://journals.openedition.org/argonauta/1421.

Rueda Laffond, José Carlos. "La historia televisada: una recapitulación sobre narrativas y estrategias historiográficos." *Nueva época*, 2009, 12:177–202.

Ruiz Acosta, María José. "《Opinión pública》y prensa española en los siglos XIX y XX." *Revista De Historia Contemporánea*, 1996, 7:419–450.

Ruiz de Elvira, Álvaro, P. "20 programas que han marcado los 60 años de TVE." *El País*, 7 de noviembre, 2016. https://elpais.com/elpais/2016/10/27/fotorrelato/1477564957_399210.html #foto_gal_3.

Sainz de Baranda Andújar, Clara. "Orígenes de la prensa diaria deportiva: *El mundo deportivo*." *Materiales para la historia del deporte*, 2013, 11:7–27.

Saiz Olmo, Jesús. *Periodismo de radio*. Valencia: Universidad Cardenal Herrera-CEU/ Fundación Universitaria San Pablo-CEU, 2005.

Sampelayo, Carlos. "Apunte para una historia del periodismo español de oposición." https://gredos.usal.es/jspui/bitstream/10366/25440/3/THVIII~N86~P34-49.pdf.

Sánchez Camacho, Almudena. "La depuración de prensa en el franquismo." *Cuadernos de periodistas: revista de la Asociación de la Prensa de Madrid*, 2007, 9:76–84.

Sánchez Tabernero, Alfonso. "Vocento: de un pequeño diario de Bilbao al primer grupo de prensa de España." *Bidebarrieta*, XVI, 2005,（16）:307–329.

Sánchez Vasco, Marta Isabel. "*Noticias principales y verdaderas* y la *Gazeta de Ámsterdam*: Visión comparada de dos gacetas de Flandes y Holanda durante el siglo XVII." *Libros de la Corte*, 2017, 15:54–69.

Sánchez Vigil, Juan Miguel. "El suplemento de 'Notas Gráficas' del diario *La Vanguardia* durante la Guerra Civil Española: contenido y autores." *Revista Photo & Documento*, 2016, 2:1–14.

Schulze Schneider, Ingrid. *La leyenda negra de España. Propaganda en la guerra de Flandes（1566—1584）*. Madrid: Editorial Complutense, 2008.

Siles, Gregor. "El emprendimiento, germen de la industrialización en Cataluña: la Fábrica Bonaplata." *Món Empresarial*, 23 de julio de 2015. http://www.monempresarial.com/es/2015/07/23/el-emprendimiento-germen-de-la-industrialitzacion-en-a-cataluna-la-fabrica-bonaplata/.

Silvela, Francisco. "Sin pulso". *El Tiempo*, 16 de agosto de 1898, http://www.xtec.cat/~jrovira6/ restau11/silvela.htm.

Socorro Arroyo, María del. "Política y periodismo: la caricatura de *¡Cu-cut!* desencadenante de la ley de jurisdicciones." *Documentación de las ciencias de la Información*, 1990, 13:11–21.

Soriano Díaz, Ramón Luis. "Las ideas políticas de Francisco Alvarado." *Revista de estudios políticos*, 1977, 216:181–202.

Soto Lara, José Julián. "La prensa española como fuente histórica para el problema de Tacna y Arica（1880—1901）: Heurística y Método." *TRIM*, 2014,7:25–42.

Soto Vidal, Laura. "Prensa rosa: el juego sucio de periodistas y famosos." *Estudios sobre el mensaje periodístico*, 2005, 11:193–210.

Terrón Montero, Javier. *La prensa en España durante el régimen de Franco. Un intento en análisis político*. Centro de Investigaciones Sociológicas, 1981.

Toledano Molina, Juana. "Tres sonetos de Góngora en su contexto（a propósito de las exequias cordobesas en honor de la reina Margarita, 1612）." In A. J. Close & S. M. Fernández Vales: *Edad de oro cantabrigense: actas del VII Congreso de la Asociación Internacional de Hispanistas del Siglo de Oro*. Vigo/Madrid/Frankfurtam Main: AISO, 2006:597–602.

Torre Revello, José. "Pedro Martír de Anglería y su obra *De orbe novo*." *THESAURUS*, 1957, 12:133–153. https://cvc.cervantes.es/lengua/thesaurus/pdf/12/TH_12_123_141_0.pdf.

Trenchard, John & T. Gordon. "No. 84, July 7, 1722." In R. Hamowy（ed.）: *Cato's Letters; or Essays on Liberty, Civil and Religious*, Vol. III. Indianapolis: Liberty Fund, 1995:81–85.

Tuñón de Lara, Manuel. *La prensa de los siglos XIX y XX*. Bilbao: Servicio Editorial Universidad del País, 1986.

Universidad de Málaga. *150 Aniversario del Telégrafo en España*. Málaga: Sociedad Estatal Correos y Telégrafo, 2006.

Urrutia Cárdenas, Hernán. "La Edad de Plata de la Literatura Española（1868—1936）." *CAUCE. Revista de Filología y su Didáctica*, 1999—2000, 22-23:581–595.

Utrera Bonet, María del Carmen. "*La Pragmática de 1558* sobre impresión y circulación de libros en Castilla a través de los fondos de la Biblioteca de la Universidad de Sevilla." Ponencia en Congreso de Investigadores Noveles en Ciencias Documentales, Madrid, enero de 2013.

Valenzuela, Alfred. "El reportaje de Ramón J. Sender que hundió a Manuel Azaña." *El Mundo*, 17 de febrero de 2016. http://www.elmundo.es/andalucia/sevilla/2016/02/17/56c447e1e2704ee8188b45b7.html.

Zavala, Iris Milagros. "La prensa exaltada en el trienio constitucional: «El Zurriago»." *Bulletin Hispanique*, 1967, 3-4:365–388.

Zugasti Azagra, Ricardo. "El papel de la prensa en la construcción de la democracia española. De la muerte de Franco a la Constitución de 1978." *CONfines de relaciones internacionales y ciencia política*, 2008, 7:53–68.

中文文献

陈力丹：《世界新闻传播史》，上海：上海交通大学出版社，2002年。
董燕生：《西班牙文学》，北京：外语教学与研究出版社，1998年。
方晓红：《中国新闻史》，南京：南京师范大学出版社，2013年。

康秋洁、刘大炜：《西班牙广播公司联播网德媒体融合之路》，载《国际广播》2017 年第 10 期，第 84-88 页。

李彬：《全球新闻传播史（1500—2000）》，北京：清华大学出版社，2009 年。

路燕萍：《西班牙新闻传播的发展脉络及当代传媒格局》，载《国际新闻界》2012 年第 4 期，第 113-119 页。

倪学德：《论纳粹德国对西班牙内战的干涉》，载《历史教学问题》2012 年第 5 期，第 70-74 页。

沈石岩：《西班牙文学史》，北京：北京大学出版社，2006 年。

新华通讯社译名室：《西班牙语姓名译名手册》，北京：商务印书馆，2015 年。

王蕾：《美国现代报业竞争与黄色新闻浪潮》，载《新闻知识》2003 年第 8-9 期，第 38-40 页。

杨华青：《〈每日纪闻〉文化史述略》，载《新闻研究导刊》2015 年第 11 期，第 181-182 页。

杨柳：《报纸与美西战争》，载《新闻爱好者》2004 年第 2 期，第 21-22 页。

姚雪痕：《网络报纸是否会取代传统报纸？》，载《中华读书报》2000 年 06 月 21 日。

俞天红：《西班牙〈大学改革法〉评介》，载《比较教育研究》1987 年第 3 期，第 3-6 页。

展江：《战争与早期新闻传播的渊源》，载《国际新闻界》2000 年第 5 期，第 73-78 页。

张舒扬、深岚：《政教合一，西班牙开启上帝的事业》，载《世界博览》2017 年第 24 期，第 69-74 页。

赵国新：《英国志愿军与西班牙内战》，载《国际论坛》2014 年第 1 期，第 21 至 25 页。

中共中央编译局：《马克思恩格斯全集》，北京：人民出版社，1973 年：第 427、456 页。

［德］哈贝马斯，曹卫东等（译）：《公共领域的结构转型》，北京：学林出版社，1999 年，

［德］马克斯·韦伯，于晓和、陈维刚（译）：《新教伦理与资本主义精神》，北京：三联书店，1987 年。

［加］哈罗德·伊尼斯：《传播的偏向》，北京：中国传媒大学出版社，2015 年。

［西］欧·穆哈尔-莱昂，苏诚一（译）：《西班牙的左派和天主教问题》，载《国外社会科学文摘》1982 年第 12 期，第 51-53 页。

［英］边沁，沈淑萍等（译）：《政府片论》，北京：商务印书馆，2009 年。

［英］雷蒙德·卡尔，潘城（译）：《西班牙史》，上海：东方出版中心，2014 年。

［英］约翰·弥尔顿，吴之椿（译）：《论出版自由》，北京：商务印书馆。1958 年。

附录一

媒体和传媒机构索引

A

《ADN》(ADN)...240
《阿贝赛报》(ABC)....................................014,151
《阿贝赛尔—左翼共和派的日报》(ABC-
　Diario Republicano de Izquierdas).................186
《阿尔卡萨尔》(El Alcázar).................................195
《阿拉贡的王冠》(La Corona de Aragón)..........140
阿拉贡电视台（Aragón Televisión）...................231
阿列尔出版社（Editorial Ariel）..........................258
《阿姆斯特丹公报》(Gazeta de Ámsterdam).....054
《阿斯报》(As)..197
《阿斯画报》(Semanario Gráfico AS).................171
阿特雷斯梅地亚传媒公司（Atresmedia
　Corporación de Medios de Comunicación）......258
埃菲通讯社（Agencia EFE）..........................015,198
《埃金报》(Egin)...224
《埃利亚斯》(Elías)...112
埃斯帕萨出版社（Editorial Espasa）...................258
《爱国者报》(El Patriota)...................................108
《爱国周报》(Semanario Patriótico)..................091
《安达卢西亚邮报》(El Correo de Andalucía)...174
《鹌鹑》(La Codorniz)..197
《奥雅特王室公报》(La Gaceta del Real de
　Oñate）..106
《奥亚尔顺的便签》(Papeleta de Oyarzun).......092

B

巴塞罗那广播电台（Radio Barcelona）.............176
《巴塞罗那日报》(Diario de Barcelona).............066

《巴塞罗那医学—临床半年刊》(Semestre
　Médico-Clínico de Barcelona).......................071
八十电台（Radio 80）.......................................226
《巴斯克》(Euskadi)..142
《巴斯克报》(Euskararen Berripapera)............224
巴斯克电视联合会（Federación de Televisiones
　del País Vasco）..231
《巴斯克各省杂志》(Revista de las Provincias
　Euskaras)...142
巴斯克广播电视台（Euscak Irrati Telebista,
　EITB）..231
《巴斯克律师杂志》(Euskal Herriko Legelarien
　Aldizkaria)...224
《巴斯克—纳瓦拉天主教周刊》(Semanario
　Católico Vasco-Navarro)...............................130
《巴斯克人》(El Bascongado)..........................141
《巴斯克人民》(El Pueblo Vasco)....................197
《巴斯克研究国际期刊》(Revista Internacional
　de los Estudios Vascos).................................224
《巴斯克邮报》(Correo Vasco).......................142
《巴约纳公报》(Gaceta de Bayona)................097
《白色杂志》(Revista Blanca).........................134
《半岛报》(El Peninsular)...............................108
《报告》(Relación)..066
《报刊》(La Prensa).......................................129
《北方公报》(La Gaceta del Norte)...............174
《北方事件日常新闻报》(Nuevas Ordinarias
　de los Sucesos del Norte)............................052

《北方特别新闻报》(Noticias Extraordinarias del Norte)..................055
《比斯卡亚》(Bizkaitarra)..................142
《比斯卡亚杂志》(Revista de Vizcaya)..............142
《比斯卡亚政府官方公报》(Gazeta de Oficio del Gobierno de Vizcaya)..................089
《比托里亚公报》(Gazeta de Vitoria)................089
《毕尔巴鄂》(Villa de Bilbao)..................142
《鞭子》(El Látigo)..................137
《鞭子》(La Tralla)..................174
《蝙蝠》(El Murciélago)..................110
《辩论》(El Debate)..................134,173
《镖枪》(El Dardo)..................098
博森托集团（Grupo Vocento）..................197,238
《博学周报》(Semanario Erudito)..................068
《步枪》(El Fusil)..................174
《不妥协》(El Intransigente)..................173

C

40音乐广播网（Cadena 40）..................228
Canal+电视台（Canal+）..................019,231
《苍鹰》(Azor)..................175
《苍蝇》(La Mosca)..................137
《传令官》(El Heraldo)..................108

D

《16日报》(Diario 16)..................218
《10分钟》(Diez Minutos)..................237
《大杂烩》(Cajón de Sastre)..................065
《当代报》(El Contemporáneo)..................111
《当代杂志》(Revista Contemporánea)..............123
《德土安之声》(El Eco de Tetuán)..................138
《德土安新闻报》(El Noticiero de Tetuán)........138
德维斯托出版社（Ediciones Deusto）..................258
《德亚报》(Deia)..................224
迪亚尔电台（Cadena Dial）..................246
《地方特权主义者》(El Fuerista)..................174
《地方主义者》(Lo Regionalista)..................143
《地球报》(El Globo)..................129

《地铁报》(Metro)..................239
第九频道（Canal 9）..................231
《电报》(El Telégrafo)..................135
电波六台（Onda 6）..................257
电视六台（La Sexta）..................247
电视七台（La Siete）..................247
电视十台（La 10）..................257
电视四台（Cuatro）..................247
电视五台（Telecinco）..................019,231
《斗牛场》(El Ruedo)..................194
《读书》(Lecturas)..................237
《杜鹃鸟！》(¡Cu-cut!)..................174

E

《二十世纪》(El Siglo XX)..................110
《二十一世纪世界报》(El Mundo del Siglo XXI)....221

F

法布拉通讯社（Agencia Fabra）..................015
《法国巴约纳的贸易、文学和政治公报》(Gazeta de Comercio, Literatura y Política de Bayona de Francia)..................089
《反叛》(Rebeldía)..................173
菲布斯通讯社（Agencia Febus）..................170
《凤凰》(El Fénix)..................131
《芙里尼》(Friné)..................171
福尔门出版社（Editorial Fulmen）..................170
《复辟》(La Restauración)..................107
《复兴运动》(La Renaixença)..................140

G

16集团（Grupo 16）..................221
《改革16》(Cambio 16)..................221
《坩埚》(Crisol)..................170
《戈博斯神父》(El Padre Cobos)..................110
戈多集团（Grupo Godó）..................140
戈耶纳集团（Goiena Komunikazio Zerbitzuak）224
《格拉纳达的守卫者》(El Defensor de Granada)..................167
《格拉西亚的钟楼》(La Campana de Gracia)...137

《革命》（*La Revolución*）......................113

《根瘤蚜》（*La Filoxera*）........................137

《更多报》（*Diari Més*）..........................240

工会电台网（Cadena de Emisoras Sindicales）..200

《工人》（*El Obrero*）..............................113

《工人的朋友》（*El Amigo del Obrero*）.............130

《工人阶级的回声》（*El Eco de la Clase Obrera*）................................113

《工人联盟》（*Unión Obrera*）....................175

《工人世界》（*Mundo Obrero*）...................175

《工人团结》（*Solidaridad Obrera*）..............175

《公报》（*Gazeta*）.................................052

《公民生活的思辨幽灵》（*Duende Especulativo sobre la Vida Civil*）.....066

《公平报》（*La Igualdad*）........................129

《公正报》（*El Imparcial*）.......................090

《公众的呼喊》（*El Clamor Público*）.............109

《共和报》（*El Republicano*）....................113

《供教区神父阅览的农业和艺术周报》（*El Semanario de Agricultura y Artes, dirigido a los párrocos*）......................079

《观察者》（*El Espectador*）..............096,170

《观察者》（*El Observador*）....................070

观海广播电台（Radio Miramar）................227

管理集团（Grupo Gestiona）.....................240

《光复战争》（*La Reconquista*）.................130

《光明》（*Claridad*）...............................192

《光明》（*La Luz*）.................................130

《光明—共和国日报》（*Luz-Diario de la República*）................................170

《国家报》（*El Estado*）...........................109

《国家报》（*La Nación*）..........................133

《国家报》（*El País*）.......................109,218

《国家报周刊》（*El País Semanal*）..............222

《国家官方公报》（*Boletín Oficial del Estado*，简称《BOE》）..................053

《国家和国王的总代理人》（*El Procurador General de la Nación y del Rey*）......093

《国家团结报》（*Solidaridad Nacional*）.........194

《国家邮报》（*El Correo Nacional*）.............107

《国家主权》（*La Soberanía Nacional*）.........104

《国民报》（*El Nacional*）........................129

国民运动电台网（Red de Emisoras del Movimiento）................................200

H

《海军日报》（*Diario de la Marina*）............126

《好生活》（*Buena Vida*）.........................239

《好奇的说话者》（*El Curioso Parlante*）.......099

《赫德翁》（*Gedeón*）..............................137

《赫尔墨斯》（*Hermes*）..........................174

《红旗》（*La Bandera Roja*）....................131

《洪水》（*El Diluvio*）.............................173

《猴子》（*Monos*）..................................167

《呼声》（*La Voz*）.................................170

《胡里奥·德·乌尔基霍研讨会年刊》（*Anuario del Seminario Julio de Urquijo*）.......224

《护民官》（*El Tribuno*）.........................110

《环球报》（*El Universo*）........................174

《环球博物馆》（*El Museo Universal*）..........128

《环球日报》（*El Diario Universal*）............172

《环球新闻报》（*Noticiero Universal*）.........197

《皇家军营》（*El Cuartel Real*）................130

《回声》（*Ecos*）...................................137

《活着》（*Viva*）....................................240

J

《基督教徒》（*El Cristiano*）....................130

《机关枪》（*La Ametralladora*）................197

《极端报》（*El Radical*）.........................173

《吉尔·布拉斯》（*Gil Blas*）....................112

《集中报》（*El Reconcentrado*）................126

《加的斯的女思考者》（*La Pensadora Gaditana*）...........................011,070

《加的斯的太阳》（*El Sol de Cádiz*）...........093

加的斯广播电台（Radio Cádiz）................176

加利西亚电视台（TVGa）..................231
《加利西亚之声》(La Voz de Galicia)...............235
加那利电视台（Televisión Canaria）..............231
《加泰罗尼亚报》(El Periódico de Catalunya)..223
加泰罗尼亚电视三台（TV3）..................231
加泰罗尼亚广播协会（Radio Asociación de Cataluña）..................177
《加泰罗尼亚经济报》(Económico de Cataluña)..................097
《加泰罗尼亚快讯》(Catalunya Express)..........223
《加泰罗尼亚民族》(La Nació Catalana)..........143
《加泰罗尼亚人》(El Catalán)..................140
《加泰罗尼亚日报》(Diari Català)..................139
《加泰罗尼亚日历》(Calendari Català)..................140
《加泰罗尼亚邮报》(El Correo Catalán)..........197
《加泰罗尼亚之声》(La Veu de Catalunya)........174
《简明报》(El Conciso)..................091
《讲坛》(La Tribuna)..................173
交响乐广播天线三台（Sinfo Radio Antena 3）..226
《教皇的火炉》(La Estufa del Papa)..................130
《街垒的回声》(El Eco de las Barricadas)........110
《阶级斗争》(La Lucha de Clases)..................131
《解放报》(La Emancipación)..................121
《今日报》(Avui)..................223
《今日报》(Hoy)..................257
《今日女性》(Mujer Hoy)..................238
《金紫罗兰》(La Violeta de Oro)..................140
《进步》(El Progreso)..................129
《进步》(L'Avenç，原名为 L'Avens)..................140
《经济改革》(La Reforma Económica)..................110
《经济、教育和贸易周报》(Semanario Económico, Instructivo y Comercial)..............071
《经济周报》(El Semanario Económico)..........071
《飓风》(El Huracán)..................108
《剧院》(El Teatro)..................134

K

《卡洛斯派邮报》(El Correo Carlista)..................130

卡斯蒂利亚广播电台（Radio Castilla）.......176,187
卡斯蒂利亚—拉曼卡电视台（Castilla-La Mancha Televisión，CMT）..................231
《科学和文学报道》(Crónica Científica y Literaria)..................098
《科学、文学和艺术荟萃》(Variedades de Ciencias, Literatura y Arte)..................098
《可怜的饶舌者》(El Pobrecito Hablador)........099
《快》(Pronto)..................237
《扩张报》(Expansión)..................242

L

40拉丁音乐频道（40 Latino）..................247
蓝色广播网（Cadena Azul de Radiodifusión）....200
《蓝色猴子》(El Mono Azul)..................185
《劳动的组织》(La Organización del Trabajo)..113
《劳动捍卫者》(El Defensor del Trabajo)........131
《劳动者的呼声》(La Voz del Trabajador)........131
《雷》(El Trueno)..................108
雷科莱托斯集团（Grupo Recoletos）........240
《理想报》(Ideal)..................257
《理性报》(La Razón)..................220
《历史与政治信使》(Mercurio Histórico y Político)..................064
联合广播电台（Unión Radio）..................176
《联合会》(La Federación)..................131
联合新闻通讯社（Agencias Aliadas）..................198
《联盟》(La Unión)..................131
《两个世界的新闻报道》(Crónica de Ambos Mundos)..................112
《铃铛》(El Cascabel)..................112
零波段电台（Onda Cero）..................227
零页出版社（Editorial Página Cero）..................240
《伦敦邮差》(Estafeta de Londres)..................065

M

M80电台（M80 Radio）..................246
《20分钟》(20 Minutos)..................240
《马德里》(Madrid)..................195

马德里报刊协会（Asociación de la Prensa）......222
《马德里传令官》（Heraldo de Madrid）..............129
《马德里的幽灵》（El Duende de Madrid）..........070
马德里电视台（Telemadrid）.................................231
《马德里公报》（Gaceta de Madrid）............010,044
《马德里画报》（La Ilustración de Madrid）......128
《马德里漫画》（Madrid Cómico）........................137
《马德里盲人邮报》（Correo de los Ciegos de Madrid）...066
《马德里气压—医学年鉴》（Efemérides Barométrico-Médicas Matritenses）...................071
《马德里日报》（Diario de Madrid）............011,058
《马德里日常公报》（Gazeta Ordinaria de Madrid）...052
《马德里新闻日报》（Diario de Avisos de Madrid）...097
《马德里以及其他事情》（Madrid y m@s）.........240
《马德里邮报》（Correo de Madrid）....................066
马德里之声广播台（La Voz de Madrid）...........227
《马卡报》（Marca）...194
《马枪》（La Tercerola）..096
《贸易的回声》（El Eco del Comercio）...............103
《贸易公报》（Boletín del Comercio）..................099
《贸易、艺术和文学杂闻》（Miscelánea de Comercio, Artes y Literatura）.........................098
梅地亚赛特西班牙传媒集团（Mediset España Comunicación）..259
媒体资本集团广播电台（Grupo Media Capital Radios）..256
《没有名号的作家》（El Escritor sin Título）......070
《美洲》（La América）...112
美洲广播智利台（Ibero Americana Radio Chile）...255
《米勒娃》（Minerva）..098
《民兵》（Milicia Popular）.....................................185
《民主》（La Democracia）.....................................104
命运出版社（Editorial Destino）..........................258

《缪斯日报》（El Diario de las Musas）..............068
《穆尔西亚经济—政治讲话》（Discursos Murciales Económico-Políticos）.......................071

N

《纳瓦拉公报》（Gazette de la Navarre）.............089
南方频道（Canal Sur）...231
《你好！》（¡Hola!）...237
《农民》（El Labrador）...138
《女性日报》（Diario Femenino）..........................197

O

《OK日报》（OKdiario）...243
《噢！巴斯克》（Oh!Euzkadi）................................224
欧莱广播台（Radio Olé）..246
欧盟广播联盟（Unión Europea de Radiodifusión）..201
《欧洲》（La Europa）..110
《欧洲报》（El Europeo）...097
欧洲社（Europa Press）...............................016,198
欧洲新闻图片社（European Pressphoto Agency）...225
《欧洲杂志》（La Revista Europea）.....................106
《欧洲总邮报》（El Correo General de la Europa）...065
《欧洲最好日报之精神》（El Espíritu de los Mejores Diarios que Se Publican en Europa）..068

P

《帕蒂亚的回声》（El Eco de Padilla）.................096
《帕图菲特的世界》（En Patufet）.........................171
帕伊多斯出版社（Ediciones Paidós）..................258
《螃蟹》（El Cangrejo, 后更名为 La Postdata）...108
《胖女人》（La Gorda）...136
朋多广播电台（Punto Radio）...............................227
《朋特报》（El Punt）...223
《朋特今日报》（El Punt Avui）..............................223
《批判的幽灵》（Duende Crítico）.........................068
《皮鞭》（El Zurriago）...096
《葡萄园》（La Viña）..137
普利萨电视台（Prisa TV）.....................................255

普利萨广播网（Prisa Radio）..................255
普利萨集团（Grupo PRISA）..................226, 228,243,245,254,255,256

Q

《前驱报》（El Precursor）.....................098
《亲笔信》（La Carta Autógrafa）........134,198
《穷人的报纸》（Diario de los Pobres）.......113
《穷人的信使》（El Mensajero del Pobre）....113

R

《40 杂志》（Revista 40）
《人民》（El Pueblo）..............................111
《人民》（Pueblo）..................................194
《人民报》（El Popular）..........................129
《人民的呼声》（La Voz del Pueblo）..........113
《人民讲坛》（La Tribuna del Pueblo）........110
《人民经济画报》（La Ilustración Popular Económica）..................................130
《人民杂志》（Revista Popular）...............130
《人民之友》（El Amigo del Pueblo）.........110
《日间讽刺的幽灵》（El Duende Satírico del Día）..099

S

《S 时尚》（Smoda）..............................239
《萨拉曼卡的女思想家》（La Pensatriz Salamantina）.............................070
《塞维利亚公报》（Gaceta de Sevilla）.......090
塞维利亚广播电台（Radio Sevilla）..........187
塞维利亚俱乐部广播电台（Radio Club Sevillano）..................................176
塞伊克斯·巴拉尔出版社（Editorial Seix Barral）......................................258
桑蒂利亚纳出版社（Editorial Santillana）...243
《山区日报》（El Diario Montañés）..........257
《社会》（La Sociedad）..........................134
《社会的曙光》（La Aurora Social）..........131
《社会革命》（La Revolución Social）........129
《社会科学》（Ciencia Social）..................134

《社会旗帜》（Bandera Social）................131
《社会杂志》（Revista Social）..................131
《社会战争》（La Guerra Social）..............131
《社会主义杂志》（La Revista Socialista）...175
《社会主义者》（El Socialista）.................131
《什么！》（Qué!）...................................240
《审查员》（El Censor）...........................068
《审查员的通讯员》（El Corresponsal del Censor）.....................................070
《生产者》（El Productor）......................131
《圣地亚哥的邮差》（Estafeta de Santiago）.......093
《圣母颂》（La Salve）............................130
《圣塞巴斯蒂安和帕萨赫斯报》（Periódico de San Sebastián y Pasages）..........092
《圣塞巴斯蒂安邮差》（Estafeta de San Sebastián）..................................097
《胜利》（Triunfo）..................................195
《十月》（Octubre）................................175
《十字架》（La Cruz）.............................107
《时报》（El Tiempo）........................145,173
《时代》（La Época）..............................109
《时尚的回声》（El Eco de la Moda）........171
《世界报》（El Mundo）......................107,221
《世界体育报》（Mundo Deportivo）..........171
《世界小说》（La Novela Mundial）...........170
《市场日报》（Diario Mercantil）...............091
《兽医学公报》（Boletín de Veterinaria）....138
《瘦女人》（La Flaca）............................136
《淑女报》（Periódico de las Damas）.......100
《数字邮报》（El Correo Digital）..............224
《思考者》（El Pensador）.......................068
《思想的自由》（La Libertad de Pensamiento）...130

T

《TBO》（TBO）................................172,197
40 电视频道（40 TV）..............................247
《塔楼上的铃铛》（L'esquella de la Torratxa）....137
《太阳报》（El Sol）...........................108,151

《特尔瓦》(Telva)..........................242
《体育报》(Los Sports)..................171
《体育回声报》(Eco de Sports)........171
《体育世界》(El Mundo Deportivo)...171
《天使长》(Lo Pare Arcàngel)..........139
天线三台电视台(Antena 3 Televisión).......
　019,227,231
天线三台广播台(Antena 3 Radio)......018,226
天主教出版社(Editorial católica)......174
《天主教联盟》(La Unión Católica)....131
《天主教徒》(El Católico)................107
《调解人》(El Conciliador)...............109
通讯记者中心(Centro de Corresponsales)....015,198
《图标》(Icon)..............................239
《图片简讯》(Notas Gráficas)............168
《土地》(La Tierra)........................159
《土地与自由》(Tierra y Libertad)......131
《团结》(La Solidaridad)..................131
团结出版集团(Unidad Editorial)........242

W

《瓦伦西亚日报》(Diario de Valencia)...............090
《瓦伦西亚市场报》(El Mercantil Valenciano)..173
《外国日报》(Diario Extranjero).............065
《维戈的灯塔》(Faro de Vigo)..............134
《未来》(El Porvenir).......................107
《未来的世纪》(El Siglo Futuro)..........130
《文明》(La Civilización)...................134
《文学备忘录》(El Memorial Literario)...........068
《文学和市场邮报》(El Correo Literario y Mercantil).....................................099
《文学信使》(Mercurio literario)..........068
蜗牛广播(Caracol Radio)..................255
《无政府主义》(Acracia)...................131
《无政府主义》(La Anarquía)..............131
《五日报》(Cinco Días)....................223

X

《15周刊》(XL Semanal)...................238

《西班牙》(España)..........................170
《西班牙》(La España).....................109
西班牙报业集团(Prensa Española)........168,257
西班牙出版公司(Sociedad Editorial de España)..............................167
西班牙传媒研究协会(Asociación para la Investigación de Medios de Comunicación, AIMC)..............................226
《西班牙的独立》(La Independencia Española)129
《西班牙的回声》(El Eco de España)...........129
《西班牙的罗伯斯庇尔》(El Robespierre Español)..............................092
《西班牙的曙光》(La Aurora de España)..........106
西班牙电视台(Televisión Española, TVE)
　019,182
西班牙电视台—埃菲社巴西台(TVEFE Brasil).................................245
西班牙电视台—埃菲社美洲台(TVEFE América).................................245
西班牙电信公司(Telefónica)..............227
西班牙对外广播电台(Radio Exterior de España, REE).........................202
西班牙公共实体广播电视公司(Ente Público Radiotelevisión, RTVE)..........226
《西班牙宫廷事务通告》(Relaciones de las Cosas Sucedidas en la Corte de España).........044
《西班牙共和国》(La República Española).........129
西班牙广播电话公司(Sociedad de Radio-telefonía Española).....................17,175
西班牙广播电视集团(Corporación de Radio y Televisión Española, RTVE)......019,229
西班牙广播电台(Radio España)..........176
西班牙广播四台(Radio 4)..................226
西班牙广播网(Radiocadena Española, RCE)..............................019,226
西班牙国家电信公司(Compañía Telefónica Nacional de España, CTNE)..........157

西班牙国家广播电台（Radio Nacional de España，RNE）..........................018,187
《西班牙和美洲画报》(La Ilustración Española y Americana)........................128
《西班牙绘画周刊》(Semanario Pintoresco Español)..................................132
《西班牙及其西印度群岛市场邮报》(Correo Mercantil de España y Sus Indias)..................071
《西班牙教会》(La Iglesia Española).................130
《西班牙蜜蜂》(Abeja Española)....................091
《西班牙—葡萄牙画报》(La Ilustración Hispano-Portuguesa)........................133
《西班牙人》(El Español)....................092,106
《西班牙人民的护民官》(El Tribuno del Pueblo Español)...091
西班牙人民电波网（Cadena de Ondas Populares Españolas，COPE）.........................202
《西班牙日报》(El Diario Español)..................109
《西班牙思想》(El Pensamiento Español)..112,130
《西班牙通信》(La Correspondencia de España)...111
西班牙图书、出版与发行股份有限公司（Compañía Anónima de Librería, Publicaciones y Ediciones，CALPE）.............169
《西班牙文人报》(Diario de los Literatos de España)..067
西班牙无线电广播公司（Sociedad Española de la Radiodifusión，SER）...............018,176
《西班牙先锋报》(La Vanguardia Española).....195
《西班牙信使》(Mercurio de España)..........011,058
《西班牙信札》(Cartas Españolas)..................099
《西班牙移民的业余生活》(Ocios de los Españoles Emigrados)........................099
《西班牙邮报》(El Correo Español)................166
《西班牙邮报—巴斯克人民》(El Correo Español-El Pueblo Vasco)......................197
西班牙舆论研究所（Instituto de la Opinión Pública)...199
西班牙舆情监控公司（Oficina de la Justificación de la Difusión，OJD）
《西班牙杂志》(Revista de España)..................107
《西班牙之声》(La Voz de España)..................223
《西班牙之狮》(El León Español)..................112
《西班牙总邮报》(El Correo General de España)..065
《西北》(Noroeste)......................................167
《西方》(El Occidente)................................112
《西方杂志》(Revista de Occidente)................170
《西方之声》(El Eco del Occidente)................137
《希望》(La Esperanza)................................110
《先锋报》(La Vanguardia)...........................129
《闲聊之地》(El Mentidero)........................173
《下午报》(Diario de la Tarde)....................093
《现代西班牙》(La España Moderna)..............134
《现在》(Ahora)..170
《宪法报》(El Constitucional)......................106
《宪法的进步》(El Progreso Constitucional).....111
《宪法军队公报》(Boletín del Ejército Constitucional)..110
《宪法西班牙》(La España Constitucional).......129
《宪法西班牙人》(El Español Constitucional)..098
《献给西班牙民族》(A la Nación Española).....080
《向上报》(Arriba)....................................170
《小国家》(El Pequeño País)........................222
《小人国》(Gente Pequeña)........................221
《协会》(La Asociación)...............................110
《新公报》(Gazeta Nueva)............................053
《新纪元》(La Nueva Era)............................175
《新生活》(Vida Nueva)..............................134
《新世界》(De Orbe Novo)............................028
《新世界》(Nuevo Mundo)............................134
《新文化》(Nueva Cultura)...........................175
《新闻》(Variedades)..................................100
《新闻报》(Las Novedades)..........................109

《新闻、奇闻、学界、商界和政界新闻日报》（*Diario Noticioso, Curioso, Erudito, Comercial y Político*）..................065
《新闻日报》（*Diario Noticioso*）..................065
《新闻总汇》（*El Redactor General*）..................091
《新西班牙》（*España Nueva*）..................173
《新杂志》（*Revista Nueva*）..................134
《信念》（*El Credo*）..................130
《信使报》（*El Mensajero*）..................100
《信息报》（*Informaciones*）..................173
《信仰》（*La Fe*）..................110
《星期》（*Semana*）..................237
《星期四》（*El Jueves*）..................238
《星期一官方报》（*Hoja Oficial del Lunes*）..................222
《星星》（*La Estrella*）..................106
《行动报》（*La Acción*）..................166
行星集团（Grupo Planeta）..................254
休达广播电台（Radio Ceuta）..................187
《畜牧业之声》（*El Eco de la Ganadería*）..................138
《宣传》（*La Publicidad*）..................173
《宣言》（*El Manifiesto*）..................129
《学科报》（*Cuadernos de Sección*）..................224

Y

《Ya》（*Ya*）..................174
《医学定期图书馆》（*Biblioteca Periódica Médica*）..................071
《医学日报》（*Diario Médico*）..................242
《伊比利亚》（*La Iberia*）..................108
《伊比利亚半岛的呼喊》（*El Grito de la Península*）..................098
伊比利亚电信公司（Compañía Ibérica de Telecomunicaciones）..................175
《伊比利亚共和国》（*La República Ibérica*）..................129
伊比利亚广播电台（Radio Ibérica）..................017,175
伊特萨集团（Goierri Hitza）..................224
《一家之长》（*El Padre de Familia*）..................113
《议会》（*El Parlamento*）..................112
《议会报》（*Periódico de las Cortes*）..................090
《意大利、弗兰德斯、罗马、葡萄牙和其他地区的通告》（*Avisos de Italia, Flandes, Roma, Portugal y otras partes*）..................051
《引力》（*La Atracción*）..................113
《鹦鹉》（*El Loro*）..................137
《邮报》（*El Correo*）..................129,224
邮报集团（Grupo Correo）..................197
《友爱》（*La Fraternidad*）..................113
《宇宙报》（*El Universal*）..................095
《远程快报》（*Tele-Express*）..................197

Z

《早晨》（*La Mañana*）..................129
泽塔集团（Grupo Zeta）..................258
《战争特别公报》（*Boletín Extraordinario de la Guerra*）..................130
《哲学报》（*Diario Filosófico*）..................065
《真实的加泰罗尼亚》（*Lo Verdader Català*）.....139
《真相报》（*La Verdad*）..................257
《争辩》（*La Discusión*）..................104,126
《蒸汽厂》（*El Vapor*）..................113
《正统西班牙人》（*El Legitimista Español*）........174
《政治》（*La Política*）..................129
《政治和经济信札》（*Cartas sobre Materias Político-Económicas*）..................072
《政治和军事事件新公报》（*Gazeta Nueva de los Sucesos Políticos y Militares*）..................044
中美新闻社（Agencia Centroamericana de Noticias, ACAN）..................198
《秩序》（*El Orden*）..................109
《周末副刊》（*Suplemento Semanal*）..................238
《周游世界》（*Por esos mundos*）..................134
《主要和真正的新闻报》（*Noticias Principales y Verdaderas*）..................054
《自由报》（*El Liberal*）..................136
自由广播电台（Radio Libertad）..................176
《自由和平等公报》（*Gaceta de la Libertad y*

de la Igualdad）.................................079

《自由思想的星期日报》（*Los Dominicales de Libre Pensamiento*）........................130

《自由之神》（*El Genio de la Libertad*）...............110

自治大区广播和电视机构联盟（Federación de Organismos de Radio y Televisión Autonómicos，FORTA）................................231

《总审查员》（*El Censor General*）.......................093

《足球》（*Foot-Ball*）..171

《祖国》（*La Patria*）.......................................109,139

附录二 人名索引

A

阿道弗·苏亚雷斯（Adolfo Suárez）.................214
阿尔韦托·利斯塔（Alberto Lista）...................090
阿方索十世（Alfonso X, 1252—1284）...........030
阿方索十二世（Alfonso XII, 1874—1885）.....116
阿方索十三世（Alfonso XIII, 1886—1931）....126
阿古斯蒂·森特列斯（Agustí Centelles）...........185
阿加塔·鲁伊斯·德拉·普拉达（Ágatha Ruiz de la Prada）.........................217
阿拉斯卡（Alaska）...217
阿兰达伯爵（conde de Aranda）........................079
阿隆索·戈麦斯（Alonso Gómez）.....................032
阿马德奥一世（Amadeo I, 1870—1873）........115
阿塞尼奥·马丁内斯·冈波斯（Arsenio Martínez Campos）..........................120
阿索林（Azorín）..160
阿图罗·佩雷斯-雷韦特（Arturo Pérez-Reverte）................................217
阿韦拉多·德·卡洛斯（Abelardo de Carlos）.132
埃尔南·德·科尔泰斯（Hernán de Cortés）
埃莱娜·福尔顿（Elena Fortún）........................172
埃米利奥·卡斯特拉尔（Emilio Castelar）........104
埃米利奥·伊瓦拉（Emilio Ybarra）..................197
埃斯格拉司迪卡·乌尔塔多（Escolástica Hurtado）..070
埃斯基拉切侯爵（marqués de Esquilache）......062
爱德华多·达托（Eduardo Dato）......................156
爱德华多·加塞特·伊·阿蒂梅（Eduardo Gasset y Artime）..........................133
爱德华多·门多萨（Eduardo Mendoza）..........217
安德烈斯·伯雷果（Andrés Borrego）...............098
安德烈斯·德·阿尔曼萨·伊·门多萨（Andrés de Almansa y Mendoza）....................048
安东尼奥·冈萨雷斯·卡尔德龙（Antonio González Calderón）..................................201
安东尼奥·卡诺瓦斯·德尔·卡斯蒂略（Antonio Cánovas del Castillo）.....................120
安东尼奥·马查多（Antonio Machado）...........161
安东尼奥·毛拉（Antonio Maura）...................153
安东尼奥·特赫罗·莫利纳（Antonio Tejero Molina）..214
奥利瓦雷斯伯爵（conde de Olivares）...............052
奥斯卡·王尔德（Oscar Wilde）........................208

B

巴勃罗·毕加索（Pablo Picasso）......................184
巴勃罗·伊格列西亚斯（Pablo Iglesias）..........121
巴尔多梅罗·埃斯帕特罗（Baldomero Espartero）.......................................083
巴尔塔沙·葛拉西安（Baltar Gracián）.............049
巴莱里亚诺·维勒尔（Valeriano Weyler）........125
巴托洛梅·德拉斯·卡萨斯（Bartolomé de las Casas）..038
巴托洛梅·戈多（Bartolomé Godó）.................140
鲍比·德格拉内（Bobby Deglané）....................201
贝阿特里斯·西恩富戈斯（Beatriz Cienfuegos）...070
贝尔纳多·德·瓦尔特（Bernardo de Huarte）.055

贝尼托·佩雷斯·加尔多斯（Benito Pérez Galdós）..133
彼雷·德·克莱因（Pierre de Cleyen）..............054
比森特·阿历桑德勒（Vicente Aleixandre）......217
比森特·布拉斯科·伊万涅斯（Vicente Blasco Ibáñez）....................................161
比森特·加列戈（Vicente Gállego）....................198
布兰卡·阿尔瓦雷斯（Blanca Álvarez）..............204
布兰卡·加拉（Blanca Gala）..............................204

C

查尔斯·普伊格蒙特（Charles Puigdemont）....223

D

戴维·德·卡斯特罗·塔尔塔斯（David de Castro Tartás）......................................054
戴维·库韦多（David Cubedo）..........................204
迪哥·米格尔·伊·巴哈蒙德（Diego Miguel y Bahamonde）..............................105
蒂尔索·德·莫利纳（Tirso de Molina）............208
蒂克·梅迪纳（Tico Medina）..............................205
多诺索·科尔特斯（Donoso Cortés）..................103

E

恩卡纳西翁·桑切斯（Encarnación Sánchez）..227
恩里克·杜普伊·德·洛梅（Enrique Dupuy de Lôme）..142
恩里克·普拉特·德拉·里瓦（Enric Prat de la Riba）..139
恩里克·西蒙内特（Enrique Simonet）..............132

F

法维奥拉·德·莫拉·伊·阿拉贡（Fabiola de Mora y Aragón）......................................207
费德里科·加略（Federico Gallo）......................204
费德里科·加西亚·洛尔卡（Federico García Lorca）..161
费尔南多六世（Fernando VI, 1746—1759）....059
费尔南多七世（Fernando VII, 1808/1814—1833）..083
费尔南多·特鲁埃瓦（Fernando Trueba）..........217

费尔南多·伊瓦拉（Fernando Ybarra）..............197
费尔明·卡瓦列罗（Fermín Caballero）............099
费利佩二世（Felipe II, 1556—1598）................032
费利佩三世（Felipe III, 1598—1621）..............048
费利佩四世（Felipe IV, 1621—1665）..............043
费利佩五世（Felipe V, 1700—1746）........005,059
费利佩·杜卡斯卡尔（Felipe Ducazcal）............129
费利佩·冈萨雷斯·马克斯（Felipe González Márquez）..................................007,214
费利佩·纳瓦罗（Felipe Navarro）......................205
弗兰·略伦特（Fran Llorente）............................230
弗朗切斯科·坎博（Francesc Cambó）..............156
弗朗西斯科·阿尔瓦拉多（Francisco Alvarado）.093
弗朗西斯科·德·克维多·伊·比列加斯（Francisco de Quevedo y Villegas）..................049
弗朗西斯科·德·梅纳（Francisco de Mena）..064
弗朗西斯科·德·塔西斯（Francisco de Tassis）..011
弗朗西斯科·法布罗·布雷穆旦（Francisco Fabro Bremundán）................................052
弗朗西斯科·弗朗哥·巴哈蒙德（Francisco Franco Bahamonde）..........................006,159
弗朗西斯科·哈维尔·德拉·韦尔塔（Francisco Xavier de la Huerta）......................067
弗朗西斯科·何塞·德·戈雅（Francisco José de Goya）..........................060,086,087
弗朗西斯科·洛佩斯（Francisco López）..........032
弗朗西斯科·马里亚诺·尼波（Francisco Mariano Nipho）................................065
弗朗西斯科·莫拉（Francisco Mora）................131
弗朗西斯科·赛拉诺（Francisco Serrano）........119
弗朗西斯科·西尔韦拉（Francisco Silvela）.....145
弗罗里达布兰卡伯爵（conde de Floridablanca）.059

G

贡萨洛·德·贝尔赛奥（Gonzalo de Berceo）..026
古斯塔沃·阿道弗·贝克尔（Gustavo Adolfo Bécquer）..133

H

哈维尔·布埃诺（Javier Bueno）..........................192
哈维尔·马里亚斯（Javier Marías）...................217
海梅·米兰斯·德尔·博什（Jaime Milans del Bosch）..216
海梅·帕托（Jaime Pato）..................................189
豪梅·罗梅乌（Jaume Romeu）........................051
何塞·安东尼奥·普里姆·德·里维拉（José Antonio Primo de Rivera）........................187
何塞·奥尔特加·波托诺斯（José Ortega Spottorno）...220
何塞·奥尔特加·伊·加塞特（José Ortega y Gasset）...062,150
何塞·奥内托（José Oneto）..............................196
何塞·德·阿科斯塔（José de Acosta）...............038
何塞·德尔·佩罗霍（José del Perojo）...............123
何塞·格拉威霍·伊·法哈尔多（José Clavijo y Fajardo）...067
何塞·卡达尔索（José Cadalso）......................066
何塞·卡纳莱哈斯·门德斯（José Canalejas Méndez）...155
何塞·路易斯·阿尔瓦雷达（José Luis Albareda）...133
何塞·路易斯·巴文（José Luis Balbín）.........230
何塞·路易斯·罗德里格斯·萨帕特罗（José Luis Rodríguez Zapatero）........................007
何塞·马切纳（José Marchena）........................067
何塞·马蒂（José Martí）..................................116
何塞·马丁内斯·鲁伊斯（José Martínez Ruiz）...161
何塞·玛丽亚·阿斯纳尔（José María Aznar）..007,214
何塞·玛丽亚·布兰科·怀特（José María Blanco White）..092
何塞·玛丽亚·加西亚（José María García）...228
何塞·玛丽亚·卡尔内来罗（José María Carnerero）...099
何塞·梅萨（José Mesa）..................................131
何塞·佩利塞尔·德·特瓦尔（José Pellicer de Tovar）..048
何塞·索里利亚（José Zorrilla）........................135
何塞·伊格纳西奥·加维隆多（José Ignacio Gabilondo）...230
何塞普·玛丽亚·萨加拉·伊·普拉纳（Josep Maria Sagarra i Plana）..............................185
赫罗尼莫·德·巴里奥努埃沃（Jerónimo de Barrionuevo）..048
赫苏斯·阿尔瓦雷斯（Jesús Álvarez）...............204
赫苏斯·德·波兰科（Jesús de Polanco）.........243
胡安·阿尔瓦莱斯·门第萨巴尔（Juan Álvarez Mendizábal）...101
胡安·巴布洛·佛奈（Juan Pablo Forner）........069
胡安·巴莱拉（Juan Valera）............................132
胡安·巴瑞克斯（Juan Párix）....................009,031
胡安·布拉沃·穆里奥（Juan Bravo Murillo）.109
胡安·戈麦斯·德·布拉斯（Juan Gómez de Blas）..053
胡安·戈耶米切（Juan Goyenneche）...............052
胡安·古丽埃尔（Juan Curiel）..........................077
胡安·何塞（(Juan José de Austria）
胡安·卡洛斯一世（Juan Carlos I, 1975—2014）...007
胡安·孔巴·加西亚（Juan Comba García）.....128
胡安·拉蒙·希门尼斯（Juan Ramón Jiménez）...161
胡安·劳伦（Juan Laurent）........................119,132
胡安·马丁内斯·萨拉弗兰卡（Juan Martínez Salafranca）..067
胡安·马奇（Juan March）................................173
胡安·曼努埃尔·蒙塔尔班（Juan Manuel Montalbán）..105
胡安·曼努埃尔·塞拉特（Juan Manuel Serrat）...203
胡安·梅伦德斯·巴尔德斯（Juan Meléndez Valdés）..067

胡安·普里姆（Juan Prim）..........................115
胡安·托马斯·德·萨拉斯（Juan Tomás de Salas）..........................221
胡利安·洪德里亚斯（Julián Junderías）..........037
胡利安·桑斯·德尔·里奥（Julián Sanz del Río）..........................104
华金·阿罗萨梅纳（Joaquín Arozamena）.........229
华金·科斯塔（Joaquín Costa）..........................123
华金·索罗利亚（Joaquín Sorolla）..........................105
霍尔赫·纪廉（Jorge Guillén）..........................163

J

基科·莱德加德（Kiko Ledgard）.......................209
吉列尔莫·德·里瓦斯（Guillermo de Rivas）.173
加夫列尔·阿里亚斯·萨尔加多（Gabriel Arias Salgado）..........................203
加夫列尔·米罗（Gabriel Miró）.........................162
加夫列尔·伊瓦拉（Gabriel Ybarra）..................197
加斯帕尔·玛丽亚·德·奥赫兰多（Gaspar María de Ogirando）..........................091
加斯帕尔·梅尔乔·德·霍韦利亚诺斯（Gaspar Melchor de Jovellanos）........................067

K

卡尔·克里斯蒂安·弗里德里希·克劳泽（Karl Christian Friedrich Krause）......104,122,123
卡洛斯一世（Carlos I, 1516—1556）................029
卡洛斯二世（Carlos II, 1665—1700）........005,052
卡洛斯三世（Carlos III, 1759—1788）........005,060
卡洛斯四世（Carlos IV, 1788—1808）......012,062
卡洛斯·戈多（Carlos Godó）..........................140
卡洛斯·罗梅乌（Carlos Romeu）......................222
卡洛斯·玛丽亚·依西德罗（Carlos María Isidro）..........................097
卡门·德·布尔戈斯（Carmen de Burgos）........166
卡米洛·何塞·塞拉（Camilo José Cela）..........217
坎波马内斯伯爵（conde de Campomanes）........059
克拉林（Clarín）..........................132,134
克里斯托弗·哥伦布（Cristóbal Colón）..............004

孔查·埃斯皮纳（Concha Espina）......................166

L

拉法埃尔·德尔·里埃戈（Rafael del Riego）..094
拉斐尔·阿尔贝蒂（Rafael Alberti）..................161
拉斐尔·安松（Rafael Ansón）........................229
拉斐尔·卡尔沃·赛雷尔（Rafael Calvo Serer）..........................191
拉斐尔·路易斯·迪亚斯（Rafael Luis Díaz）.215
拉蒙·德·梅索内罗·罗马诺斯（Ramón de Mesonero Romanos）........................099
拉蒙·何塞·森德（Ramón José Sender）.........158
拉蒙·玛丽亚·巴列-因克兰（Ramón María Valle-Inclán）..........................132
拉蒙·玛丽亚·纳瓦艾斯（Ramón María Narváez）..........................103
拉蒙·佩雷斯·德·阿拉亚（Ramón Pérez de Ayala）..........................162
拉蒙·赛拉诺·苏涅尔（Ramón Serrano Suñer）..........................192
拉米罗·德·马埃斯图（Ramiro de Maeztu）...161
莱安德罗·费尔南德斯·德·莫拉廷（Leandro Fernández de Moratín）..........090
莱奥波尔多·阿拉斯（Leopoldo Alas）.............132
莱奥波尔多·奥唐内（Leopoldo O'Donnell）...102
莱奥波尔多·赫罗尼莫·普亦格（Leopoldo Jerónimo Puig）..........................067
莱奥波尔多·卡尔沃-索特洛（Leopoldo Calvo-Sotelo）..........................214
莱奥波尔多·罗密欧（Leopoldo Romeo）........173
劳拉·瓦伦苏埃拉（Laura Valenzuela）............204
里卡多·乌戈伊蒂（Ricardo Urgoiti）...............176
鲁文·达里奥（Rubén Darío）..........................135
路易斯·阿拉基斯塔因（Luis Araquistáin）......170
路易斯·布努埃尔（Luis Buñuel）....................161
路易斯·德·贡戈拉（Luis de Góngora）............051
路易斯·戈伊蒂索洛（Luis Goytisolo）............217
路易斯·加西亚·德尔·卡纽埃洛（Luis

García del Cañuelo）..................................067
路易斯·卡布雷拉·德·科尔多瓦（Luis Cabrera de Córdoba）..................................044
路易斯·卡雷罗·布兰科（Luis Carrero Blanco）..................................192
路易斯·马尔塞利诺·佩雷拉（Luis Marcelino Pereira）..................................067
路易斯·玛丽亚·安松（Luis María Ansón）....219
路易斯·蒙铁尔·巴兰萨特（Luis Montiel Balanzat）..................................170
路易斯·塞尔努达（Luis Cernuda）..................................163
罗德里戈·迪亚斯·德·比瓦尔（Rodrigo Díaz de Vivar）..................................026
洛佩·费利克斯·德·维加·卡皮奥（Lope Félix de Vega Carpio）..................................208

M

马德里公爵（duque de Madrid）..................................120
马蒂亚斯·普拉茨（Matías Prats）..................................204
马里亚诺·何塞·德·拉腊（Mariano José de Larra）..................................099
马里亚诺·拉霍伊·布雷（Mariano Rajoy Brey）..................................007
马里亚诺·雷维利亚（Mariano Revilla）..................................215
马塞利诺·梅嫩德斯·伊·佩拉约（Marcelino Menéndez y Pelayo）..................................123
玛丽亚·奥尔维多·加拉·霍瓦（María Olvido Gara Jova）..................................217
玛丽亚·德尔·卡门·斯尔维亚（María del Carmen Silvia）..................................092
玛丽亚·德拉·恩卡纳西翁（María de la Encarnación）..................................172
玛丽亚·克里斯蒂娜（María Cristina）..................................101
曼努埃尔·阿萨尼亚·迪亚斯（Manuel Azaña Díaz）..................................006,158
曼努埃尔·德·法利亚（Manuel de Falla）.......161
曼努埃尔·德·戈多伊（Manuel de Godoy）....079
曼努埃尔·弗拉加·伊里瓦内（Manuel Fraga Iribarne）..................................191
曼努埃尔·何塞·金塔纳（Manuel José Quintana）..................................067
曼努埃尔·加西亚·普列托（Manuel García Prieto）..................................156
曼努埃尔·马查多（Manuel Machado）...........161
曼努埃尔·马丁·费兰德（Manuel Martín Ferrand）..................................226
曼努埃尔·玛丽亚·德·阿吉雷（Manuel María de Aguirre）..................................066
曼努埃尔·玛丽亚·圣塔·安娜（Manuel María Santa Ana）..................................134
曼努埃尔·帕维亚（Manuel Pavía）..................120
曼努埃尔·佩雷斯·巴里奥佩德罗（Manuel Pérez Barriopedro）..................................215
米格尔·安赫尔·阿吉拉尔（Miguel Ángel Aguilar）..................................196
米格尔·德·塞万提斯·萨阿韦德拉（Miguel de Cervantes Saavedra）..................................040
米格尔·德·乌纳穆诺（Miguel de Unamuno）..................................006,132
米格尔·莫亚·奥汉古伦（Miguel Moya Ojangueren）..................................136
米格尔·普里姆·德·里维拉（Miguel Primo de Rivera）..................................149

N

纳西索·伊瓦涅斯·赛拉多尔（Narciso Ibáñez Serrador）..................................206
尼古拉斯·玛丽亚·德·乌戈伊蒂（Nicolás María de Urgoiti）..................................168
尼古拉斯·玛丽亚·里贝罗（Nicolás María Rivero）..................................110
尼罗·玛丽亚·法布拉（Nilo María Fabra）.....198
诺尔曼·白求恩（Norman Bethune）..................184

O

欧亨尼奥·德·奥尔斯·罗维拉（Eugenio d'Ors Rovira）..................................161

欧内斯特·米勒·海明威（Ernest Miller Hemingway）..................184

P

帕洛马·查莫罗（Paloma Chamorro）...............231
佩德罗·阿尔莫多瓦尔（Pedro Almodóvar）....217
佩德罗·艾斯塔拉（Pedro Estala）.....................090
佩德罗·安东尼奥·德·阿拉尔孔（Pedro Antonio de Alarcón）..........................137
佩德罗·德·克莱因（Pedro de Cleyen）..........054
佩德罗·德·瓦尔特（Pedro de Huarte）...........055
佩德罗·何塞·拉米雷斯（Pedro José Ramírez）...221
佩德罗·卡尔德隆·德拉·巴尔卡（Pedro Calderón de la Barca）...........................208
佩德罗·马蒂尔·德·安格雷利亚（Pedro Mártir de Anglería）..............................028
佩德罗·帕尔加西奥·费尔南德斯·萨尔迪诺（Pedro Parcasio Fernández Sardino）......092
佩德罗·桑切斯·佩雷斯-卡斯特洪（Pedro Sánchez Pérez-Castejón）.....................008
皮奥·巴罗哈（Pío Baroja）........................135,161
普拉克塞德斯·马特奥·萨加斯塔（Práxedes Mateo Sagasta）................116

Q

乔治·奥威尔（George Orwell）..........................184

S

萨比诺·阿拉纳（Sabino Arana）.......................141
萨尔瓦多·巴尔托洛兹（Salvador Bartolozzi）.171
萨尔瓦多·达利（Salvador Dalí）.......................161
萨尔瓦多·何塞·玛涅尔（Salvador José Mañer）...064
塞利亚·加尔维斯（Celia Gálvez）....................172
塞韦罗·奥乔亚·德·阿尔沃诺斯（Severo Ochoa de Albornoz）.................................161
圣地亚哥·卡里略（Santiago Carrillo）.............191
索菲娅·卡萨诺瓦（Sofía Casanova）................166

T

特奥多雷·德·布里（Theodor de Bry）............038
天主教双王（Reyes Católicos，1474—1504）...025
托尔夸托·卢卡·德·特纳（Torcuato Luca de Tena）.....................................132
托马斯·塔马约·德·巴尔加斯（Tomás Tamayo de Vargas）................................049

W

维多利亚·普雷戈（Victoria Prego）.................230

Y

亚勒（Yale）
亚历杭德罗·费兰特（Alejandro Ferrant）........132
亚历杭德罗·勒鲁·加西亚（Alejandro Lerroux García）..................................153
亚历杭德罗·皮达尔·伊·蒙（Alejandro Pidal y Mon）.......................................121
伊莎贝尔二世（Isabel II，1833—1868）....013,083
依格纳西奥·德·洛约拉（Ignacio de Loyola）
约瑟夫一世（Joseph I，1808—1813 ....085）